BRETT UND STEIN
VERLAG

VIKTOR LIN

DER ETWAS ANDERE ZUG

BRETT UND STEIN
VERLAG

FSC
www.fsc.org
MIX
Papier aus verantwortungsvollen Quellen
Paper from responsible sources
FSC® C105338

Bibliografische Information der Deutschen Nationalbibliothek
Die Deutsche Nationalbibliothek verzeichnet diese Publikation in der Deutschen Nationalbibliografie; detaillierte bibliografische Daten sind im Internet über http://dnb.d-nb.de abrufbar.

Den japanischen Gepflogenheiten und der in Ostasien üblichen Reihenfolge entsprechend, wird bei Personennamen stets der Familienname dem persönlichen Namen vorangestellt.

ISBN 978-3-940563-26-2

Umschlaggestaltung: HAMMERGEIGEROT
Druck: Books on Demand GmbH, Norderstedt

smartgo

Die Diagramme in diesem Buch wurden erstellt mit SmartGo™: http://www.smartgo.com/de

Printed in Germany

Inhalt

Vorwort		*6*
Kapitel 1	**Ein etwas anderer Zug**	*7*
Kapitel 2	**Ninja-Züge**	*19*
Kapitel 3	**Zen-Züge**	*31*
Kapitel 4	**Die Richtung spüren**	*43*
Kapitel 5	**Oops, da geht noch was ...**	*55*
Kapitel 6	**Und da geht noch mehr**	*67*
Kapitel 7	**Invasives Miai**	*79*
Kapitel 8	**Keima zerlegen**	*91*
Kapitel 9	**Selbstverteidigung**	*103*
Kapitel 10	**Magische Freiheiten**	*113*
Glossar		*125*

Im Laufe meines Go-Studiums habe ich viel trainiert, doch all die herkömmlichen Leben-und-Tod-Probleme waren mir nie genug. Ihnen fehlte stets eine gewisse Partienähe. So bin ich auf den Geschmack von Ganzbrettproblemen gekommen, die häufig aus tatsächlichen Brettstellungen entstanden sind und die sich von den stets sauber abgegrenzten klassischen Problemübungen unterscheiden. Auffällig war zudem, dass die gute Züge oftmals nicht die erwarteten sind. Sie sind ... ... etwas anders.

Die Probleme finden sich in vielerlei asiatischen Quellen, die dem allgemeinen Europäer meist nur schwer zugänglich sind. Ich habe hier viele Züge gelernt, an die ich vorher nie gedacht habe. Gern wollte ich diese Probleme auch in Europa zugänglich machen und so kam es zunächst, dass sie als Kolumne in der *Deutschen Go-Zeitung* (DGoZ) erschienen, für die passenderweise der Titel „*Der etwas andere Zug*“ gewählt wurde. Hier habe ich die saftigsten Probleme thematisch neu geordnet, aufbereitet und vorgestellt.

Mein Dank gilt Gunnar Dickfeld, der den ursprünglichen Gedanken, diese ungewöhnliche Sammlung als Buch herauszugeben, wieder aufgegriffen und umgesetzt hat. Aufgrund der unterschiedlichen Formate habe ich die Beiträge in der DGoZ noch einmal neu aufgearbeitet und erweitert. So habe ich einige Probleme ausgetauscht, einige umgestellt und einige neu hinzugefügt. Auch Lösungsdiagramme wurden korrigiert und nicht zuletzt gibt es ein zusätzliches Kapitel exklusiv in diesem Buch.

Die Kapitelüberschriften sollen keine strengen Abgrenzungen zwischen den verschiedenen Themen sein, denn die Themen wurden mehr oder weniger stochastisch ausgewählt und die Auswahl der Probleme unterliegt meiner persönlichen Interpretation, wobei viele der Probleme genauso gut in ein anderes Kapitel passen würden.

Viel Spaß wünscht
Viktor Lin

Kapitel 1

Ein etwas anderer Zug

Das erste Kapitel ist eine bunte Mischung aus allen möglichen coolen Zügen und dient als Einleitung, um Euch auf die wunderbare Vielfalt von Problemen, die Euch in dieser Buchreihe erwartet, einzustimmen.

In jedem Problem ist „ein etwas anderer Zug" gesucht …

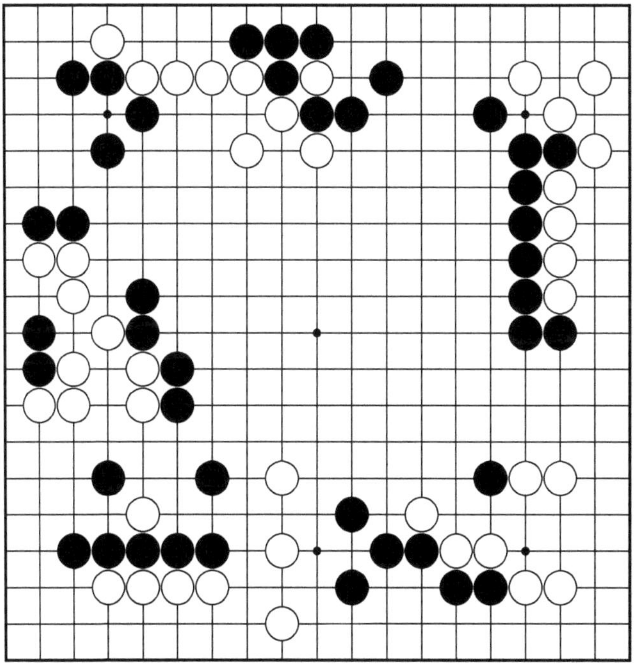

○ Weiß findet den augenscheinlichsten Zug auf dem Brett.

2

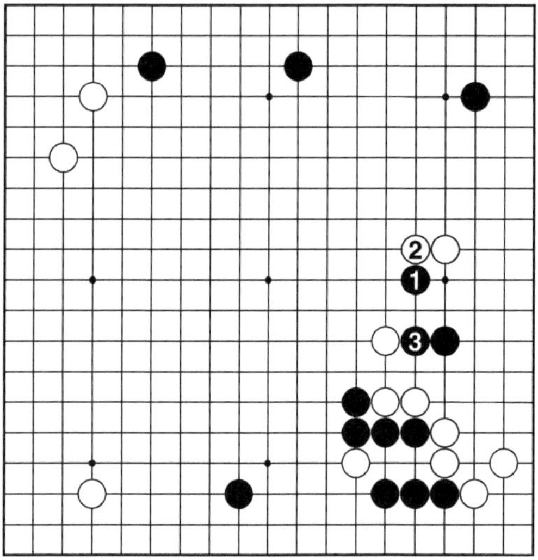

Schwarz haut mit der Kombination 1 und 3 scheinbar auf den Schwachpunkt in der weißen Form. Wie sich wehren als Weiß?

3

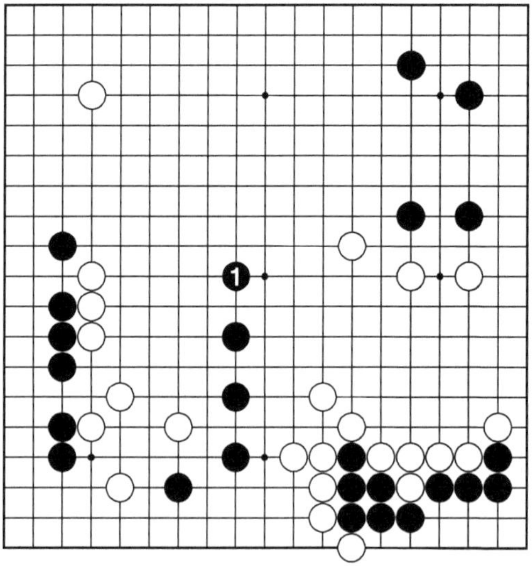

Weiß realisiert die Urängste eines Go-Spielers.

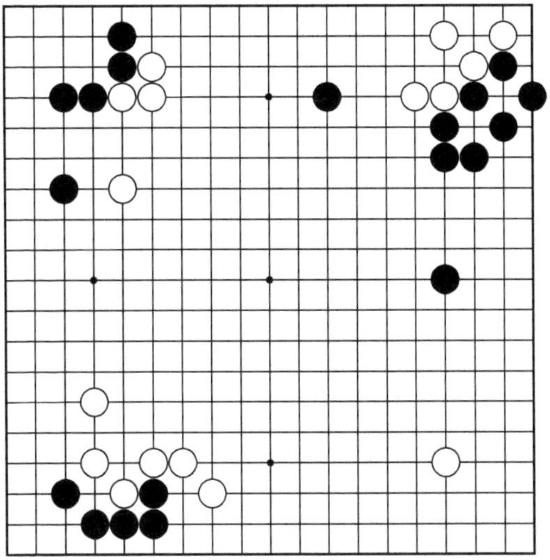

4

Wie entwickelt Weiß die untere Seite?

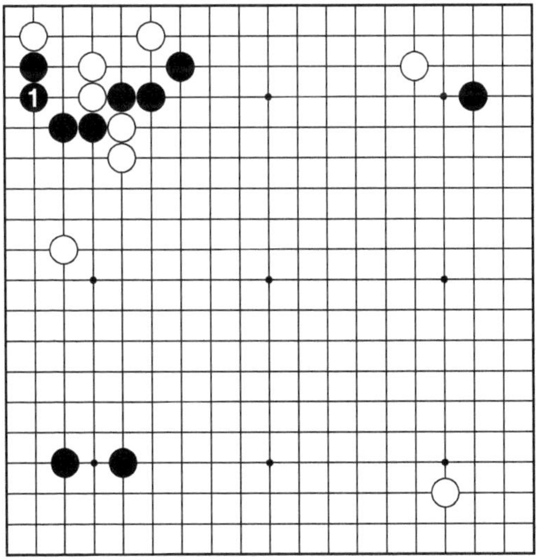

5

Schwarz hält sich bis 1 an das Joseki. Weiß kann weiterkämpfen, muss aber nicht...

6

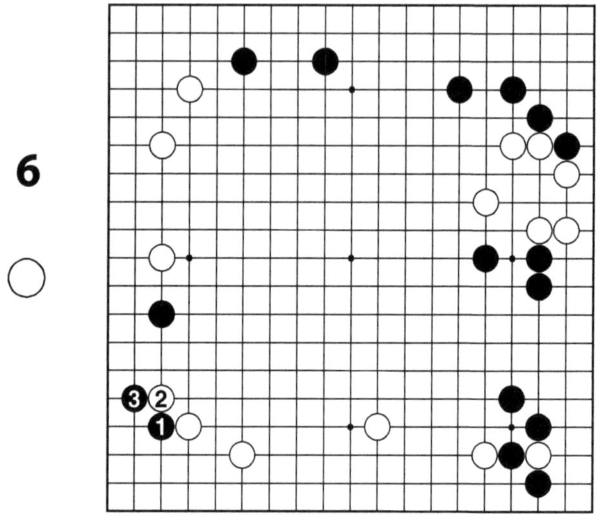

Weiß am Zug. Was ist hier eine gute Antwort auf die schwarzen Züge?

7

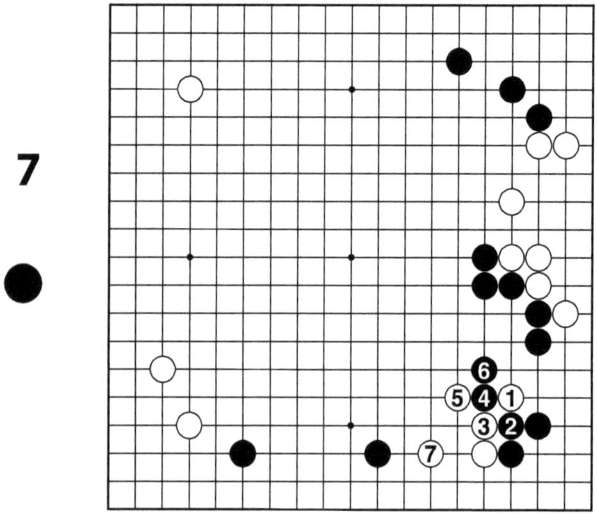

Schwarz am Zug. Wie sieht ein effektiver Angriff auf die weiße Invasionsgruppe aus?

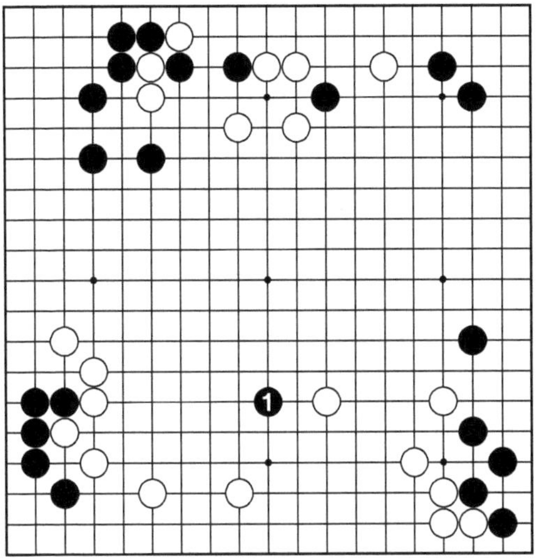

8

○

Schwarz möchte gern 1 in Vorhand abtauschen, aber so einfach ist das nicht.

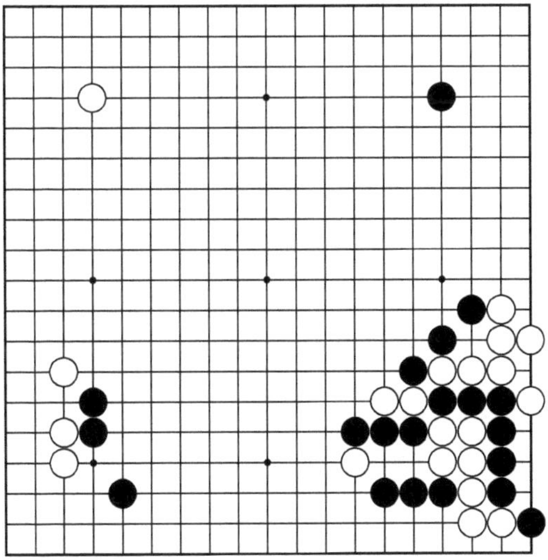

9

●

Schwarz soll die Treppe unten rechts zu seinen Gunsten ausnutzen, aber nur nicht zu direkt.

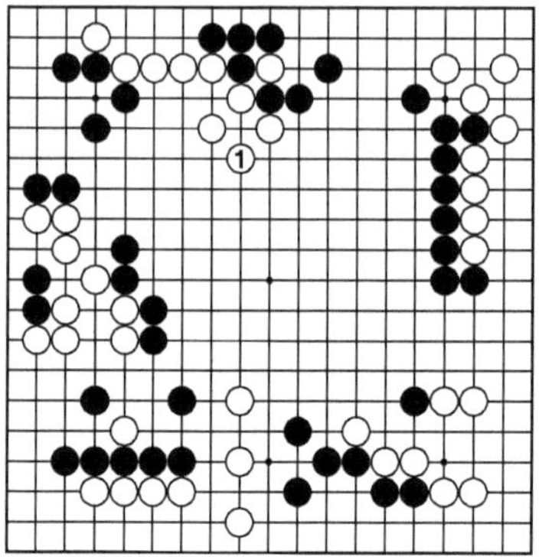

Dia. 1.1

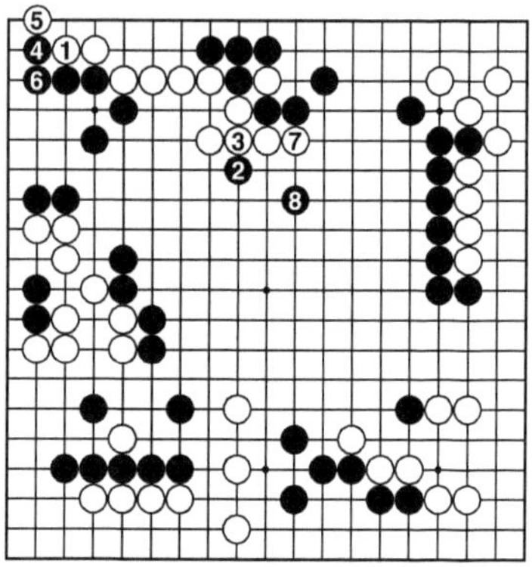

Dia. 1.2

Lösung 1: Weiß 1 ist hier – aus Respekt vor der schwarzen Übermacht im Norden – der beste Zug, denn er verleiht der weißen Gruppe die meiste Vitalität. Angesichts des Machtgefälles sind „ängstliche“ Züge durchaus angemessen. Spielt Weiß stattdessen gierig auf 1 in Dia. 1.2, dann kommt er unter heftigen Beschuss. Das ist dann in der Partie passiert. Schwarz hat plötzlich die Möglichkeit, seine Betonwände zu nutzen und daraus noch ungewissen Profit zu ziehen. Am Ende wurde Weiß links unten angeblich gefangen.

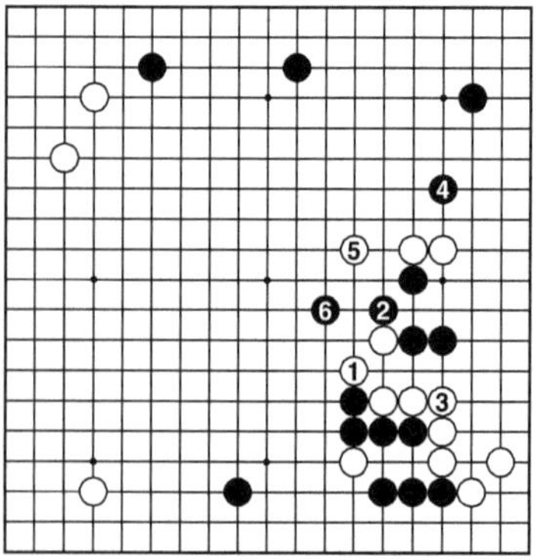

Dia. 2.1

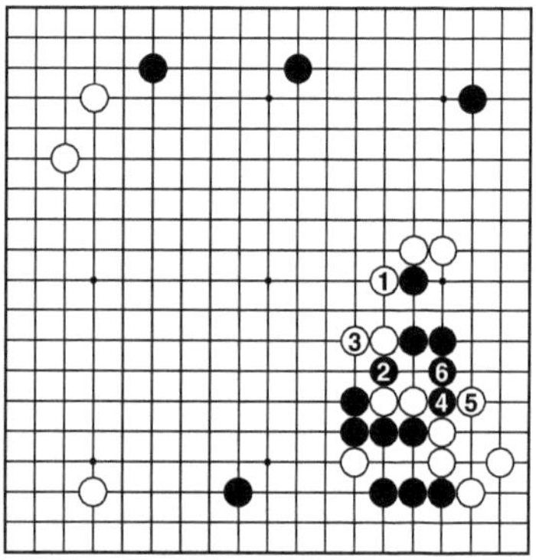

Dia. 2.2

Lösung 2: Wenn Weiß sich der Konfrontation wie in Dia. 2.1 direkt stellt, dann ist der daraus resultierende Kampf tatsächlich nicht gut für ihn. Weiß sollte hier flexibel spielen und wie in Dia. 2.2 einfach in Vorhand (!) zwei Steine opfern. Diese Flexibilität fehlt meiner Meinung nach vielen Europäern, sodass wir uns von diesem Beispiel einiges abschauen können.

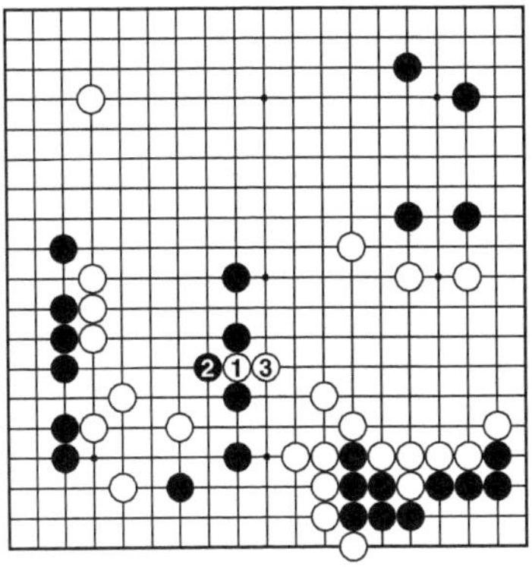

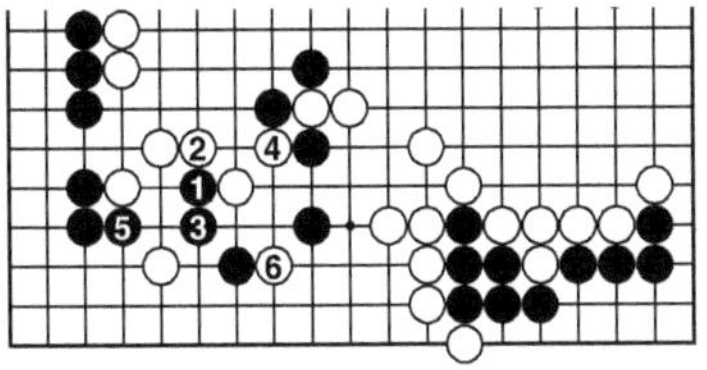

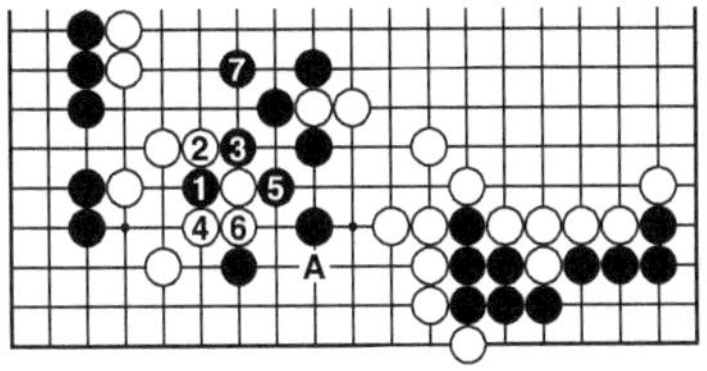

Dia. 3.1 *Dia. 3.2* & *Dia. 3.3*

Lösung 3: Wie in Problem 1 gibt es hier ein deutliches Stärkegefälle. Weiß 1 sieht aus wie ein typischer Zug von Anfängern, die sich den Ein-Punkt-Sprung selbst nicht trauen. Doch in diesem Fall ist ihre Angst durch die Präsenz der weißen Mauern sogar berechtigt. Schwarz 1 in Dia. 3.2 ist zwar ein hervorragender Zug für Sabaki, das Ergebnis ist aber dennoch sehr zufriedenstellend für Weiß. Selbst wenn Schwarz mit 3 wie in Dia. 3.3 schneidet, profitiert Weiß immens. Und Weiß kann noch immer auf A verbinden.

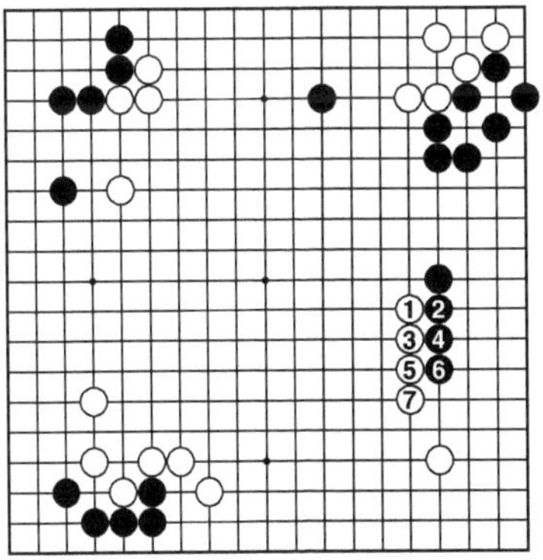

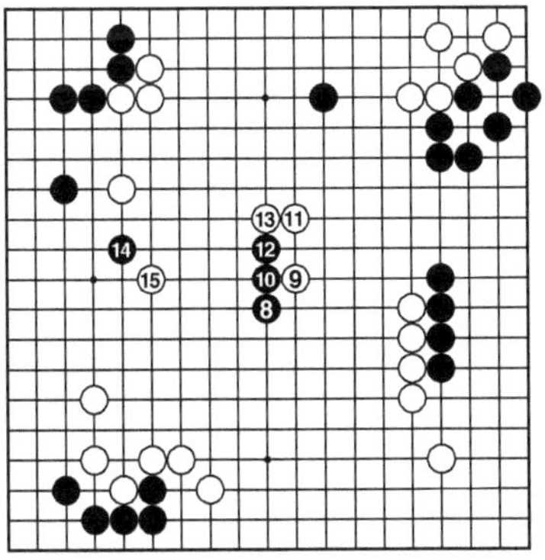

Dia. 4.1 *Dia. 4.2*

Lösung 4: Weiß 1 ist hier der empfohlene Zug. Da Schwarz oben rechts schon sehr massiv ist, stört es Weiß nicht weiter, Schwarz hier noch mehr zu stärken. Schwarz muss, wie Dia. 4.2 zeigt, nun tief ins weiße Moyo hineintauchen, sonst kann er nicht gewinnen. Mit dem Angriff von 2 bis 8 übernimmt Weiß die Initiative in dieser Partie.

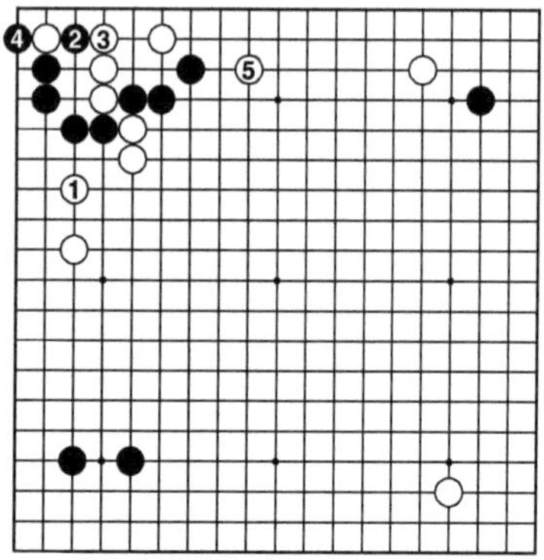

Dia. 5.1

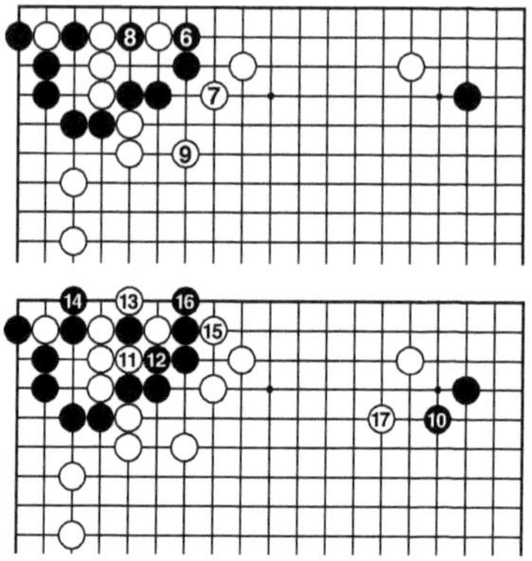

Dia. 5.2 & *Dia. 5.3*

Lösung 5: Weiß pfeift auf das Joseki, indem er mit 1 und 5 von außen spielt. Wie es den vier Steinen innen geht, ist ihm egal. Bis 9 opfert Weiß diese und schließt Schwarz ein.

Am Ende sieht es aus wie in Dia. 5.3 und jeder weiße Zug, der eine schwarze Freiheit nimmt, ist Vorhand. Angesicht dieser weißen Edelstahlwand kann Schwarz das entstandene Moyo nicht so einfach invadieren.

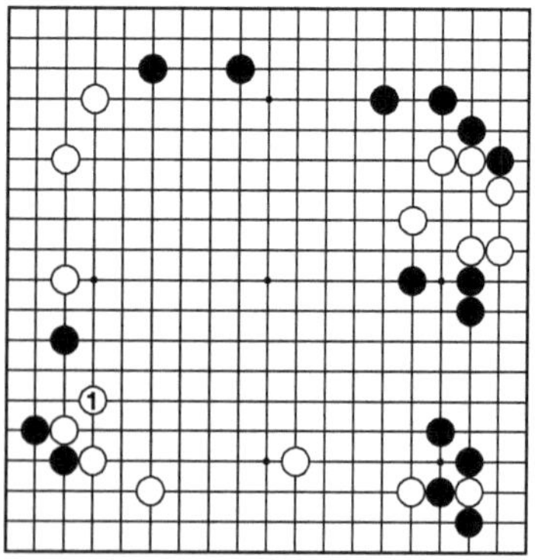

Dia. 6.1

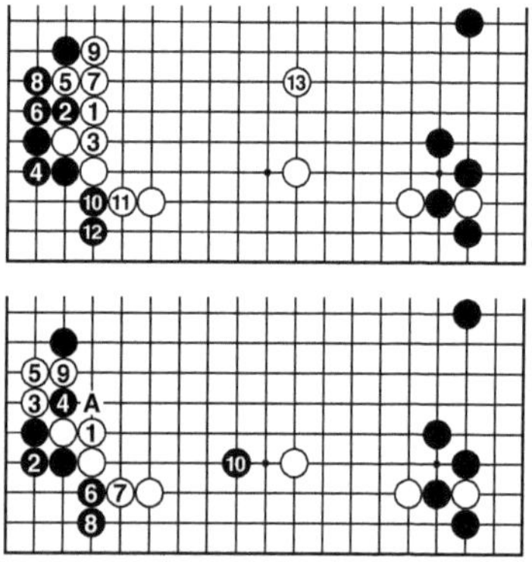

Dia. 6.2 & *Dia. 6.3*

Lösung 6: Ich denke, Weiß 1 haben nur sehr Wenige schon einmal gesehen. Doch man sehe und staune: Weiß kommt in der Abfolge bis 11 zu einer wirklich lückenlosen Mauer und ergattert sich zu allem Überfluss auch noch den vitalen Punkt 13.

Im Vergleich dazu zeigt Dia. 6.3 eine normale Buchvariante: Es sieht auf dem ersten Blick nach mehr Profit aus, weil Weiß einen schwarzen Stein auf der Seite fängt. Aber selbst nach dem Deckungszug 9 dürfte das Aji auf A noch gewaltig nerven.

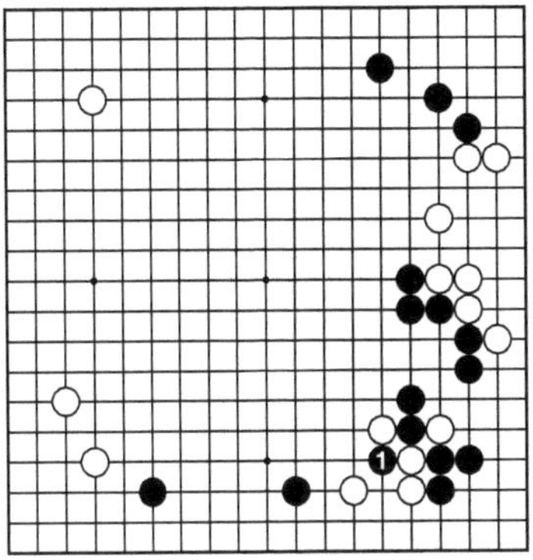

Dia. 7.1

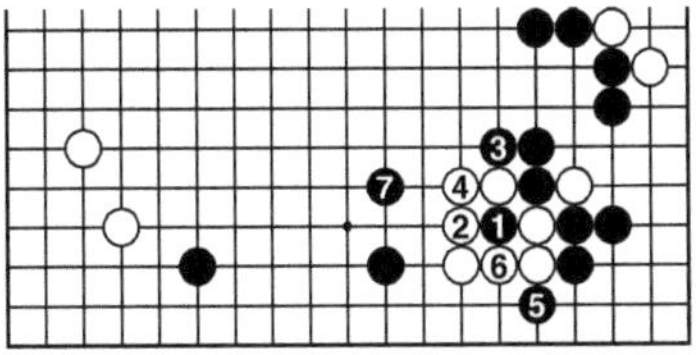

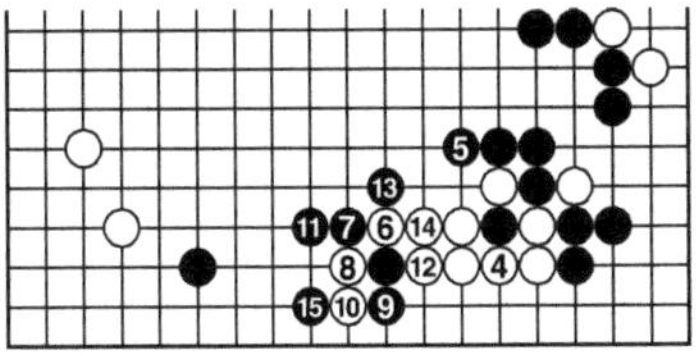

Dia. 7.2 & Dia. 7.3

Lösung 7: Paradoxerweise soll Schwarz hier mit 1 in die weiße Form hineinschneiden, obwohl er sofort gefangen wird. Weiß hat nun die Qual der Wahl, *wie* er ihn fängt. In Dia. 7.2 bekommt Schwarz 3 und 5 in Vorhand und nach 7 fühlt sich die weiße Gruppe eingeengt.

Wenn Weiß mit 4 den Stein in Dia. 7.3 direkt schlägt, ist 5 ein mächtiger Zug. Mit der darauffolgenden Beispielsequenz ist Schwarz zufrieden.

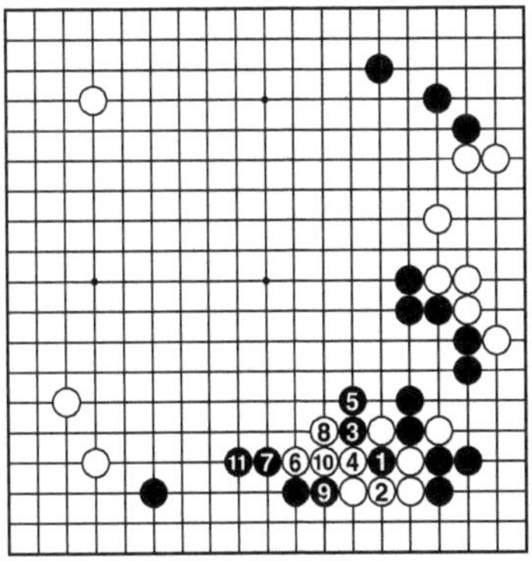

Dia. 7.4

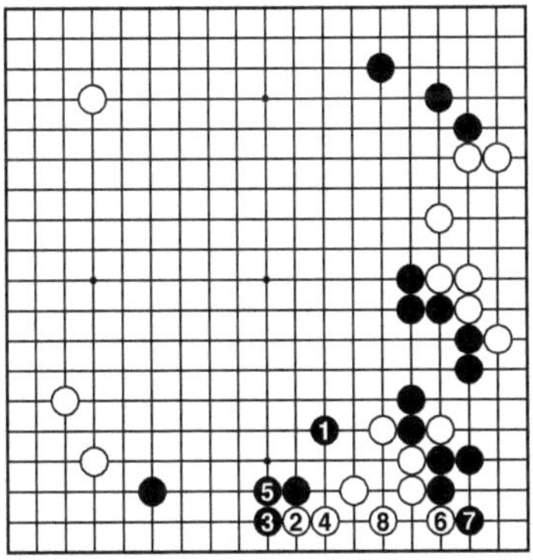

Dia. 7.5

Lösung 7 (Forts.): Die Antwort in Dia. 7.4 ist vielleicht die schlechteste, denn Weiß ist hier am unlebendigsten.

Spielt Schwarz stattdessen Dia. 7.5, dann lebt Weiß einfach und Schwarz hat kaum Profit gemacht.

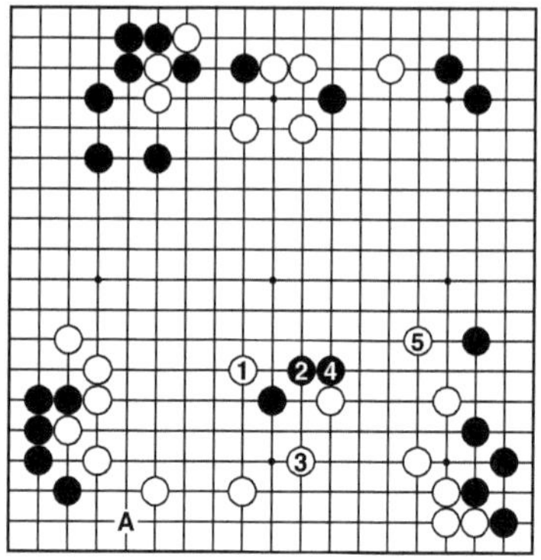

Dia. 8.1

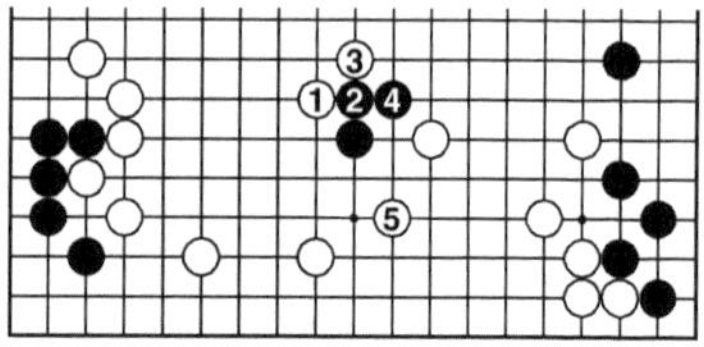

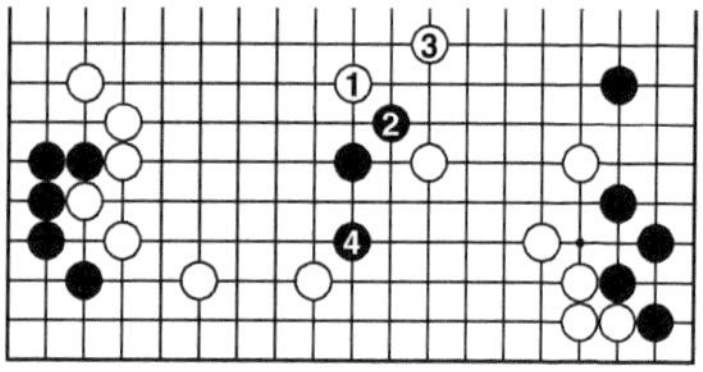

Dia. 8.2 & Dia. 8.3

Lösung 8: Auf den schwarzen Einstieg ins Moyo mit Weiß 1 zu reagieren sieht kontraintuitiv aus, doch die Idee ist recht simpel: Der Abtausch für 2 macht Schwarz quasi schwer. Danach deckt Weiß unten, um Schwarz weiter attackieren zu können. „Schwer" bedeutet, dass Schwarz nunmehr gezwungen ist, weiterzuspielen. Lässt Weiß den Abtausch aus und spielt nur 3, dann wird Schwarz den Stein als leicht betrachten und auf A fortsetzen. Dia. 8.2 zeigt eine ähnliche Abfolge.

Ein Angriff mit 1 in Dia. 8.3 ist zwar auch möglich, aber riskanter. Der Profit ist hier weniger ersichtlich als in Dia. 8.1.

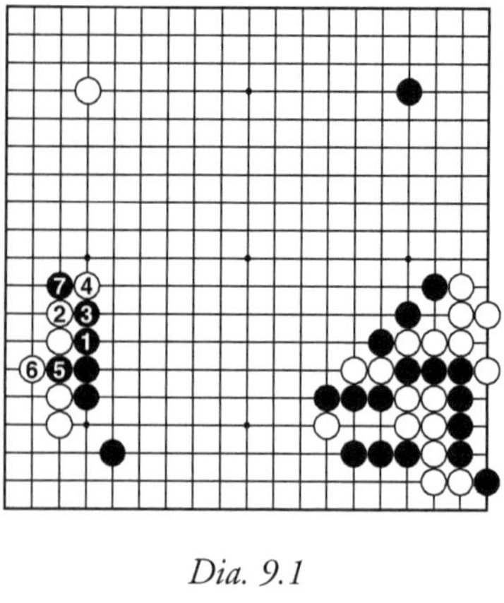

Dia. 9.1

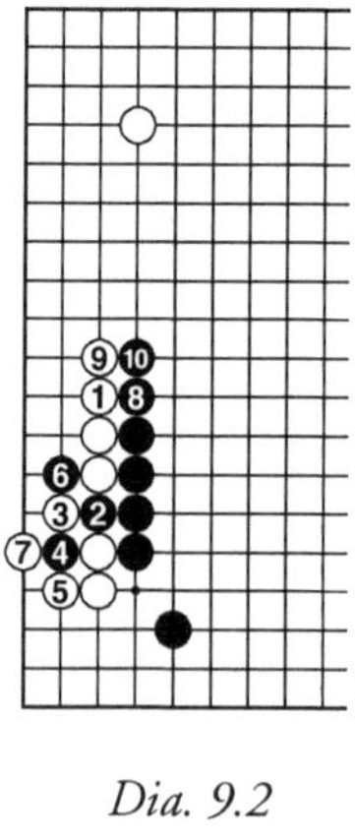

Dia. 9.2

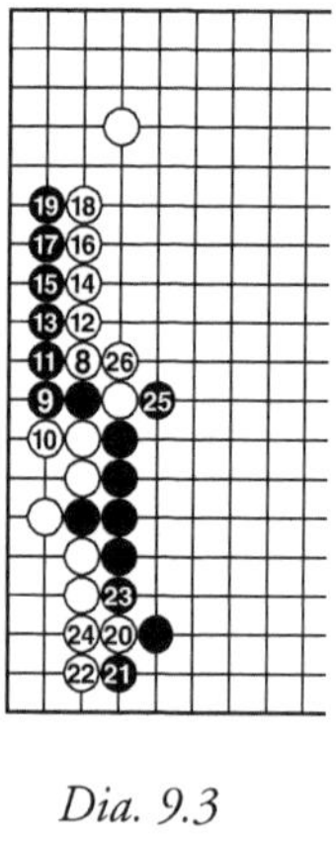

Dia. 9.3

Lösung 9: In dieser magischen Joseki-Anwendung setzt Schwarz in Dia. 9.1 links unten fort. Es kann sein, dass Weiß 4 übertrieben ist, aber wenn Weiß stattdessen in Dia. 9.2 nachgibt, kann Schwarz weiterpushen und zumindest ein riesiges Gebiet bauen. Also verläuft die Partie wie in Dia. 9.3.

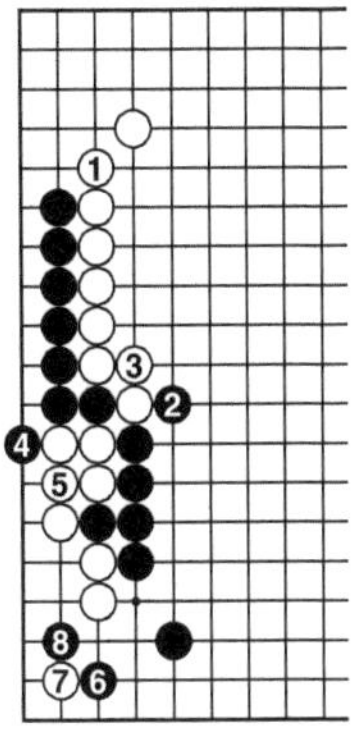

Dia. 9.4

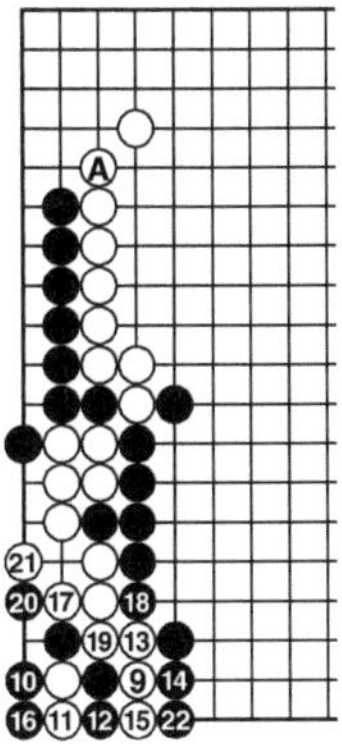

Dia. 9.5

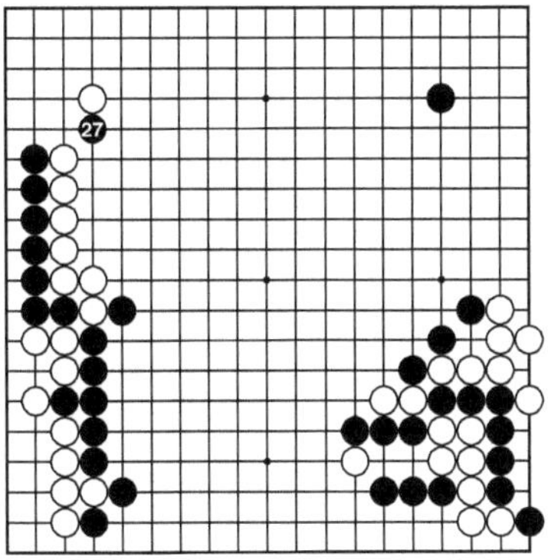

Dia. 9.6

Lösung 9 (Forts.): Weiß muss mit 20 in Dia. 9.3 die Ecke decken, sonst entsteht nach Dia. 9.4 und 9.5 ein Ko, für das Schwarz rechts unten unzählige Drohungen hat. Das Strecken auf A ist folglich zu riskant für Weiß.

Schwarz hat von Anfang an den Zug 27 in Dia. 9.6, vorbereitet, denn das ist ein Treppenbrecher für die Treppe auf A. Weiß hat nun gewaltige Probleme...

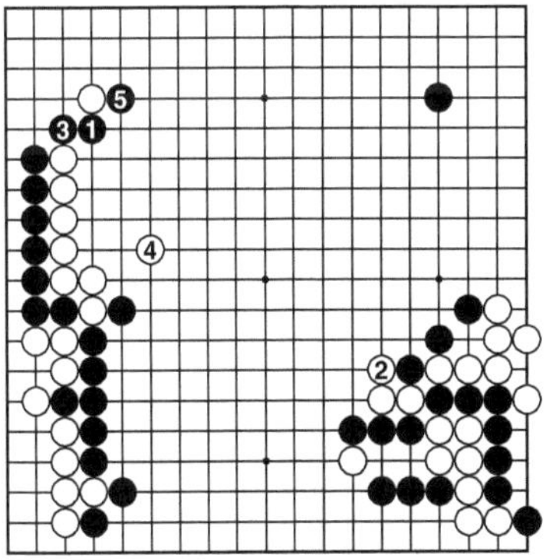

Dia. 9.7

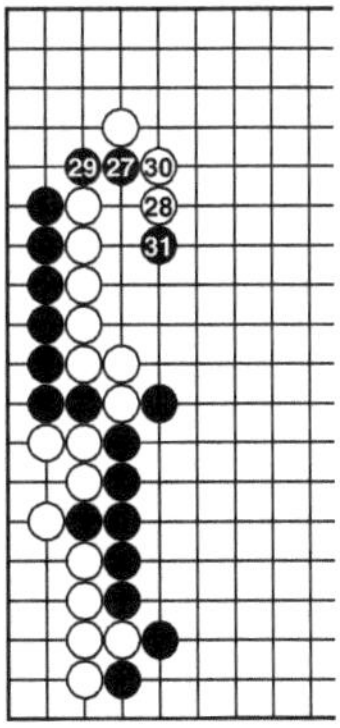

Dia. 9.8

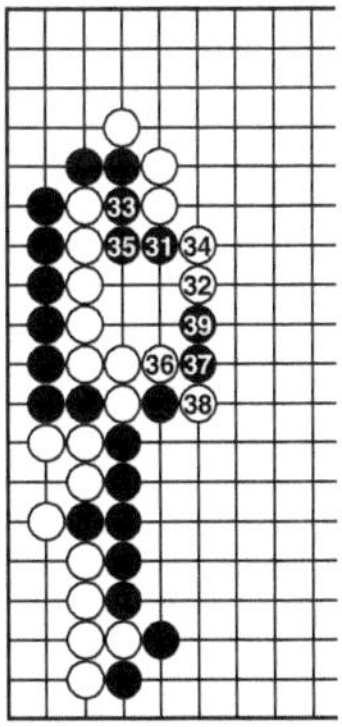

Dia. 9.9

Lösung 9 (Forts.): Weiß kann die Treppe wie in Dia. 9.7 entfernen, aber somit zerfällt Weiß links oben in Einzelteile. Also bemüht sich Weiß in Dia. 9.8 mit 28 sehr, noch so etwas wie eine Form zu finden, doch 31 ist ein weiterer Treppenbrecher.

Weiß versucht wieder so einen Zug in Dia. 9.9, aber 39 droht die Treppe abermals an.

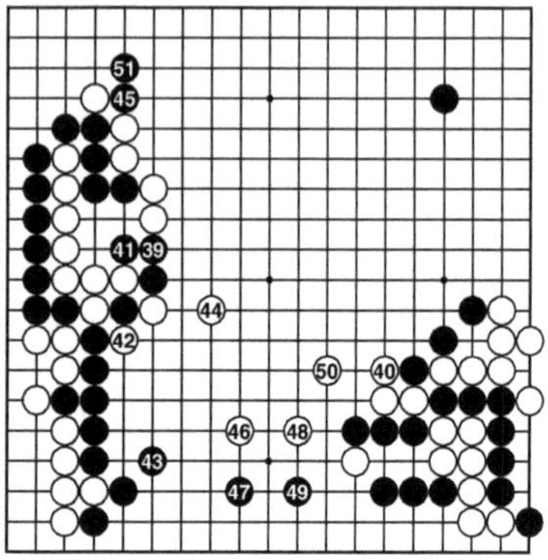

Dia. 9.10

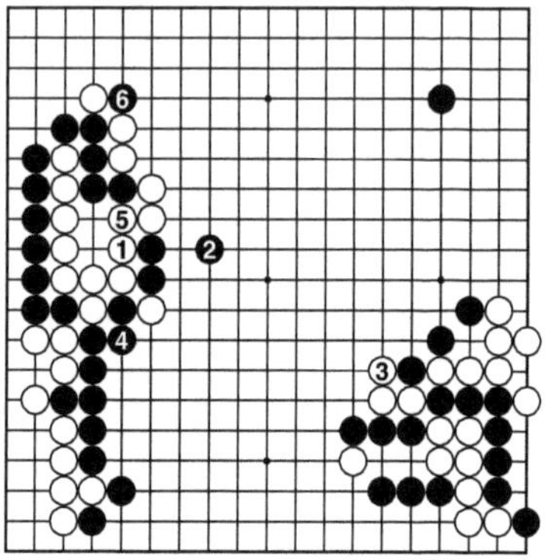

Dia. 9.11

Lösung 9 (Forts): Dia. 9.10 zeigt die Partie. Am Ende ist Weiß trotz aller Anstrengung zerfallen. Schwarz hat oben massiv profitiert und nebenbei die untere Seite gedeckt.

Weiß hätte statt 40 in der Partie auch wie in Dia. 9.11 mit 1 blocken und die Treppe temporär verhindern können, doch das Ergebnis ist nicht minder schrecklich.

Kapitel 2

Ninja-Züge

In Amateurpartien (auch in meinen) sehe ich oft, dass Vorhandzüge ohne viel Hirn mit dem einzigen Grund ausgespielt werden, dass sie eben Vorhand sind. Dies mag bei profitablen Vorhandzügen angehen, wie auch im Byo-yomi, als Ko-Drohung, etc... Doch sind Züge in Vorhand – öfter als man glaubt – Ajikeshi. Im Referenzdiagramm unten wäre Weiß A, der Schwarz zu G zwingt, ein typischer Fehler, denn dies lässt noch immer ein gemütliches Nozoki auf F zu.

Hier wäre der bessere Zug Weiß 1, der ebenso droht, mit G zwei schwarze Steine zu fangen. Somit kann Weiß dem Stein auf 3-5 mit 1 und, nach der schwarzen Antwort auf G, mit dem nächsten Zug zwei Freiheiten auf einmal nehmen und zugleich augenreiche Form basteln.

Angesicht der unsichtbaren weißen Steine auf 1 und A bis F hat Schwarz in dieser Gegend keine brutalen Optionen (Das Nozoki auf F zum Beispiel funktioniert nicht so gut.).

In diesem Kapitel werden sogenannte Ninja-Züge vorgestellt, die ebendiese unsichtbaren Verbündeten ausnutzen. Ich hoffe, dass ihr eines Tages jubeln werdet, einen Vorhandzug nicht abgetauscht zu haben!

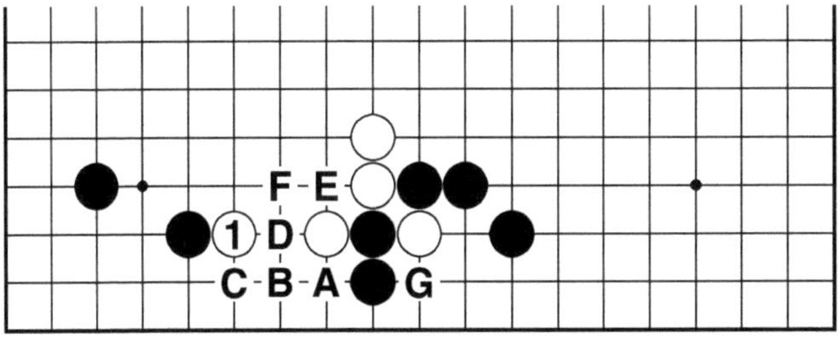

Referenzdiagramm

1

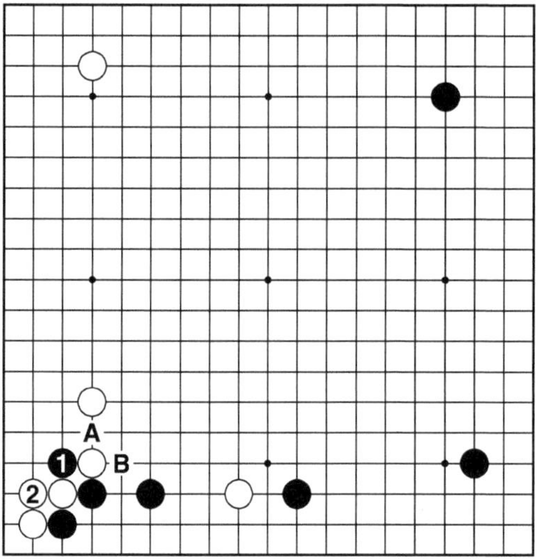

Schwarz hat ein Atari abgetauscht, das nicht im Joseki-Buch zu finden ist. Natürlich sind A und B direkt nicht spielbar. Was ist sein Plan?

2

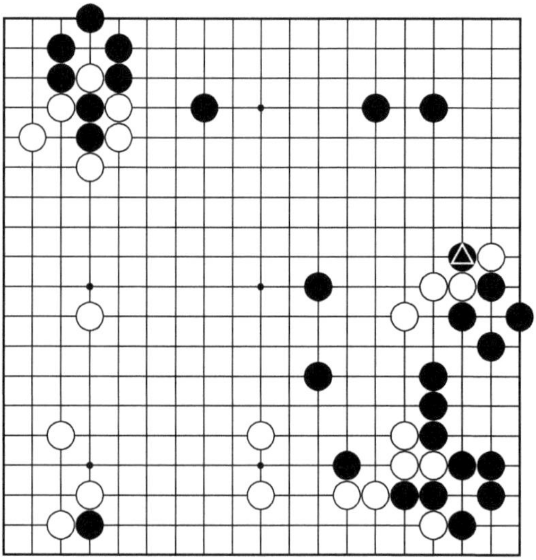

Weiß kann hier seine unsichtbaren Verbündeten um den schwarzen Schnittstein herum herbeibeschwören.

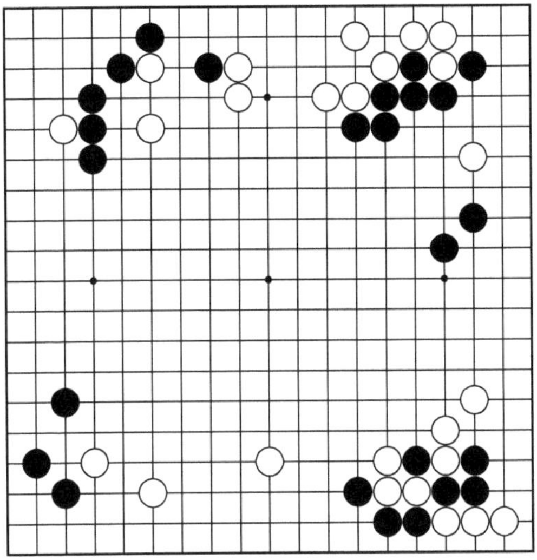

3

Das weiße Moyo unten ist groß. Wie soll Schwarz Sabaki machen?

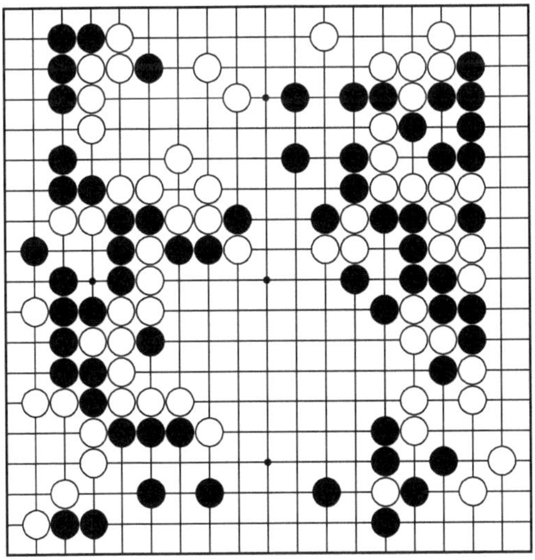

4

Das Zentrum wimmelt von unsichtbaren Ninja. Wie kombiniert Schwarz sie?

5

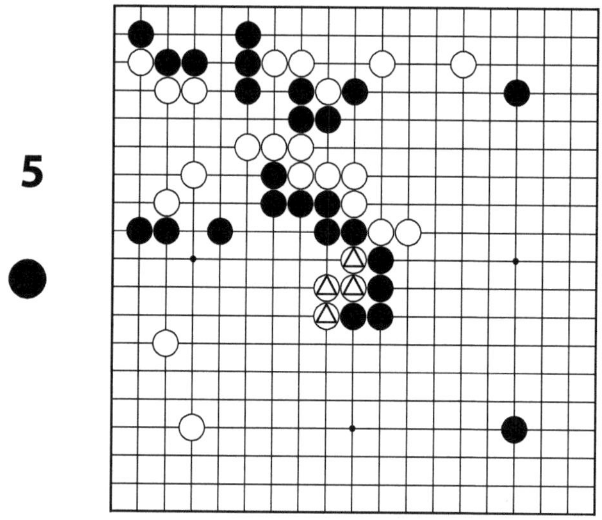

Die unsichtbaren Vorhandsteine müssen nicht immer Atari sein. Schwarz macht gemütliches Sabaki.

6

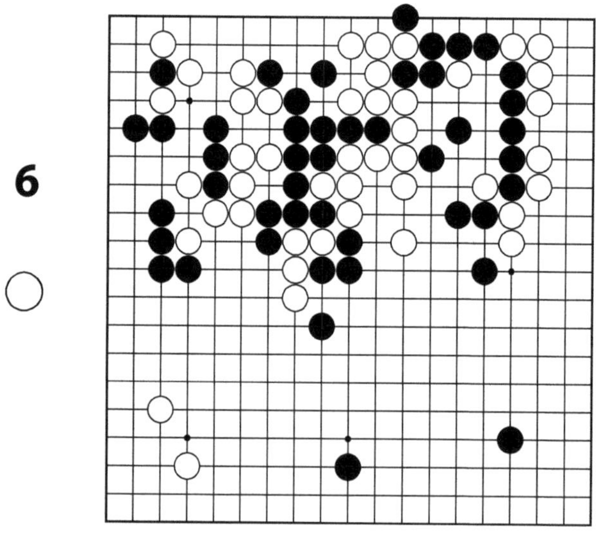

Hier macht Weiß sich im Zentrum breit, indem er die schwarzen Gruppen rundherum bedroht.

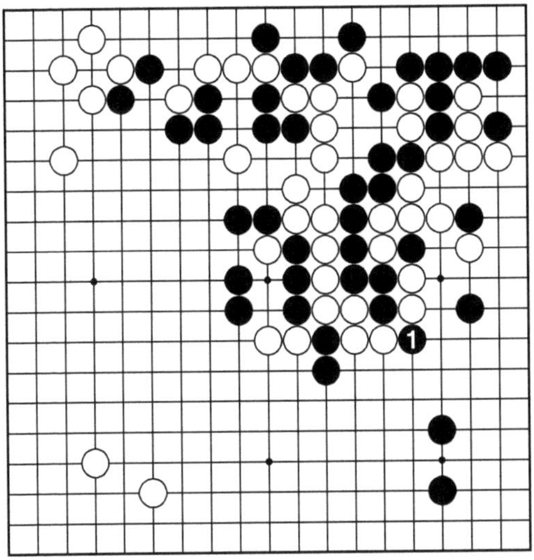

7

Schwarz schneidet auf 1 mit der Absicht, die weiße Schlange zu drangsalieren. Aber die kann elegant hinfortweichen...

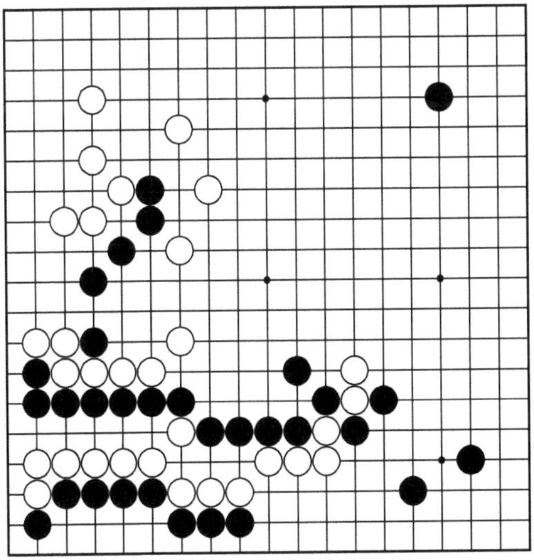

8

Unter der Prämisse, Weiß unten zu ermorden, hat Schwarz links oben sein gesamtes Hab und Gut gespendet. Doch ein Ninja hat sieben Leben...

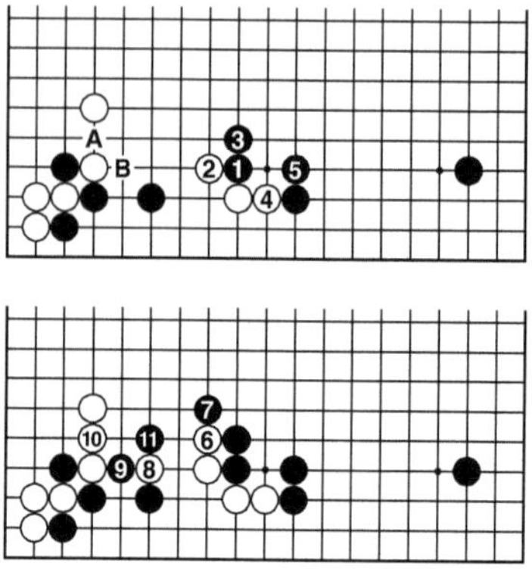

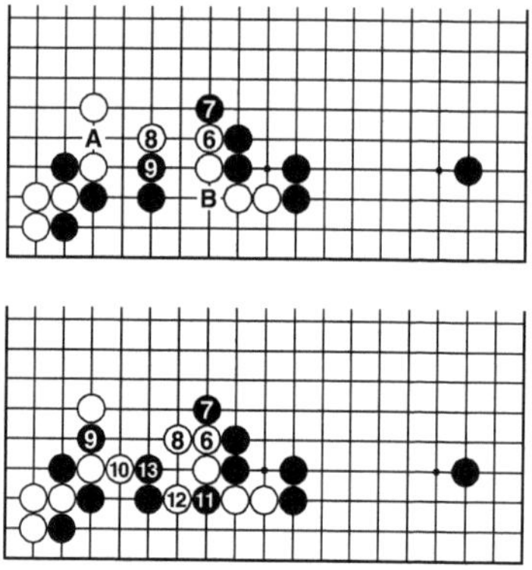

Dia. 1.1 & Dia. 1.2   *Dia. 1.3 & Dia. 1.4*

Lösung 1: Schwarz legt primitiv an und angesichts der vielen Ninja-Steine um A und B herum ist es überraschend schwierig für Weiß, nach Hause zu verbinden bzw. Schwarz einzuschließen. Wenn Weiß in Dia. 1.2 auf 8 anlegt, wird er selbst eingeschlossen und erreicht das Gegenteil von dem, was er wollte. Doch auch nach dem Sprung 8 in Dia. 1.3 macht Schwarz 9 aus A und B Miai.

In der Partie hat Weiß angeblich das leere Dreieck in Dia. 1.4 versucht, konnte aber seinem Schicksal bis Dia. 1.5 und 1.6 nicht entkommen (Weiß 30 deckt auf 27).

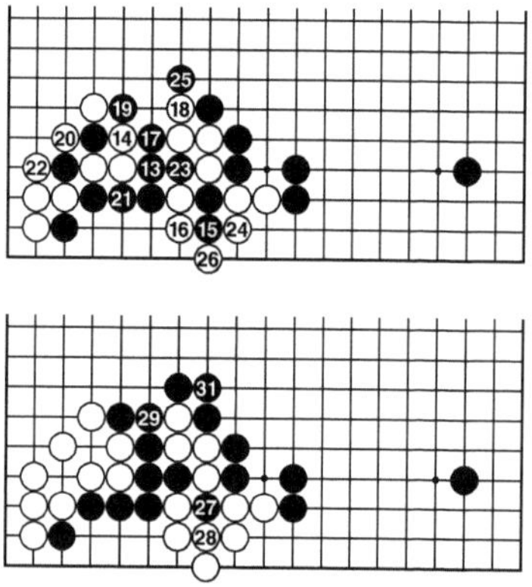

Dia. 1.5 & Dia. 1.6

Lösung 2: Das Warikomi 3 ist ein wunderbarer Zug, um das schwarze Shimari zu durchbohren. Weiß muss jedoch zuvor unbedingt das Atari 1 abtauschen, damit es schwieriger für Schwarz wird, auf den Schnittstein zu pfeifen.

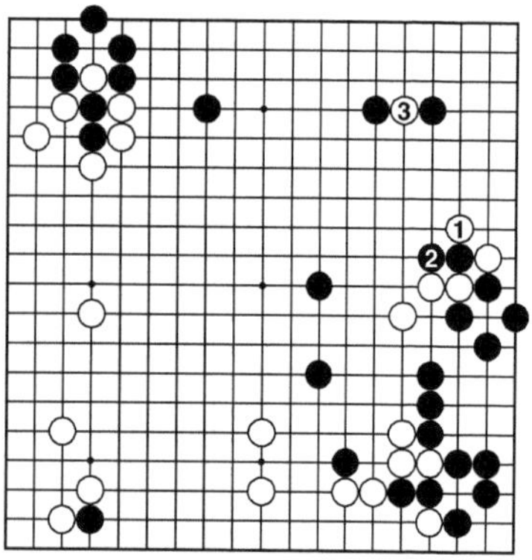

Dia. 2.1

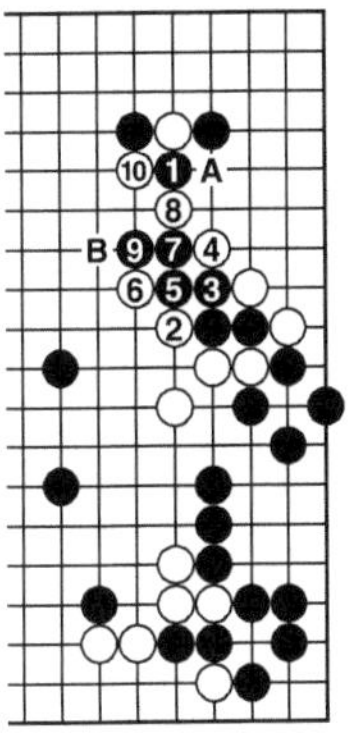

Dia. 2.2

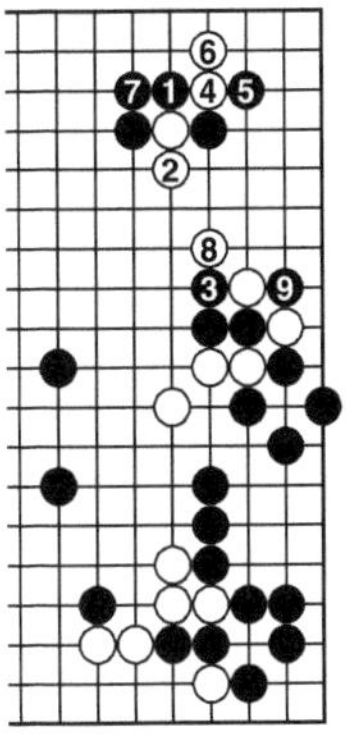

Dia. 2.3

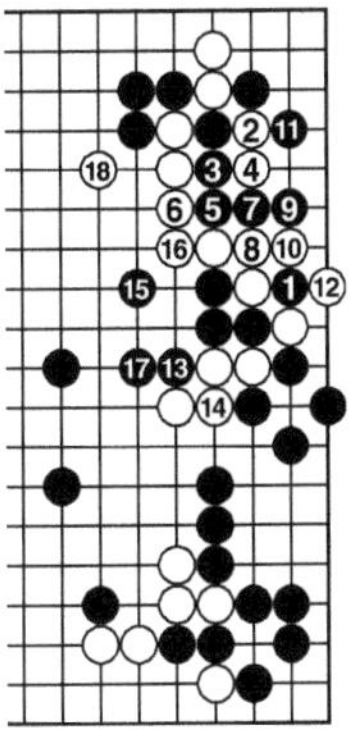

Dia. 2.4

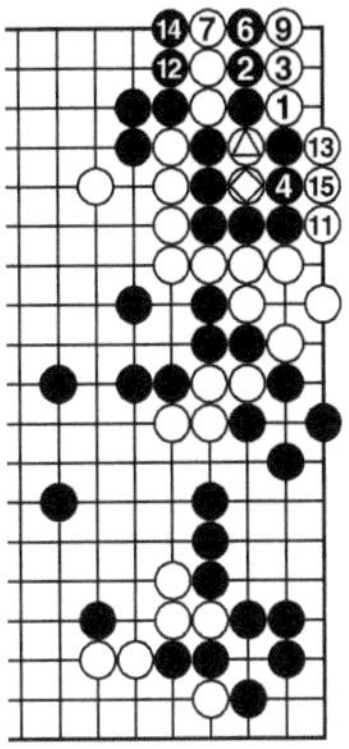

Dia. 2.5

Lösung 2 (Forts.): Wenn Schwarz in Dia. 2.2 außen antwortet, dann spielt Weiß die Treppe aus und macht dann mit 10 Miai aus A und B, die beide schrecklich für Schwarz sind. Schwarz sollte wie in Dia. 2.3 innen antworten, und mit Weiß 2, 4 und 8 kommen neue Ninja ins Spiel. Nach einer Parade von Tesuji in Dia. 2.4 bekommen beide Seiten ein akzeptables Ergebnis, denn Weiß kann die Ecke noch wie in Dia. 2.5 (Weiß 5 und Schwarz 10 auf △, Schwarz 8 auf ◇) aushöhlen und dort ein Auge bauen.

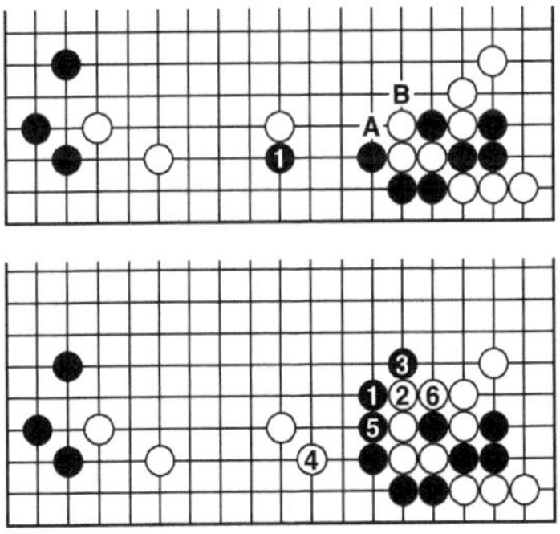

Dia. 3.1 & Dia. 3.2

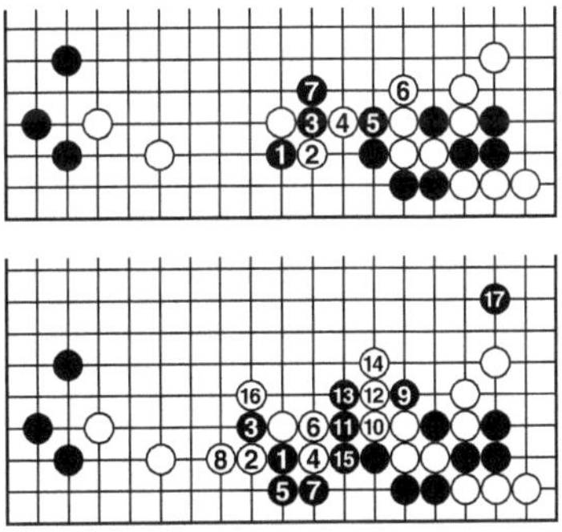

Dia. 3.3 & Dia. 3.4

Lösung 3: Das Joseki sieht man ziemlich häufig, aber Schwarz 1 eher weniger. Die beiden Ninja A und B sind jederzeit bereit, zuzuschlagen. Wenn Schwarz sich wie in Dia. 3.2 ans Joseki-Buch hält, dann wird man ihm das nicht vorhalten, aber einen guten Folgezug hat er auch nicht.

Auf Weiß 2 in Dia. 3.3 macht der Kreuzschnitt 3 Sabaki. Schwarz 5 und 7 führen die Gruppe ins Freie. Auf das Hane in Dia. 3.4 schneidet Schwarz nach wie vor. Schwarz 9 ist der Schlüsselzug, um ein Loch in die weiße Stellung zu pieksen.

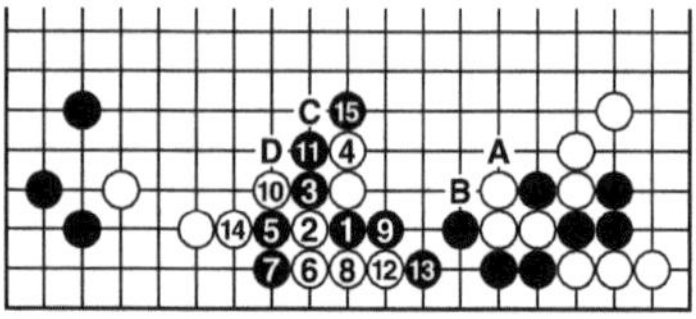

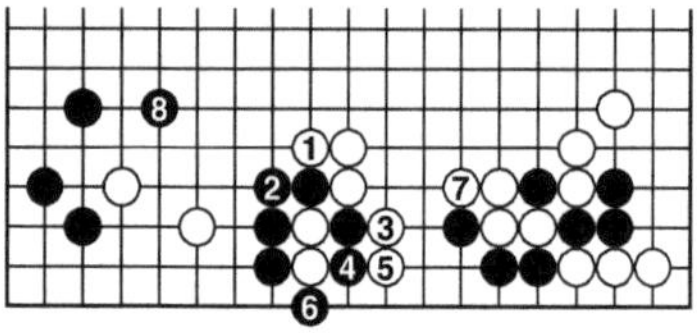

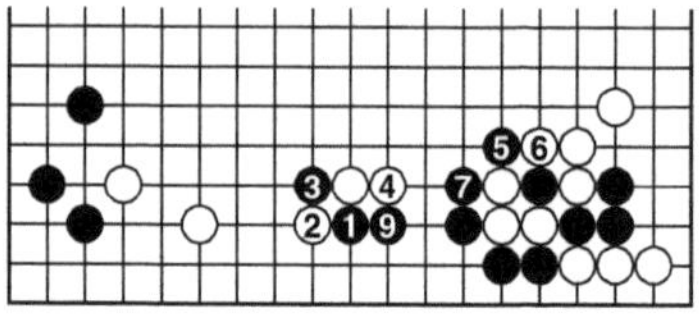

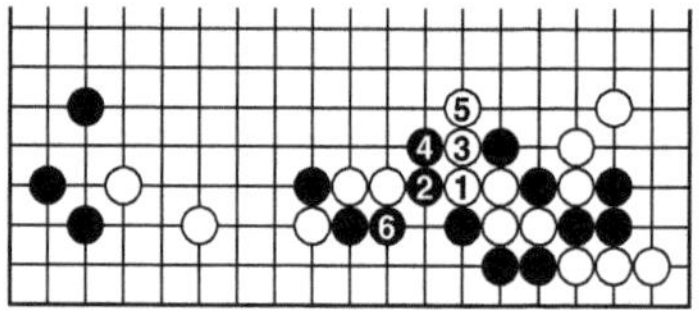

Dia. 3.5 & Dia. 3.6   *Dia. 3.7 & Dia. 3.8*

Lösung 3 (Forts.): Wenn Weiß mit 4 nach oben streckt, sind die Varianten sind nicht einfach, weil die noch nicht gespielten Vorhandzüge mitbedacht werden müssen. Aber nach Schwarz 15 in Dia. 3.5 sind die zwei weißen Steine so gut wie dahin. Ninja A und B, und nun auch C und D, warten noch immer auf das Kommando zum Zuschlagen.

Weiß kann statt 8 auch nicht wirklich mit 1 in Dia 3.6 tauschen, denn dann sackt Schwarz großräumig die rechte Seite ein. Streckt Weiß auf 4 in Dia. 3.7, ist Schwarz 5 wieder ein guter Zug. Wenn Weiß statt 6 mit 1 in Dia. 3.8 dagegenhalten möchte, wird er mit grauenhafter Form bestraft.

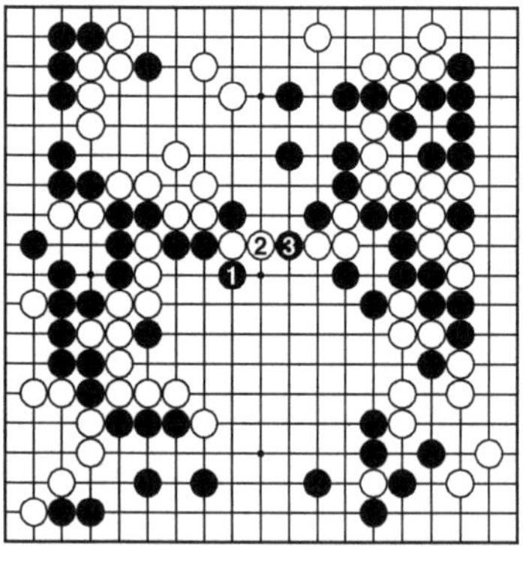

Dia. 4.1

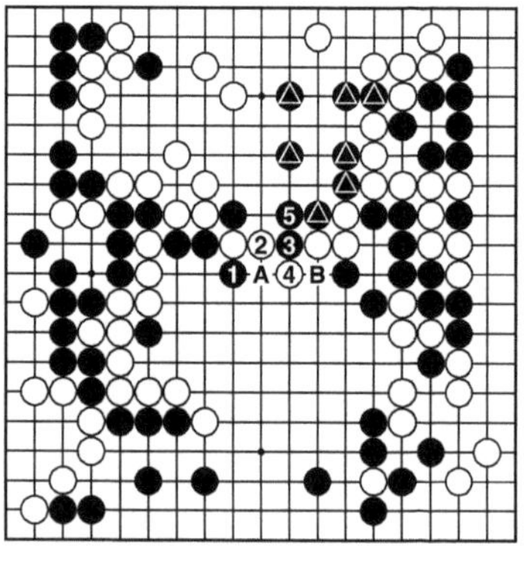

Dia. 4.2

Lösung 4: Hier sehen wir eine majestätische Variante eines legendären Tesuji.

Nach der Kombination des Atari 1 und des Warikomi 3 kann Weiß nicht mehr vermeiden, dass etwas gefangen wird. Gibt Weiß in Dia. 4.2 das Atari von unten, dann sind die Punkte A und B der Miai-Rettungsring der markierten Gruppe.

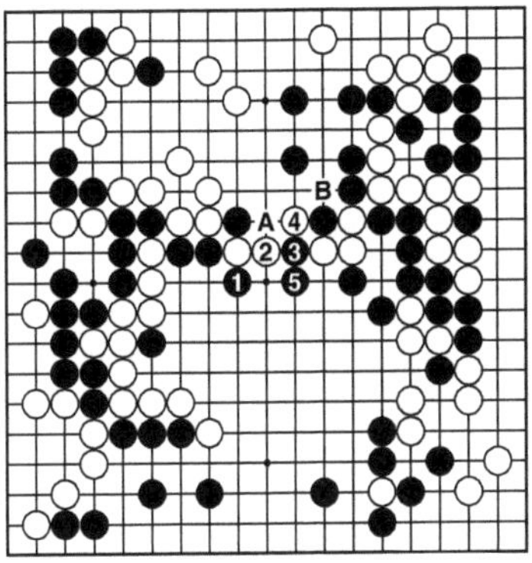

Dia. 4.3

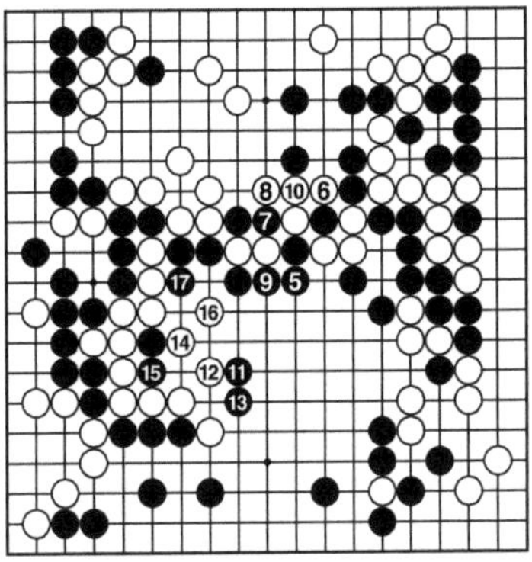

Dia. 4.4

Lösung 4 (Forts.): Mit dem anderen Atari in Dia. 4.3 macht Schwarz ebenfalls Miai. Weiß kann zwar in der Partie wie in Dia. 4.4 gerade so die schwarze Gruppe abtrennen, aber mit Schwarz 11 bis 17 wird die andere Gruppe begraben.

Dia. 4.5 zeigt das Original-Tesuji. Nach dem Warikomi 5 wird Schwarz, wenn er keine Steine hergeben möchte, zumindest furchtbar eingepackt.

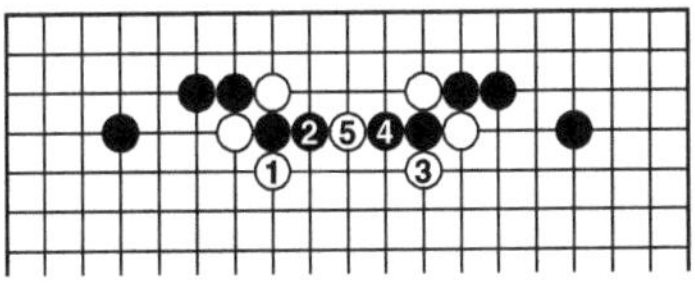

Dia. 4.5

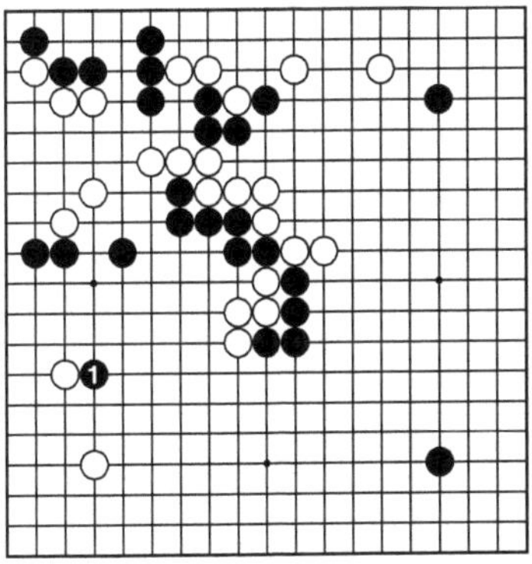

Dia. 5.1

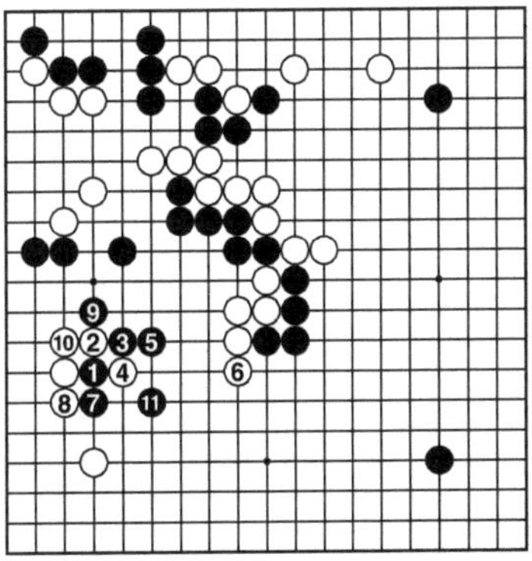

Dia. 5.2

Lösung 5: Der Anleger 1 ist sehr effektiv und Weiß muss höllisch aufpassen, wie er hier reagiert.

In Dia. 5.2 kann Schwarz dank des Vorhandzugs 5 mit guter und schneller Form entkommen.

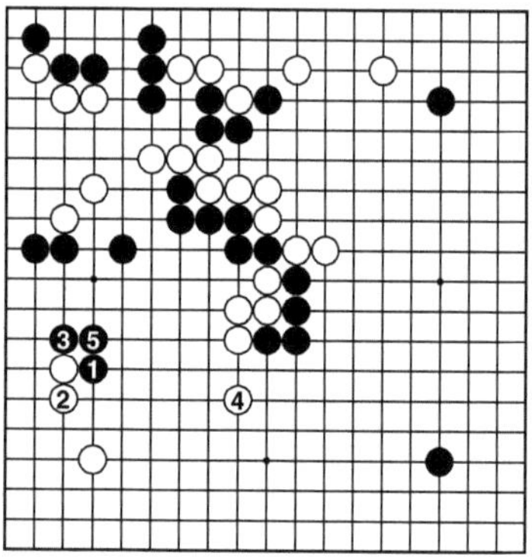

Dia. 5.3

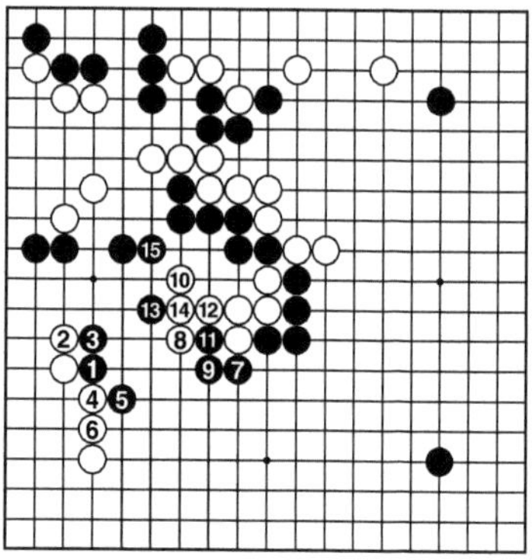

Dia. 5.4

Lösung 5 (Forts.): Zieht Weiß in Dia. 5.3 zurück, bekommt Schwarz eine solide Basis.

Sollte Weiß wie in Dia. 5.4 gar nichts zugestehen und stur alles behalten wollen, dann sind eben die Steine im Zentrum weg.

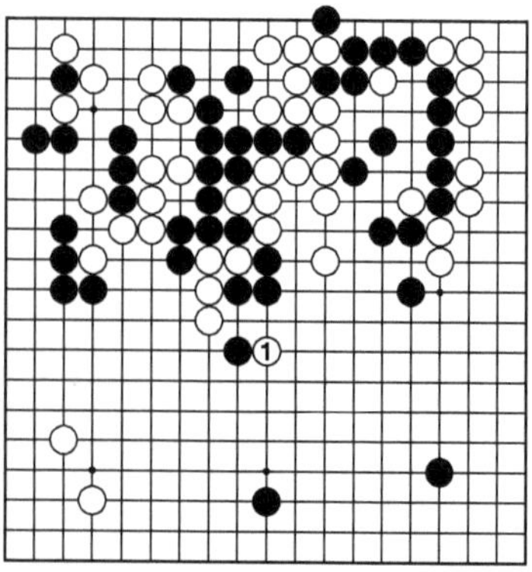

Dia. 6.1

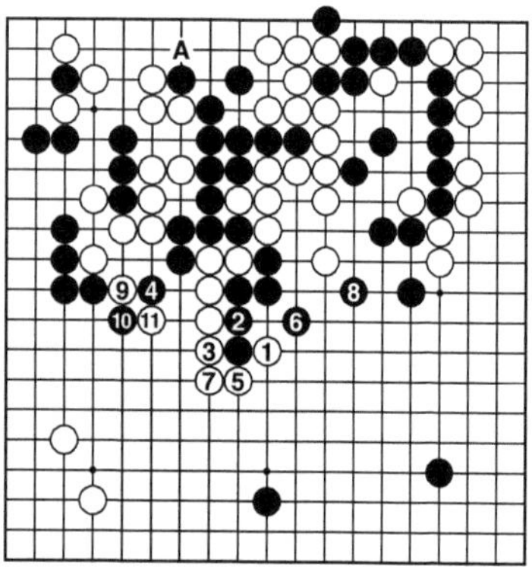

Dia. 6.2

Lösung 6: „Wosn des?" oder „Watten datt?" mag man sich bei Weiß 1 fragen. So seltsam er auch aussieht, der Anleger ist der beste Zug in dieser Gegend!

Nach Weiß 3 muss Schwarz seinen Pterosaurus auf den Boden der Tatsachen holen. Geht Schwarz mit 8 weiter auf die Jagd nach vermeintlich leichter Beute, dann fällt er dem Ko-Schnitt von Weiß 9 und 11 zum Opfer. Weiß hat um A herum ein paar Drohungen.

Lösung 6 (Forts.): Dia. 6.3 zeigt, was geschieht, wenn Weiß sich in der Reihenfolge vertäte. Ein bitterer Kampf steht nun bevor. Indem Weiß zuerst 3 spielt, bevor er auf 1 schiebt, wird der schwarze Stein „schwer“, sodass Schwarz mit diesem nicht so einfach ausweichen könnte.

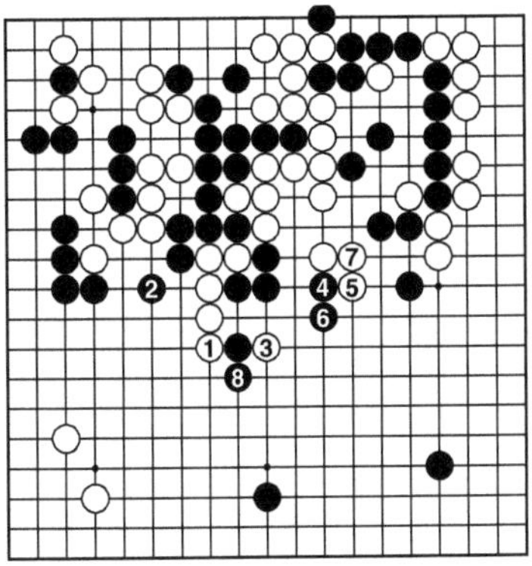

Dia. 6.3

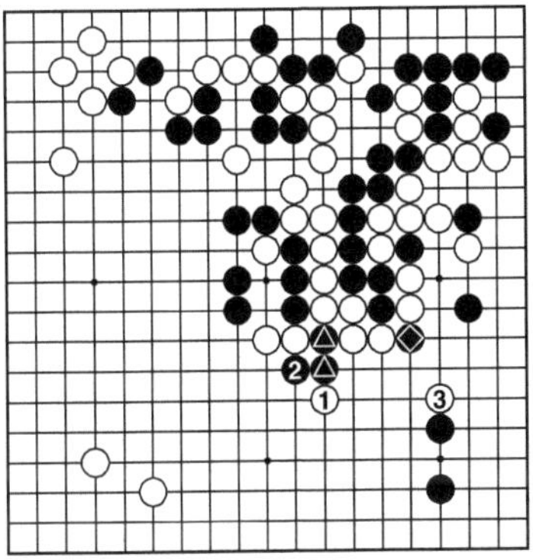

Dia. 7.1

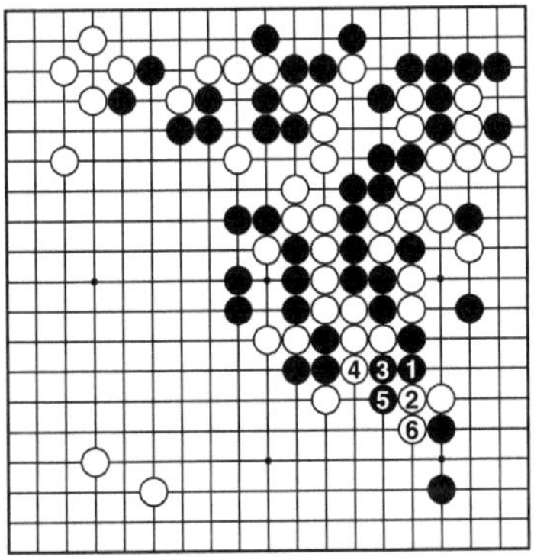

Dia. 7.2

Lösung 7: Diese Stellung demonstriert eindrucksvoll das Prinzip der Schwere. Im Schnitt von Schwarz steckt, ebenso wie in den zwei markierten Steinen, unheimlich viel Verantwortung. Diese dürfen nun nicht draufgehen! Daher kann Weiß mit 1 und 3 recht locker spielen und muss sich nur um seine Haupttruppe kümmern. Kontert Schwarz mit 1 bis 5 in Dia. 7.2, dann erstrahlt der weiße Nasenzug in vollem Glanz.

Auch das Strecken auf 1 in Dia. 7.3 lässt Weiß ohne einen überflüssigen Zug geschmeidig voranschreiten.

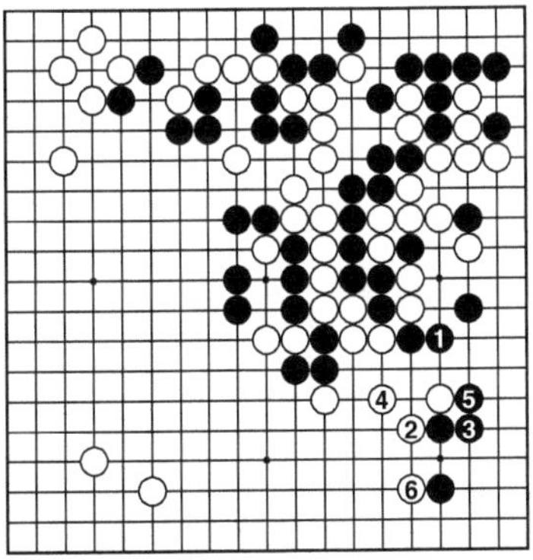

Dia. 7.3

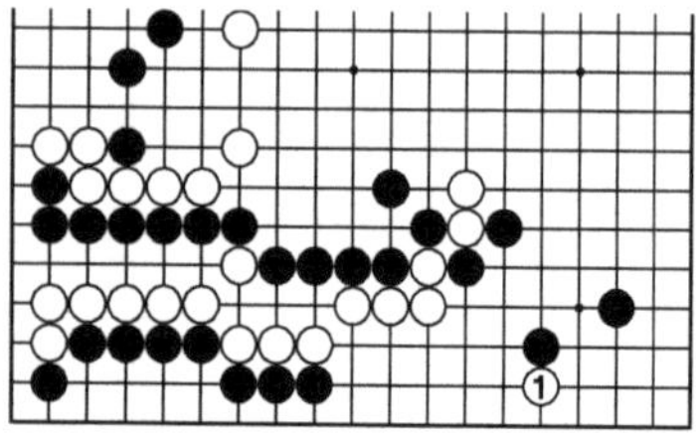

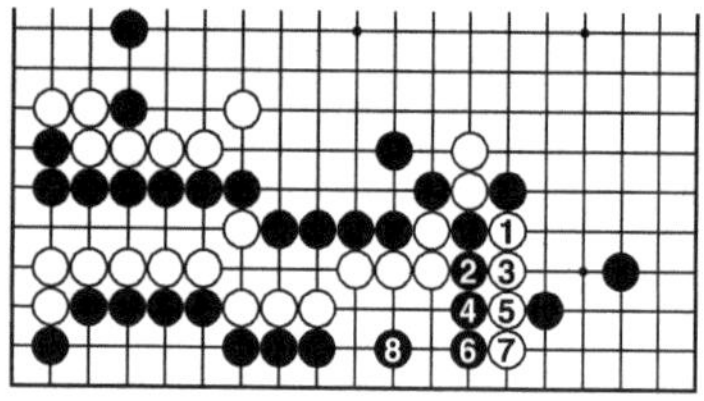

Dia. 8.1 & *Dia. 8.2*

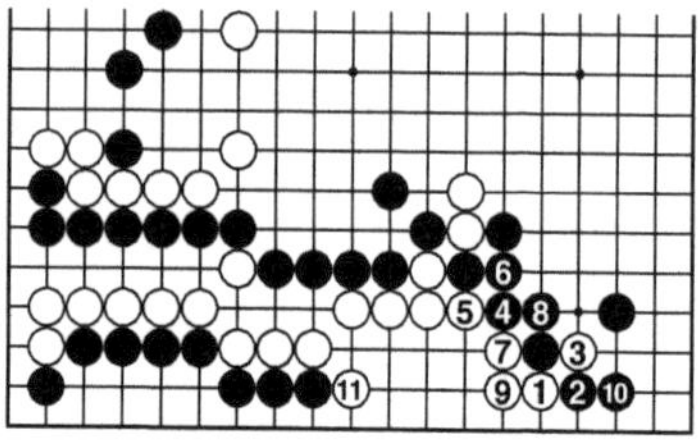

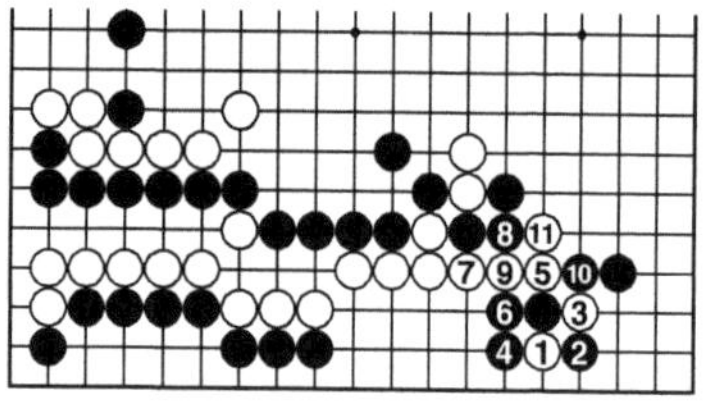

Dia. 8.3 & *Dia. 8.4*

Lösung 8: Weiß 1 in Dia. 8.1 ist es!

Der direkte Schnitt in Dia. 8.2 geht nicht so gut aus für Weiß. Darum lässt er das.

Nach dem tollen Anleger kann Schwarz der Gruppe nichts mehr anhaben. In der Abfolge in Dia. 8.3 lebt Weiß sehr gemütlich. Spielt Schwarz wie in Dia. 8.4, dann kollabiert er. In Dia. 8.5 ist der Schnittsein futsch.

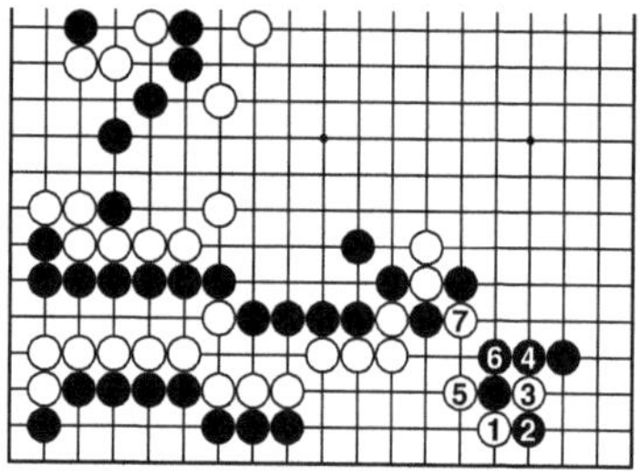

Dia. 8.5

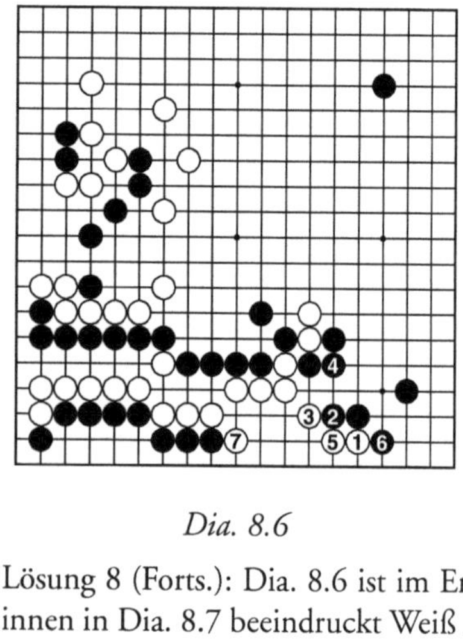

Dia. 8.6

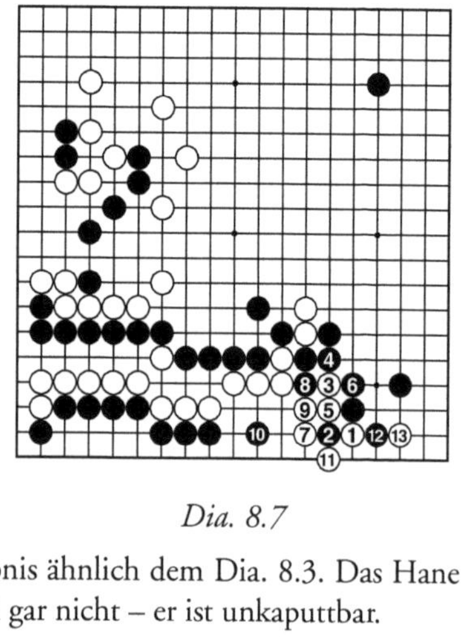

Dia. 8.7

Lösung 8 (Forts.): Dia. 8.6 ist im Ergebnis ähnlich dem Dia. 8.3. Das Hane innen in Dia. 8.7 beeindruckt Weiß mal gar nicht – er ist unkaputtbar.

Kapitel 3

Zen-Züge

Hier geht es um scheinbar unspielbare Züge, die zu passiv aussehen, aber dennoch angemessen sind. Im ersten Kapitel, Problem 1, gab es bereits ein solches Beispiel, in dem es eine Gruppe in der feindlichen Arena zum Leben zu bringen galt.

Bei vielen dieser Züge wusste ich nicht, dass es sie gibt, bevor ich diese Probleme gesehen habe. Spielern ab einem gewissen Niveau gehen sie vielleicht gar gegen die Intuition. Doch für ein ausgewogenes Temperament eines Go-Spielers ist es wichtig, nicht nur die extrem brillianten Züge zu sehen, sondern sich auch dazu durchringen zu können, hier und da auf scheinbar passive „Zen"-Züge zurückzugreifen.

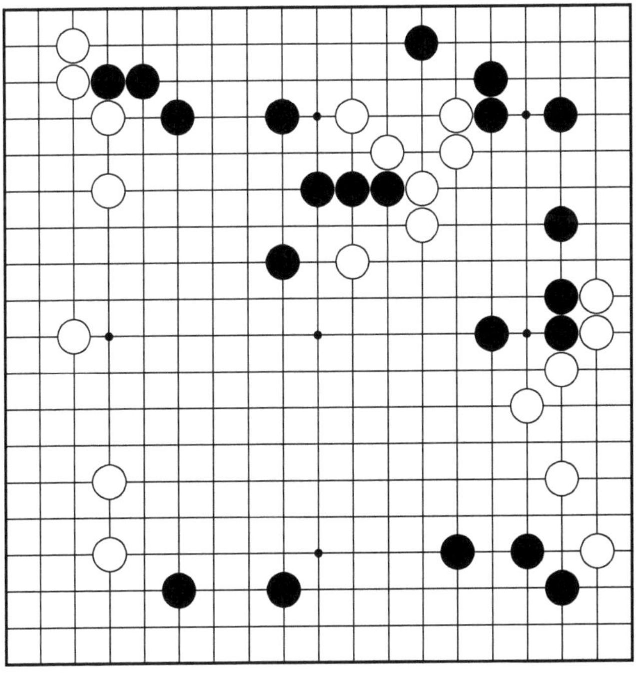

○ Weiß am Zug soll seine Gruppe im Norden stärken.

2

○

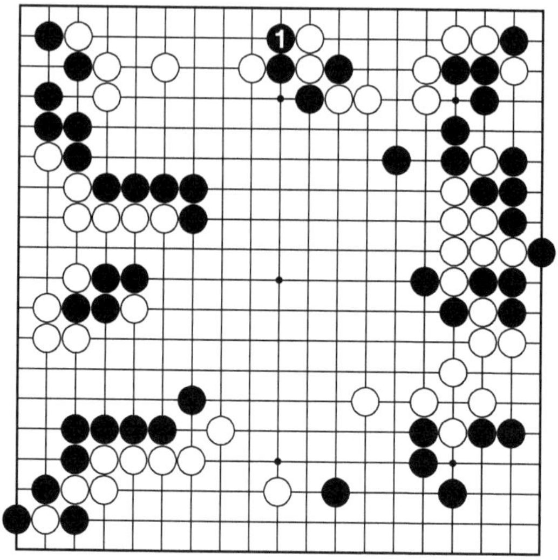

Schwarz ist rundherum stark und macht den (normalerweise schlechten) Trennzug 1. Weiß kann nun ebenso ungewöhnlich antworten.

3

○

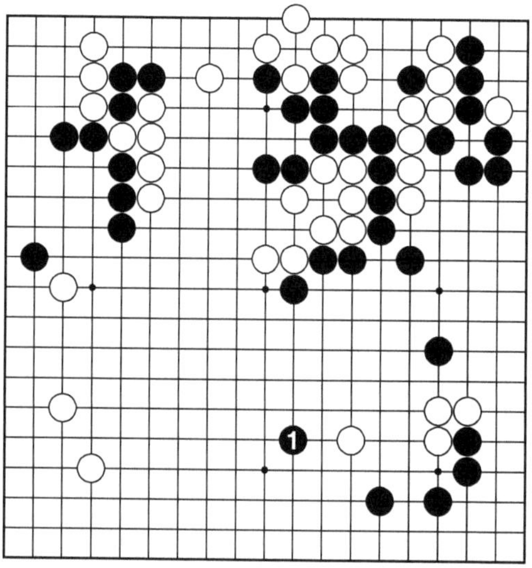

Schwarz gibt der weißen Gruppe eins auf den Deckel. Was nun?

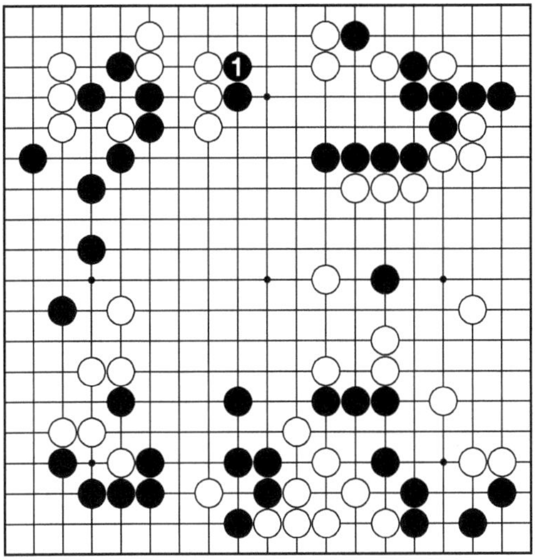

4

Schwarz trennt mit 1 die weißen Steine links und rechts. Was nun?

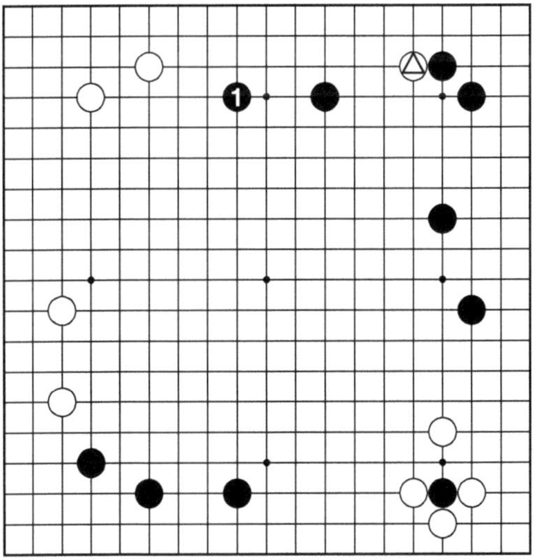

5

Wie zieht Weiß den einzelnen Stein raus?

6

○

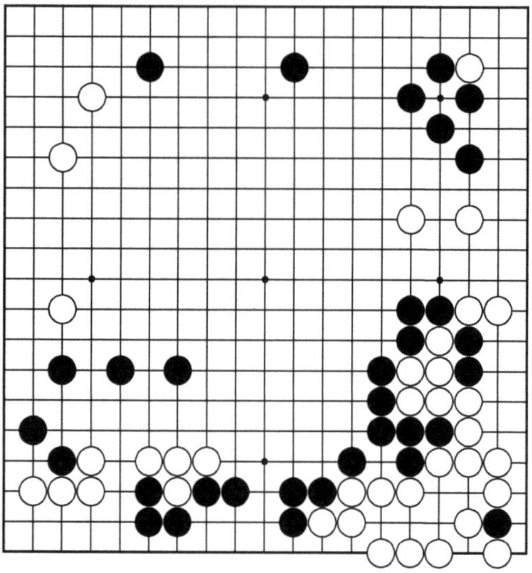

Wo hat Weiß ein Loch? Und wie ist dieses am besten decken?

7

○

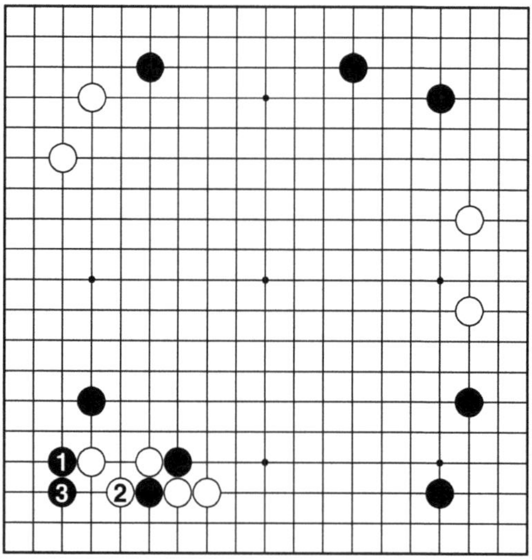

Was macht Weiß nun nach diesem Joseki?

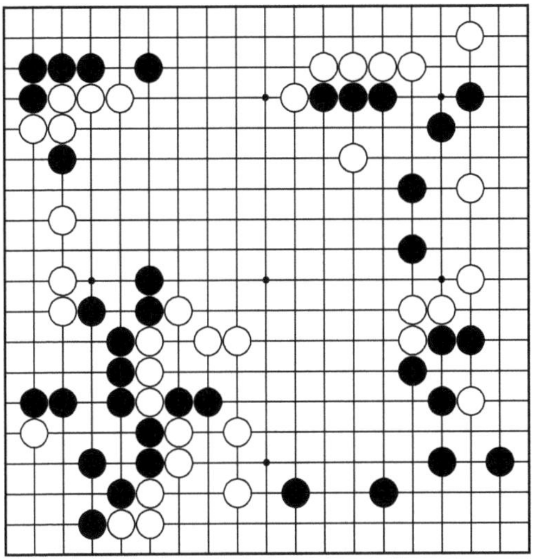

8

Schwarz ist im Nordosten schwach, aber bevor Weiß draufhaut, sollte er die Faust zuerst zurückziehen.

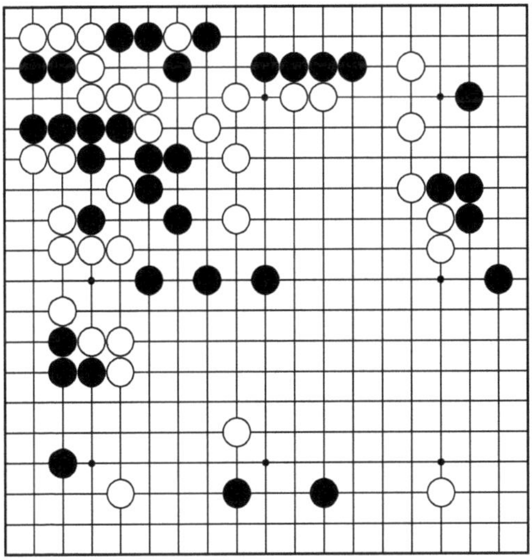

9

Eine historische Partie von Yasui Chitoku. Schwarz am Zug. Tiefes Zen!

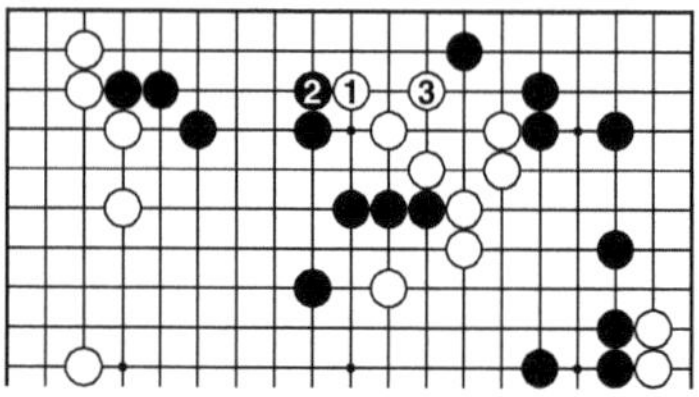

Dia. 1.1

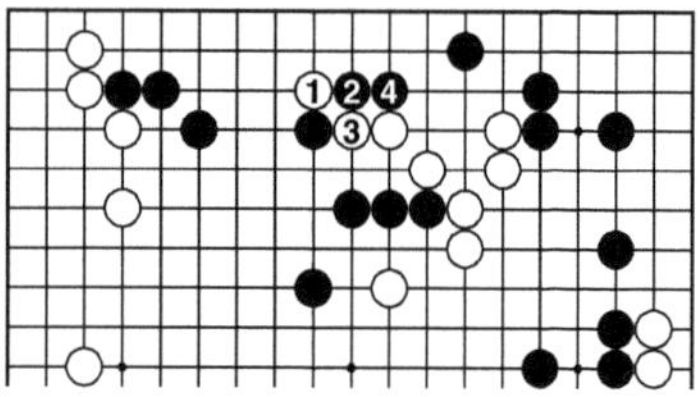

Dia. 1.2

Lösung 1: Weiß baut sich mit sehr sanften Zügen eine Basis für die schwache Gruppe. Wenn Weiß die schwarzen Steine in der Umgebung nicht respektiert und wie in Dia. 1.2 um eine Linie gieriger ist, dann wird er sogleich zerlegt.

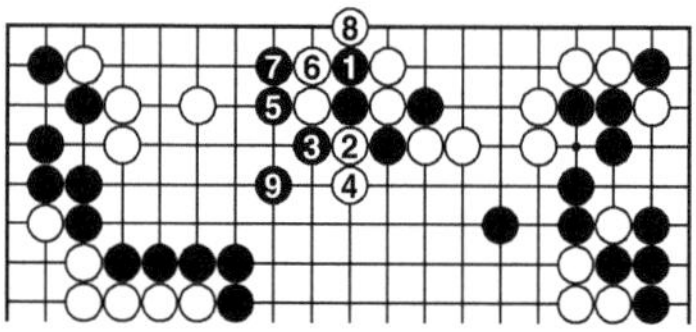

Dia. 2.1

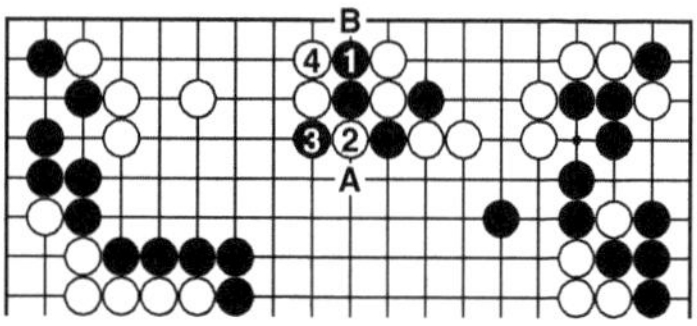

Dia. 2.2

Lösung 2: Die plumpesten Gegen-Atari der Welt, Schwarz 3 und 5, sind hier effektiv und fangen Weiß links oben. Ich habe noch nie gesehen, dass diese schwarze Sequenz gut sein soll. Aber wenn wir hier genauer auf das Brett schauen, dann bemerken wir, dass es weder schwache Gruppen noch Platz für Moyos gibt. Folglich ist die weiße Stärke hier nicht so wertvoll wie der unmittelbare Profit.

Daher sollte Weiß mit 4 in Dia. 2.2 klemmen, um unversehrt nach Hause zu verbinden. A und B sind jetzt Miai. Das Ponnuki mit A ist zwar fett, aber nicht so verheerend für Weiß wie der Verlust der Gruppe links oben.

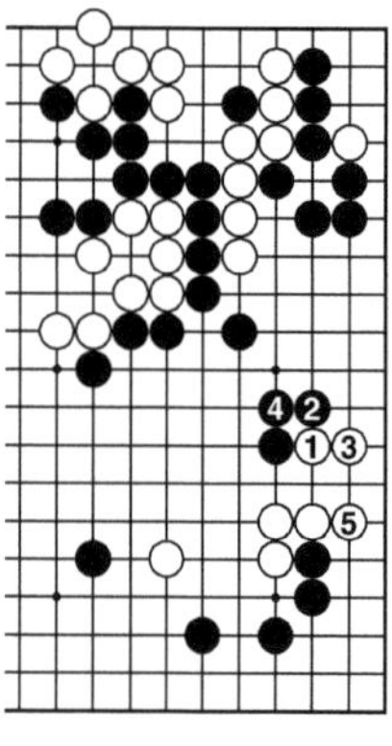

Dia. 3.1

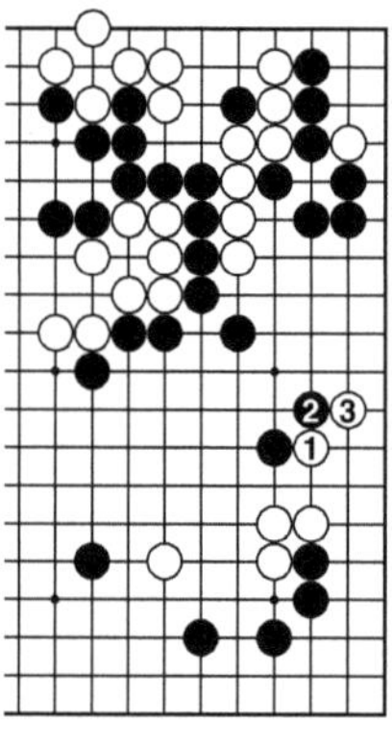

Dia. 3.2

Lösung 3: Am besten baut sich Weiß mit 1 bis 5 ein Auge, das zweite ist dann auch nicht mehr weit.

Das Doppel-Hane in Dia. 3.2 ist sicher die erste Idee der meisten Dan-Spieler, aber Schwarz kann wie in Dia. 3.3 kontern und Weiß in ernste Lebensgefahr bringen.

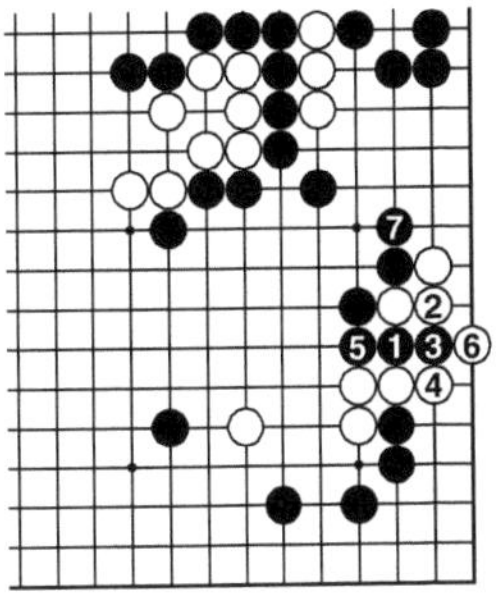

Dia. 3.3

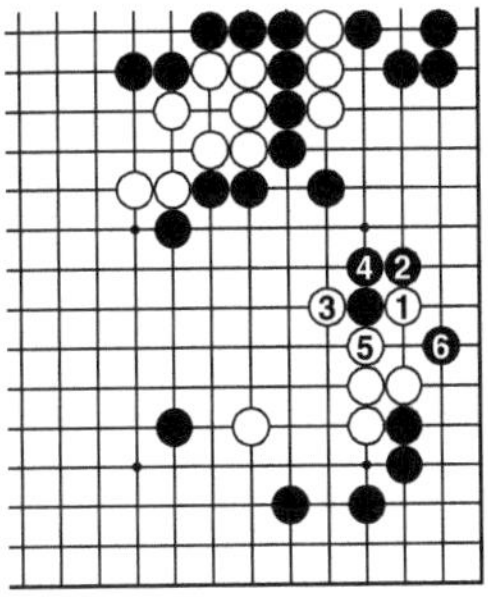

Dia. 3.4

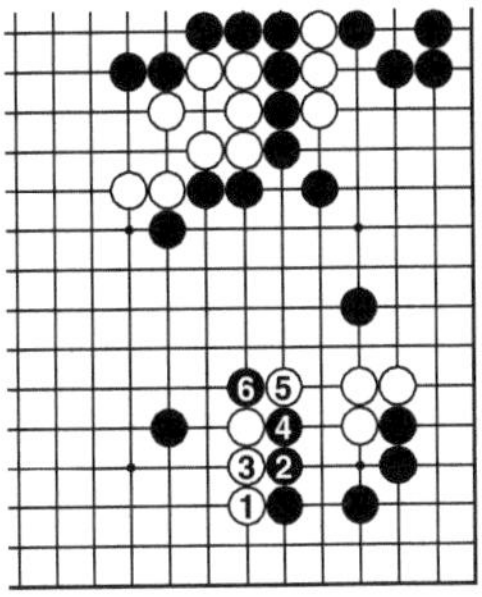

Dia. 3.5

Lösung 3 (Forts.): Das Anlegen und Klemmen in Dia. 3.4 ist ebenfalls überlegenswert, aber im Vergleich mit Dia. 3.1 läuft Weiß doch lieber nicht in die Richtung, in der Schwarz mehr Steine hat. Weiß 1 in Dia. 3.5 geht nur, wenn rechts nicht Schwarz, sondern Weiß eine Brettpräsenz aufgebaut hat.

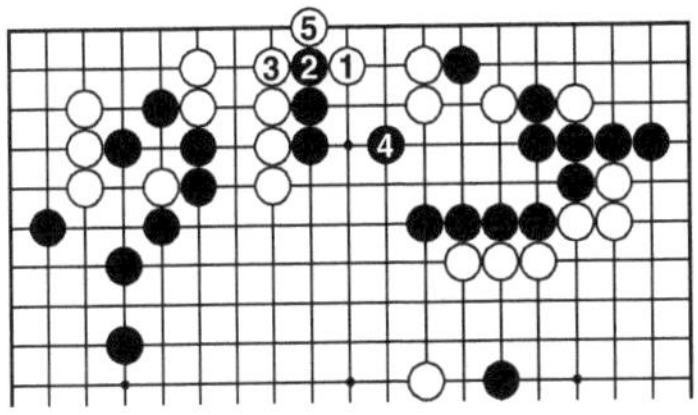

Dia. 4.1

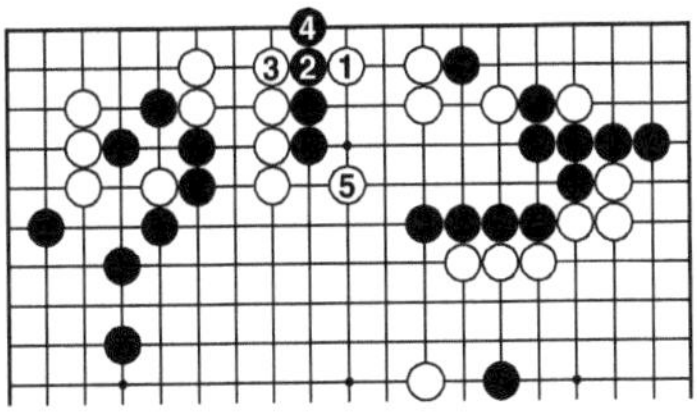

Dia. 4.2

Lösung 4: Mit dem Sprung 1 und dem Klemmen 3 ist Weiß verbunden und der schwarze Trennversuch fehlgeschlagen. Sollte Schwarz in Dia. 4.2 darauf beharren, geht er selbst wenig heldenhaft unter.

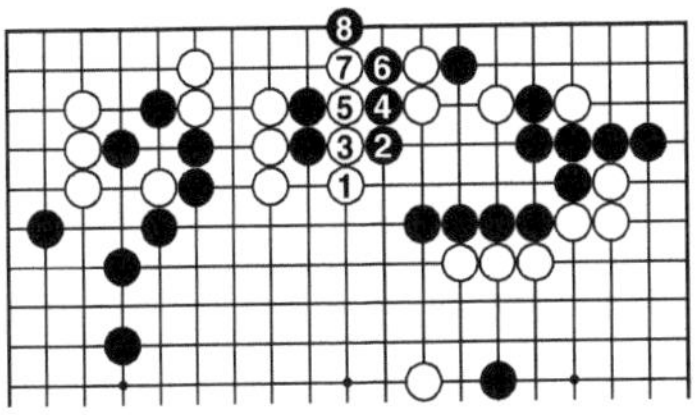

Dia. 4.3

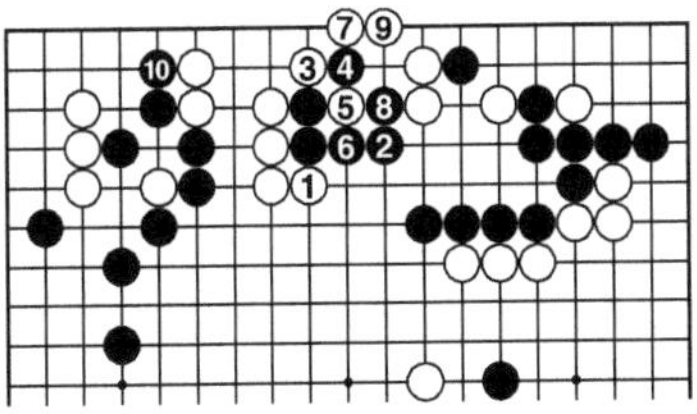

Dia. 4.4

Lösung 4 (Forts.): Wenn Weiß den Zen-Zug nicht kennt und gleich auf 1 in Dia. 4.3 spielt, dann sticht Schwarz mit 2 ins Elefantenauge und macht aus einem Teil der weißen Steine schwarzes Gebiet. Mit der Sequenz in Dia. 4.4 kann Weiß zwar irgendwie verbinden, hat aber mit der ganzen Gruppe noch Augenprobleme.

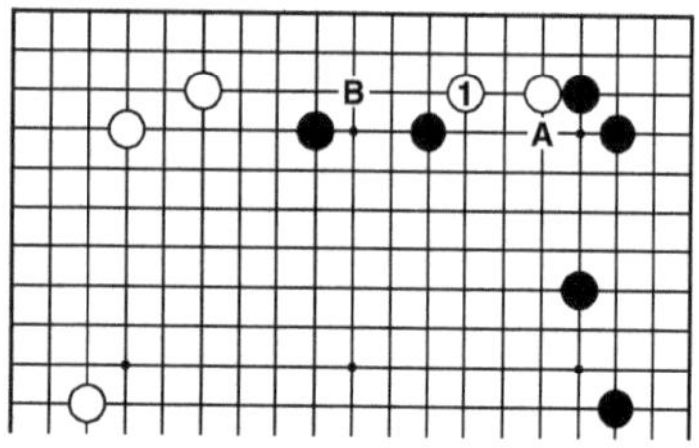

Dia. 5.1

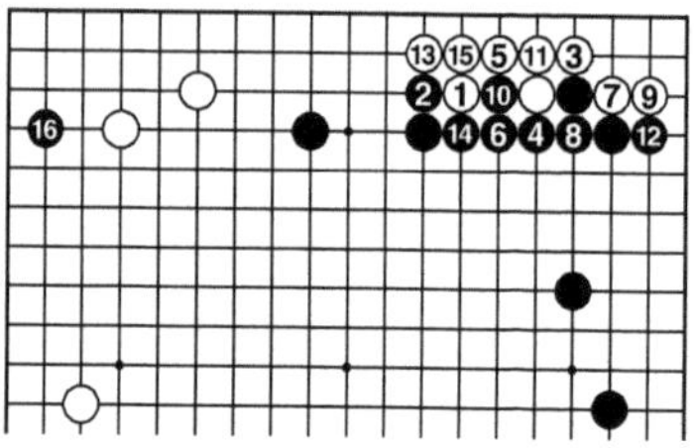

Dia. 5.2

Lösung 5: Schwarz hätte im Problemdiagramm auch mit A den einzelnen Stein verhaften können, aber ihm hat wohl nicht gefallen, dass Weiß dann auf B spielt. Also setzt Weiß seinen Stein nun in Bewegung, mit dem etwas komischen Zug 1. Normalerweise würde so ein Zug den Gegner zu sehr stärken. Aber Schwarz steht auf beiden Seiten schon sehr solide, also macht es hier nichts, ihm wie in Dia. 5.2 eine Mauer zu geben.

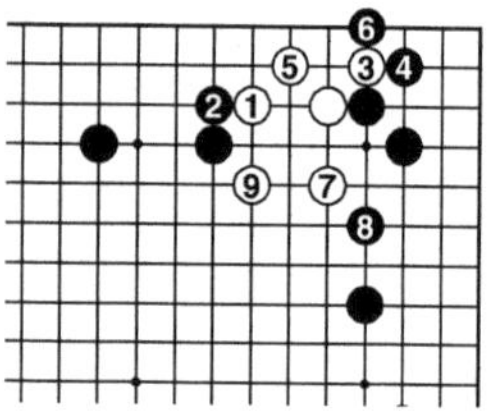

Dia. 5.3

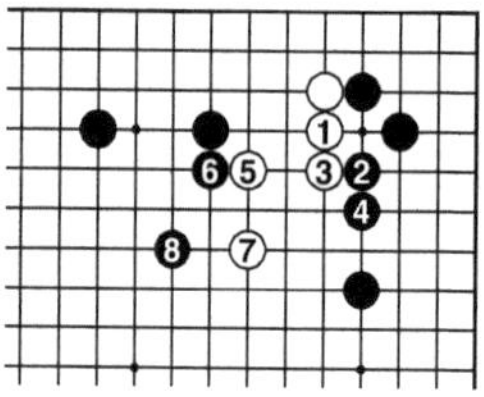

Dia. 5.4

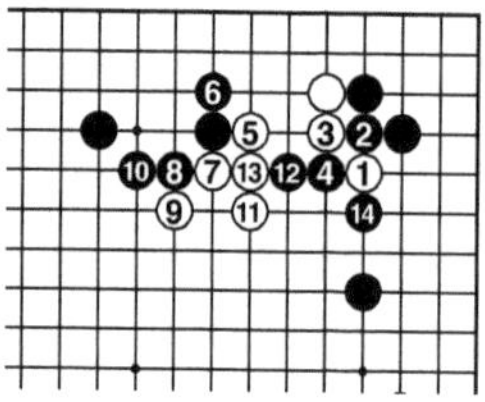

Dia. 5.5

Lösung 5 (Forts.): Wenn Schwarz lieber die Ecke behalten möchte, kann er wie in Dia. 5.3 spielen. Weiß macht nun passable Augenform. Von der weißen Spielweise in Dia. 5.4 ist abzuraten.

Die Variante in Dia. 5.5 enthält einige Tesujis, aber das Ergebnis spricht eher gegen diese Sequenz.

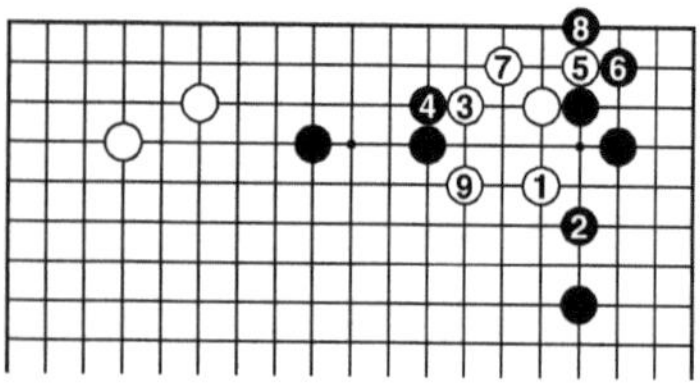

Dia. 5.6

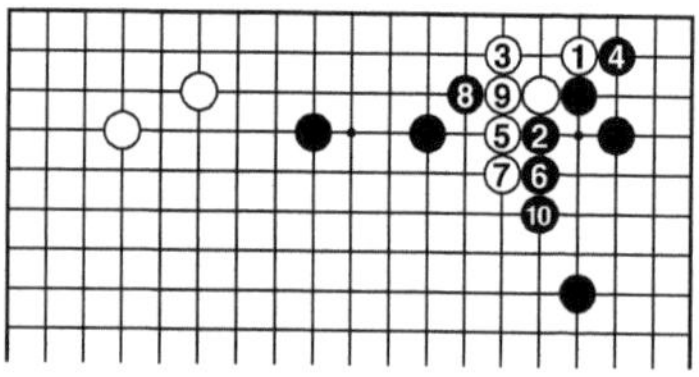

Dia. 5.7

Lösung 5 (Forts.): Weiß könnte auch mit dem Sprung auf 1 in Dia. 5.6 beginnen. Das wären normalere Züge und am Ende sieht es wieder genauso aus wie in Dia. 5.3.

Dia. 5.7 zeigt stattdessen eine schlechte Reihenfolge. Es ist ein subtiler Unterschied, hier bekommt Schwarz den Schlüsselpunkt 2 und die Ecke.

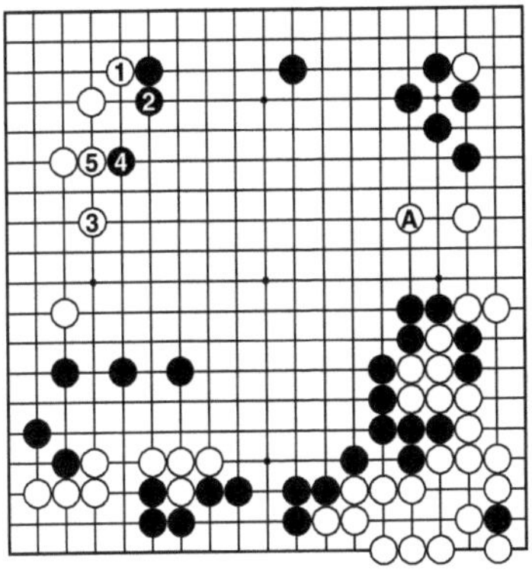

Dia. 6.1

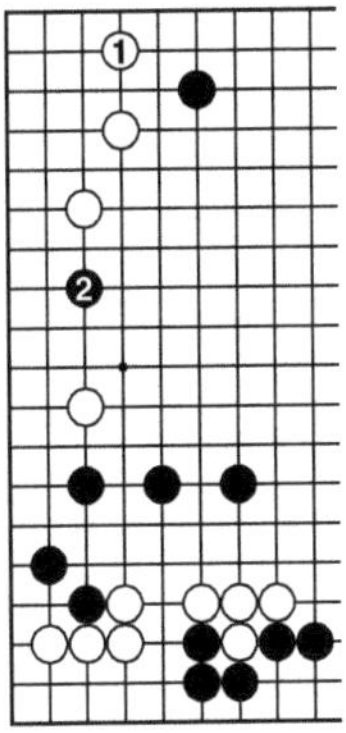

Dia. 6.2

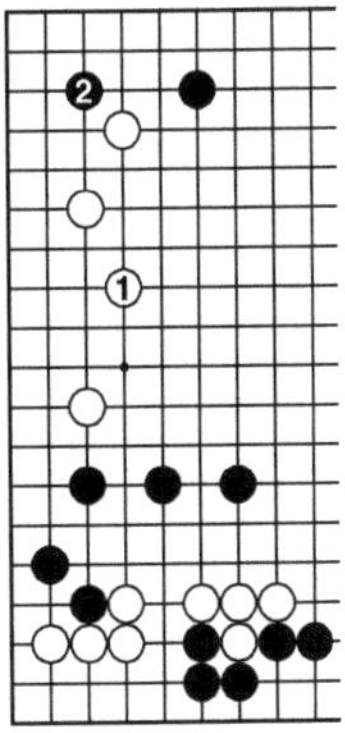

Dia. 6.3

Lösung 6: Hier soll Weiß zuerst 1 abtauschen und dann auf 3 decken. Dieser Zug verteidigt gleichzeitig die Seite und die Ecke. Das schwarze Zentrum wird nicht groß, denn Weiß hat das prophylaktisch mit A reduziert.

Weiß sollte die Ecke nicht wie in Dia. 6.2 decken, denn dann fühlt sich nach Schwarz 2 der weiße Stein auf der Seite sehr einsam. Andererseits lässt Dia. 6.3 die Ecke noch offen. Also ist Dia 6.1 die beste Sequenz, auch wenn sie manchen vielleicht eigenartig erscheint.

Weiß 1 in Dia. 6.4 würde gar nichts decken. (Es wäre hier nicht einmal sinnvoll, das Zentrum noch weiter zu reduzieren.) Schwarz kann daraufhin mit der Abfolge bis 6 ein Ko beginnen. Mit A bis D hat er einige Ko-Drohungen.

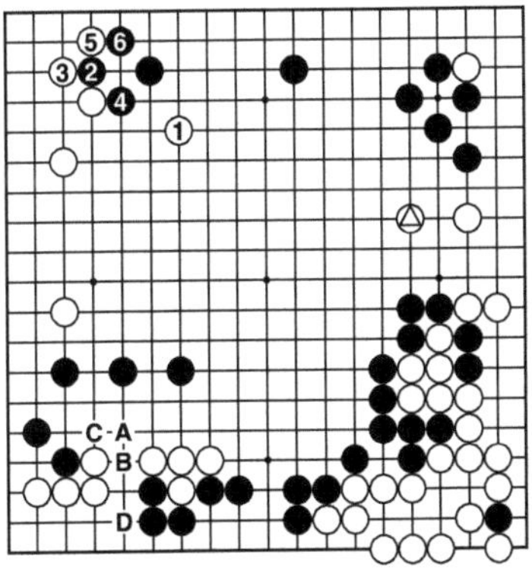

Dia. 6.4

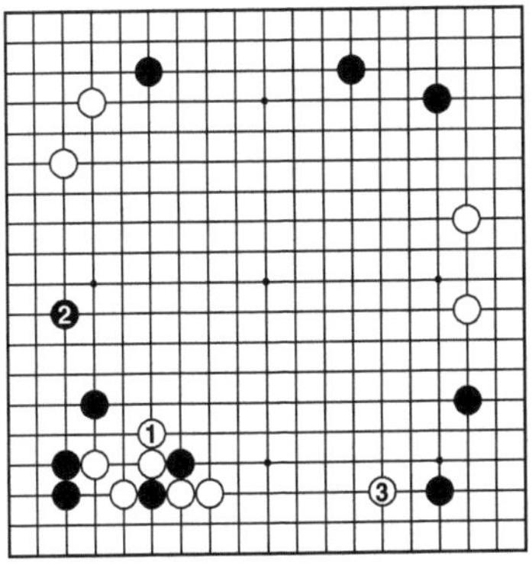

Dia. 7.1

Lösung 7: Auch in der Eröffnung kann man ruhig bleiben oder übereifrig spielen. Weiß soll auf 1 strecken, und wenn Schwarz sich auf 2 ausbreitet, macht Weiß mit 3 die untere Seite groß. Wir wollen aber natürlich wissen, was passiert, wenn Schwarz das Strecken ignoriert.

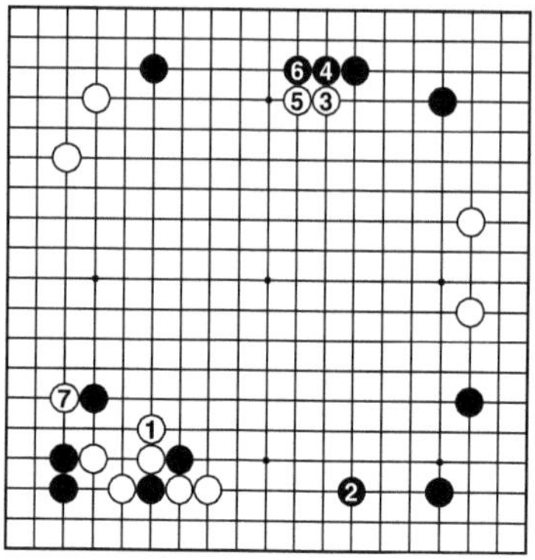

Dia. 7.2

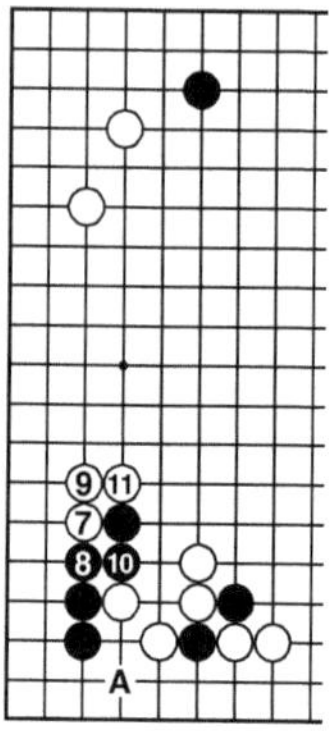

Dia. 7.3

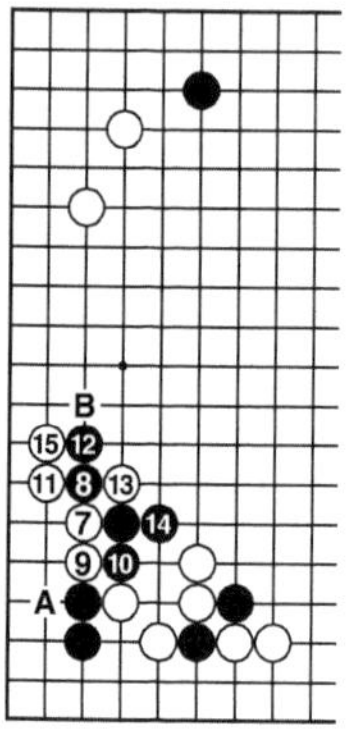

Dia. 7.4

Lösung 7 (Forts.): Sobald die Treppe für Weiß geht, kann dieser in Dia. 7.2 auf 7 unten anlegen. Wenn Schwarz in Dia. 7.3 auf 8 nachgibt, wird seine Ecke bis aufs absolute Minimum ausgequetscht und er muss noch Angst davor haben, dass sie nach Weiß A lokal nicht lebt.

Spannender wird es, wenn Schwarz in Dia. 7.4 das Hane außen spielt. Die Treppe wurde vorbereitet, um auf 13 einmal reinschneiden zu können. Das verhindert Schwarz A, weil Weiß nun auf B Atari geben kann.

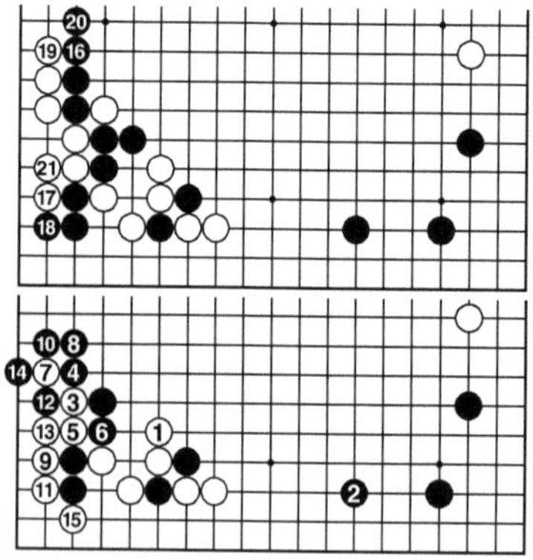

Dia. 7.5 & Dia. 7.6

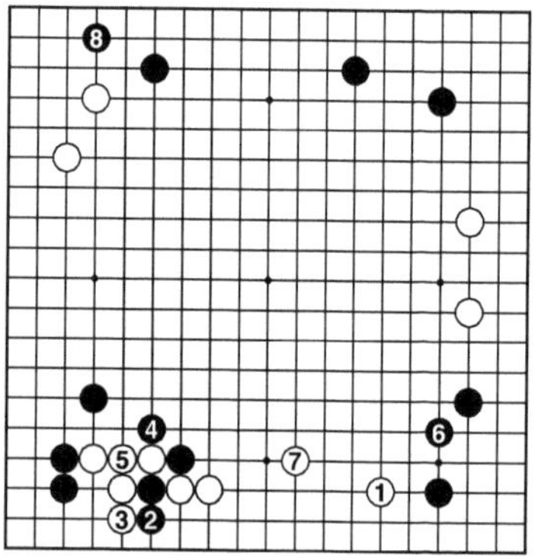

Dia. 7.7

Lösung 7 (Forts.): Das heißt, dass Schwarz nur auf 16 in Dia. 7.5 mitstrecken kann und Weiß in der Sequenz gemütlich lebt. Nun hat Schwarz drei Probleme. Sollte Weiß vergessen, die Treppe zu präparieren, müsste Weiß in Dia. 7.6 das Hane 9 zuerst spielen und Schwarz hätte die Gelegenheit, die Ecke zu opfern und den Schaden zu minimieren.

Wenn Weiß in Dia. 7.7 sofort auf 1 spielt, dann tauscht Schwarz sofort 2 und 4 aus und die untere Seite ist platt.

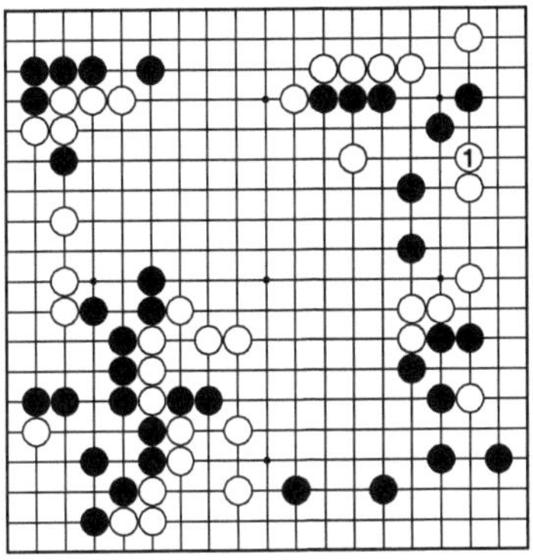

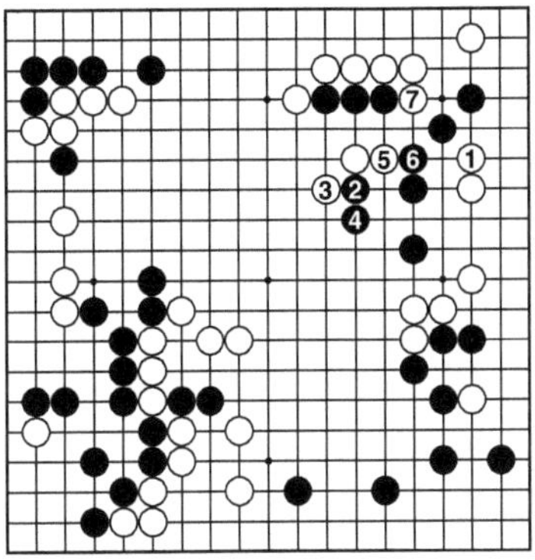

Dia. 8.1 *Dia. 8.2*

Lösung 8: Der unscheinbare Zug 1 macht Schwarz das Leben schwer. Schwarz muss irgendwie raus, aber wie in Dia. 8.2 auf neutralen Punkten spielen zu müssen, ist schon sehr bitter.

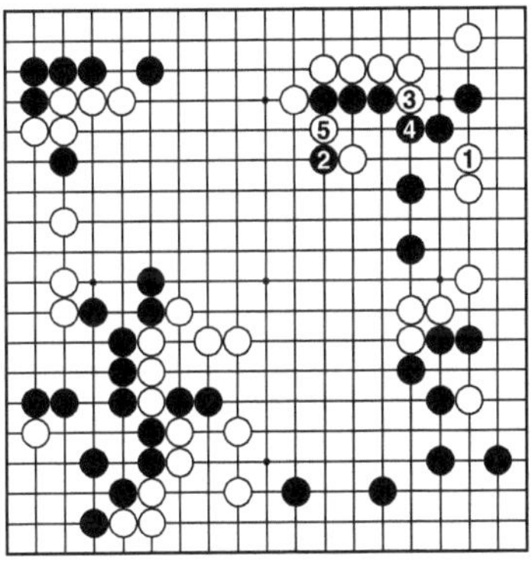

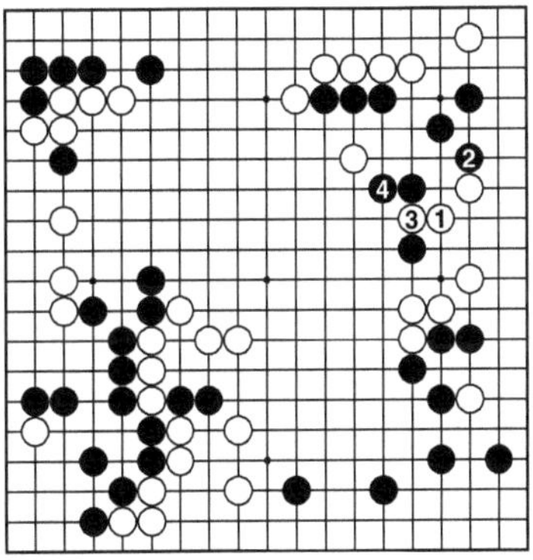

Dia. 8.3 *Dia. 8.4*

Lösung 8 (Forts.): Leider geht der Anleger in Dia. 8.3 nicht, weil er sofort abgesägt wird.

Wenn Weiß in Dia. 8.4 den Schlüsselpunkt verpasst, dann haut Schwarz sofort drauf und verschafft sich augenreiche Form.

In Dia. 8.5 wird Weiß übermütig und Schwarz kann entweder mit A oder B Schnittsteine fangen.

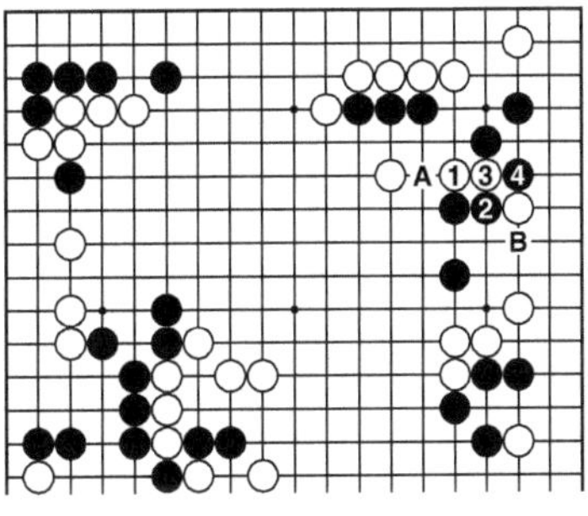

Dia. 8.5

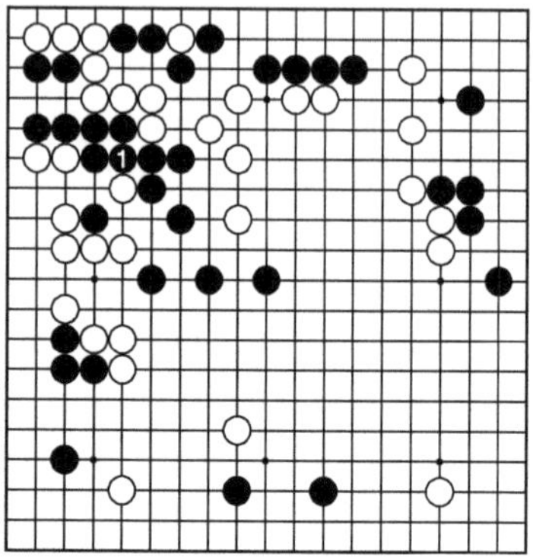

Dia. 9.1

Lösung 9: Hier sehen wir den historischsten Zug aller Zen-Züge von Yasui Chitoku.

In der Literatur wird darüber gestritten, ob dieser Zug zu genial ist, um verstanden zu werden, oder ob er bloß der dezente Hinweis an den Gegner war, doch aufzugeben. (Anmerkung: Damals hatte Weiß kein Komi.)

Was soll Weiß machen, wenn Schwarz da nicht deckt?

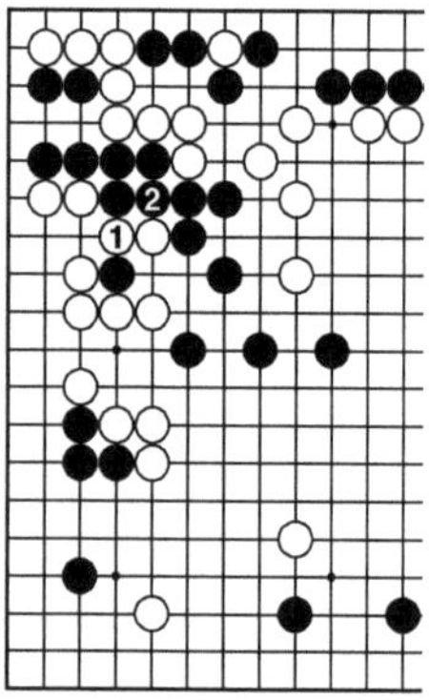

Dia. 9.2

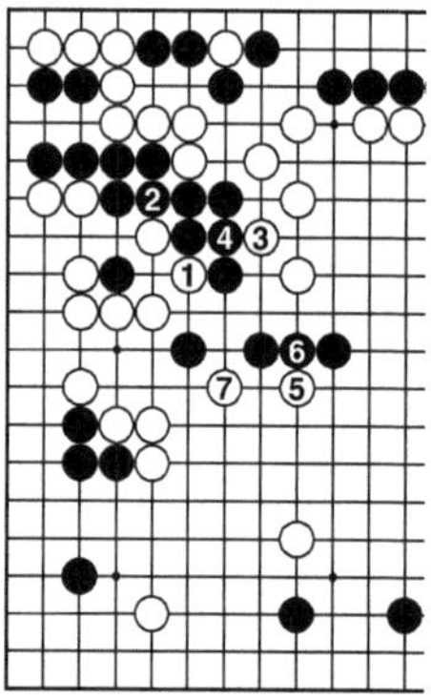

Dia. 9.3

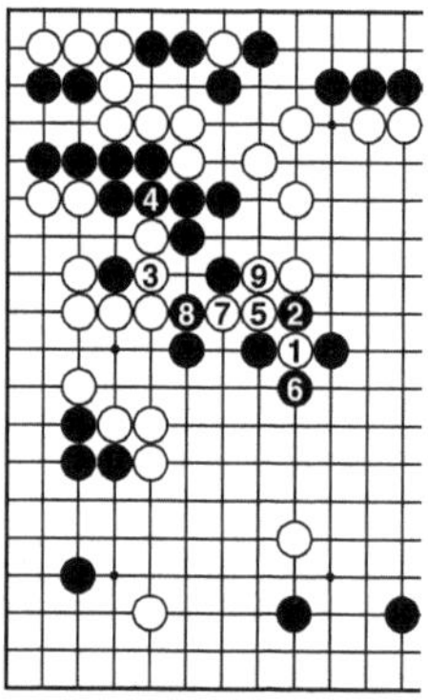

Dia. 9.4

Lösung 9 (Forts.): Es kann nicht sein, dass Schwarz sich vor Dia. 9.2 fürchtete. Man hat die Sequenzen in Dia. 9.3 und 9.4 gefunden, die das prophylaktische Decken vielleicht rechtfertigen. Allerdings hätte Weiß sie noch aktiv vorbereiten müssen, die Zeit war also noch nicht reif für solche Attacken.

Was auch immer dieser Zug macht, die Partie verlief wie in Dia. 9.5 und Weiß gab nach Zug 155 auf.

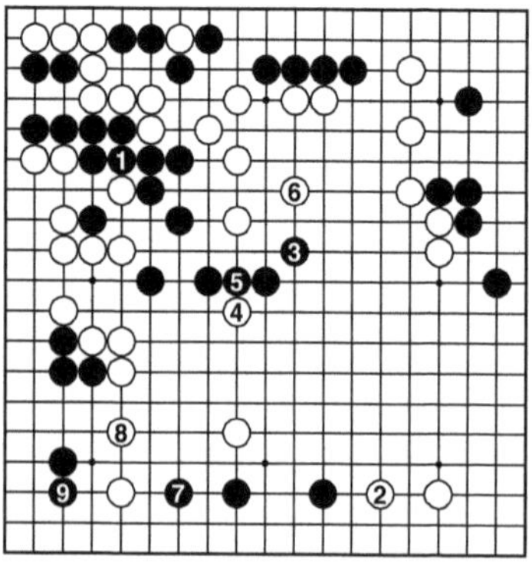

Dia. 9.5

Kapitel 4

Die Richtung spüren

Oft muss man nicht besonders gut rechnen können, um gute Züge zu spielen. Man kann aber auch besonders schlecht spielen, obwohl man gut rechnen kann: indem die Rechenleistung an einem nicht angemessenen Ort verschwendet wird. Das soll in diesem Kapitel vermittelt werden. In den folgenden Problemen geht es darum, sich für die richtige Richtung zu entscheiden.

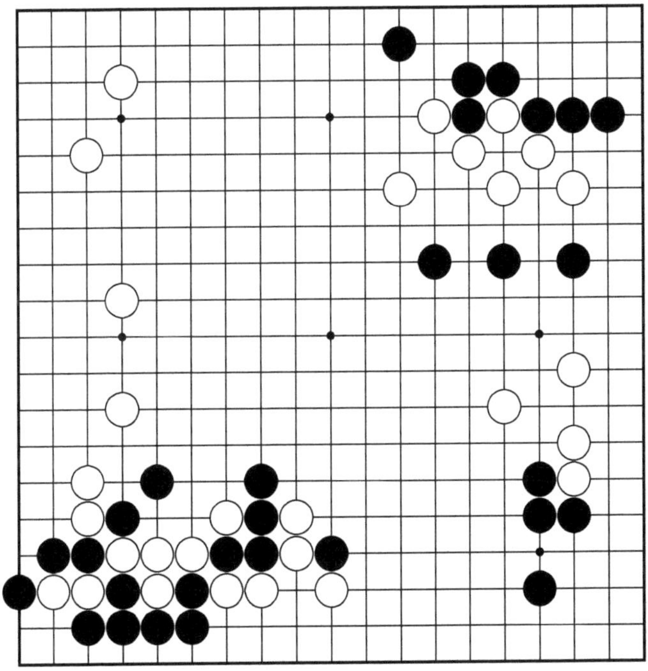

Wenn Weiß den globalen Blick hat, dann fallen ihm die nächsten Züge quasi in den Schoß.

2

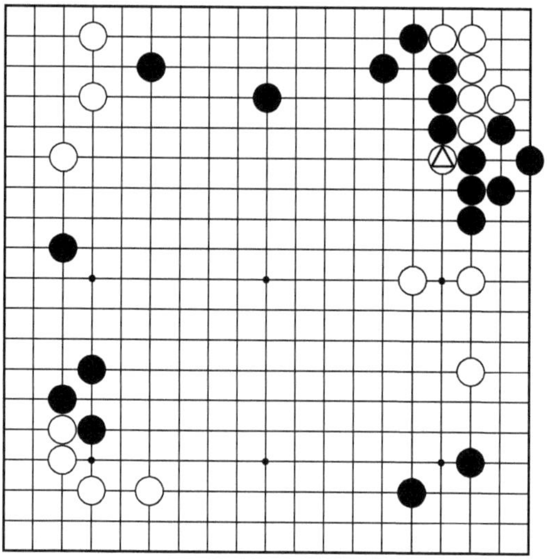

Der markierte Stein stinkt noch ein bisschen.
Was spielt Schwarz nun?

3

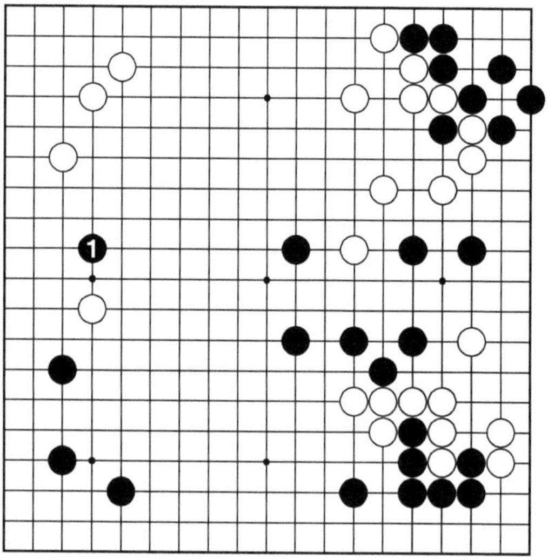

Schwarz invadiert und bedroht einen weißen Stein.
Wie reagiert Weiß?

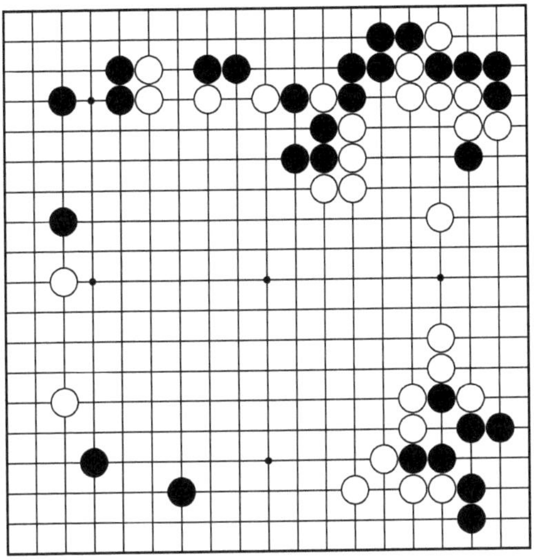

4

○

Was macht Weiß mit den losen Steinen oben?

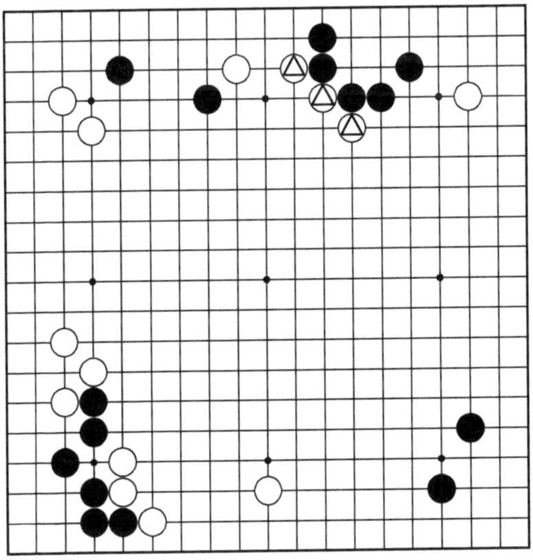

5

○

Weiß hat oben viele Schnitte. Aber sind die wichtig?

6

○

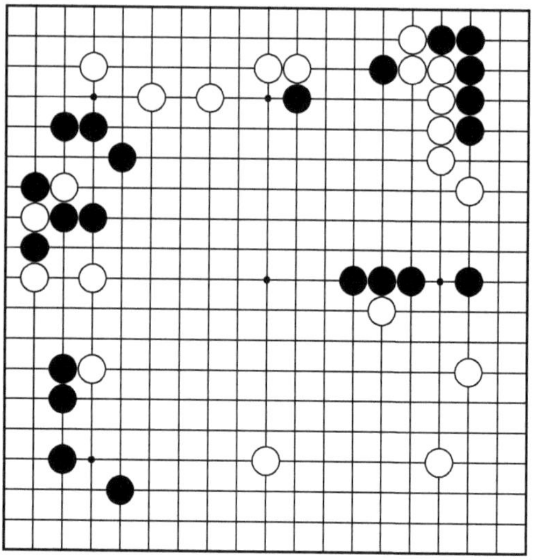

Die richtige Richtung ist bei einem Angriff besonders wichtig. Weiß am Zug.

7

○

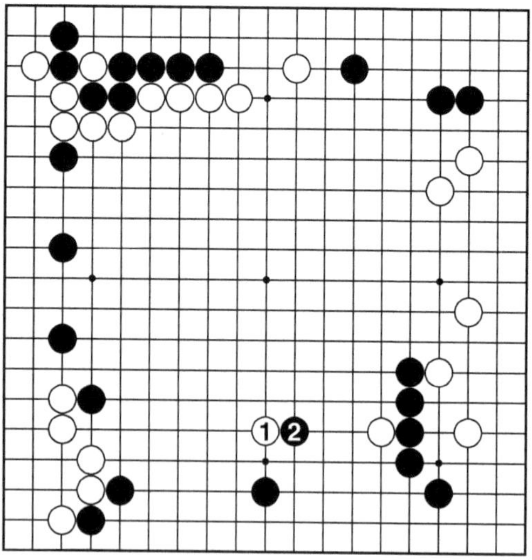

Wie setzt Weiß fort?

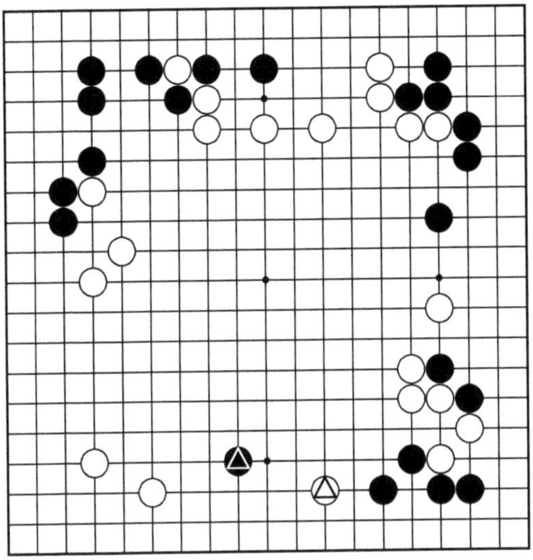

8 ○

Der nächste Zug bestimmt den Verlauf des Kampfes zwischen den markierten Steinen. Wo soll Weiß spielen?

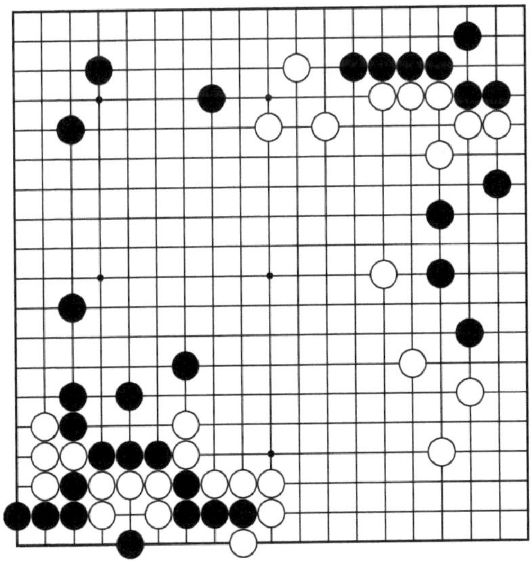

9 ○

Das Zentrum ist die letzte interessante Gegend. Kann Weiß es einschließen?

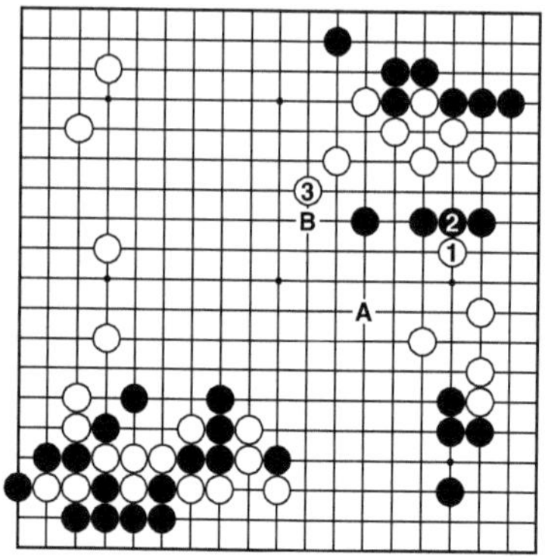

Dia. 1.1

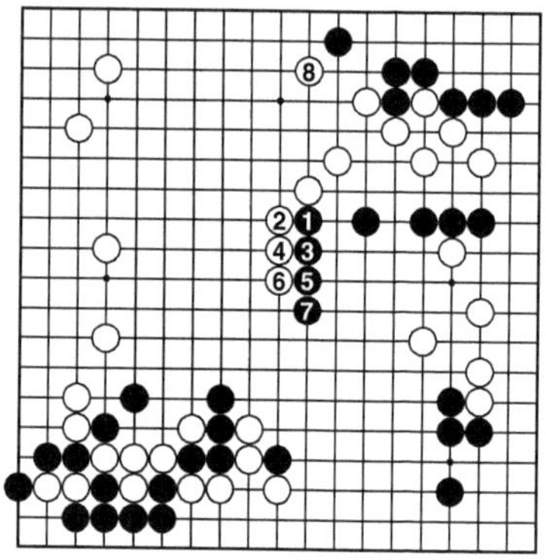

Dia. 1.2

Lösung 1: Nach dem Nozoki 1 ist Weiß 3 ein guter Zug, der den globalen Blick aufs Brett berücksichtigt. Den Gegner mit A zu B zu zwingen wäre unangebracht. Auf das Kosumi könnte Schwarz beispielsweise wie in Dia. 1.2 fortsetzen. Alle Steine, die Weiß setzt, strahlen nun plötzlich in Richtung seines Moyos. Schwarz würde gern, wie etwa in Dia. 1.3, die weiße Gruppe rechts bedrohen. Aber letztlich hindert ihn die Dünne seiner eigenen Gruppe daran und das Ergebnis ähnelt Dia. 1.2.

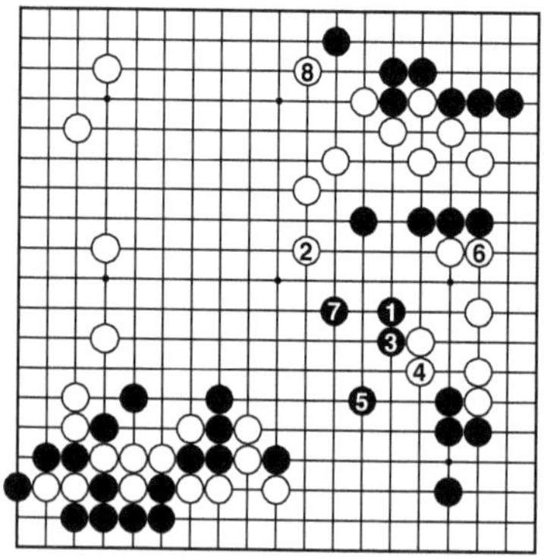

Dia. 1.3

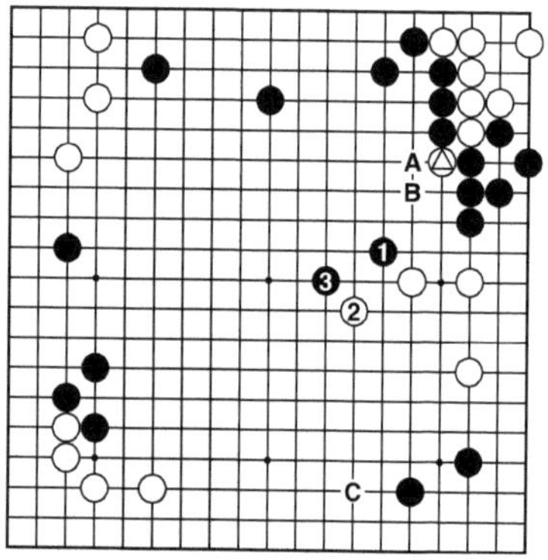

Dia. 2.1

Lösung 2: Schwarz 1 ist ein Zug, der mehrere Hühnchen auf einem Spieß grillt: Er expandiert das schwarze Moyo, bedrängt die weiße Gruppe und erstickt das Aji des markierten Schnittsteins. Wie einst Liu Xing 7p sagte: „Wenn du keine Ahnung hast, wo du spielen sollst, ist es meistens keine schlechte Idee, einen Zug zu spielen, der zwei oder mehr Sachen macht."

Ein Zug auf A oder B stattdessen wäre zu solide und planlos, Weiß würde ignorieren und einen großen Zug, zum Beispiel auf C, spielen.

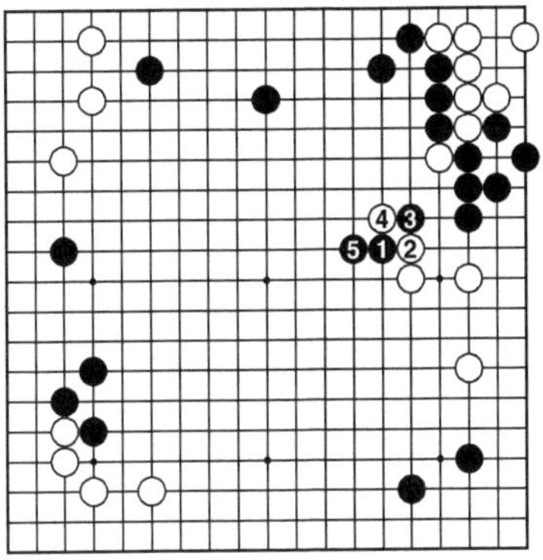

Dia. 2.2

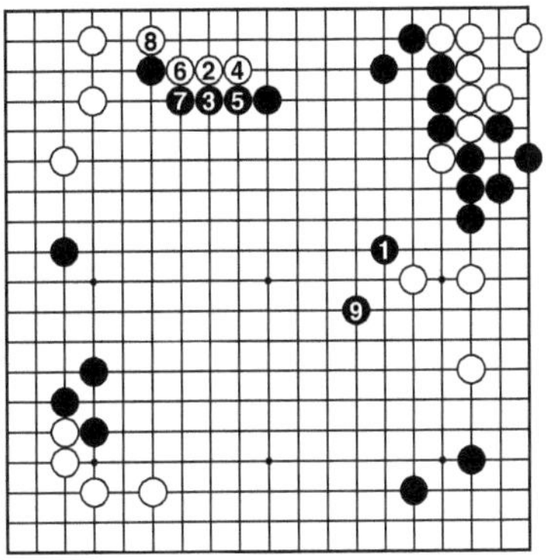

Dia. 2.3

Lösung 2 (Forts.): Vor dem Kampf in Dia. 2.2 muss Schwarz keine Angst haben. Sollte Weiß so dreist sein, Schwarz 1 zu ignorieren, dann arbeitet Schwarz 9 in Dia. 2.3 auch ganz gut mit den anderen Steinen auf dem Brett zusammen.

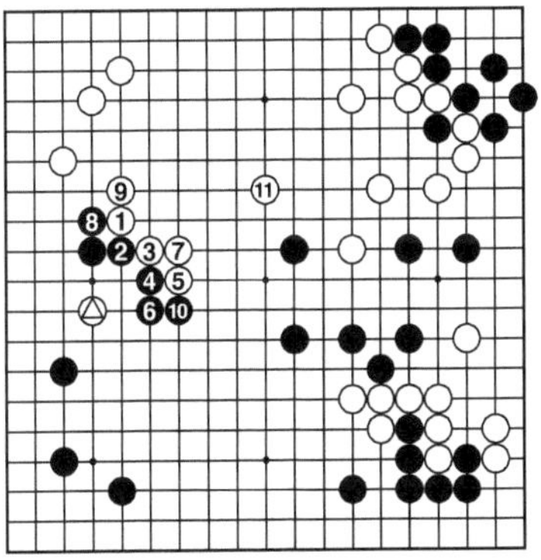

Dia. 3.1

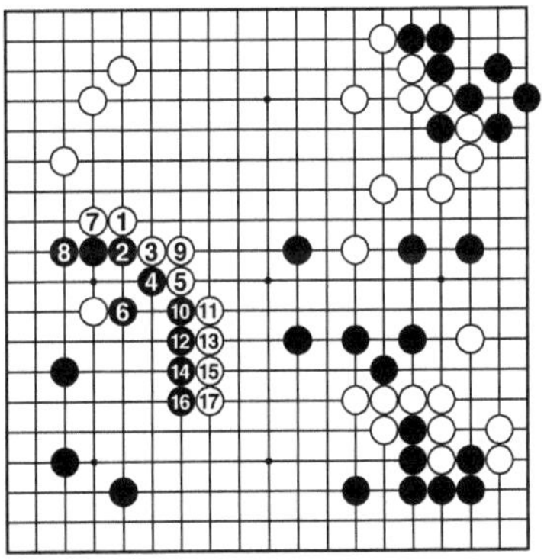

Dia. 3.2

Lösung 3: Weiß 1 ist der empfohlene Zug hier. Der markierte Stein muss für das weiße Allgemeinwohl leiden. Schwarz nimmt sich diesen Stein wie in Dia. 3.1 oder 3.2 und Weiß, bürdelos und nun in der Offensive, freut sich auf das kommende Mittelspiel.

In Dia. 3.3 ist Weiß zu geizig, einen Stein aufzugeben und verliert die Initiative.

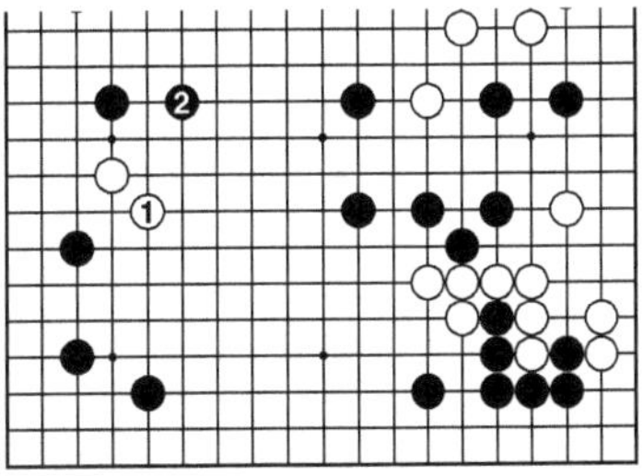

Dia. 3.3

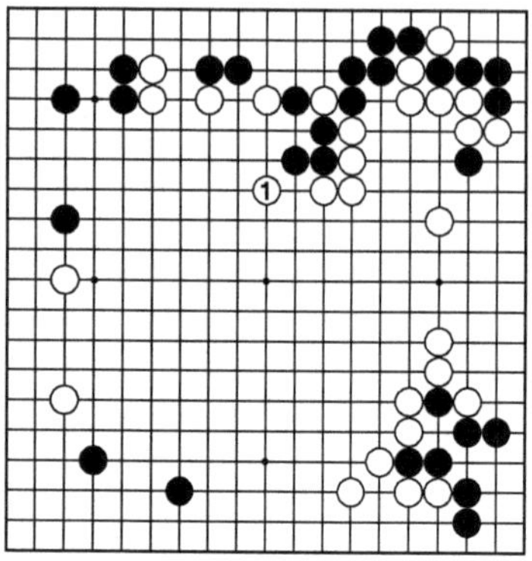

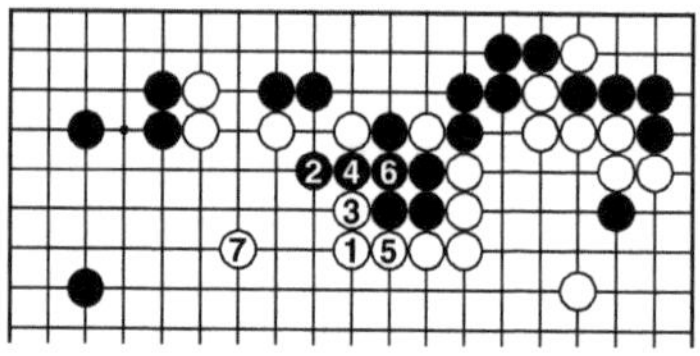

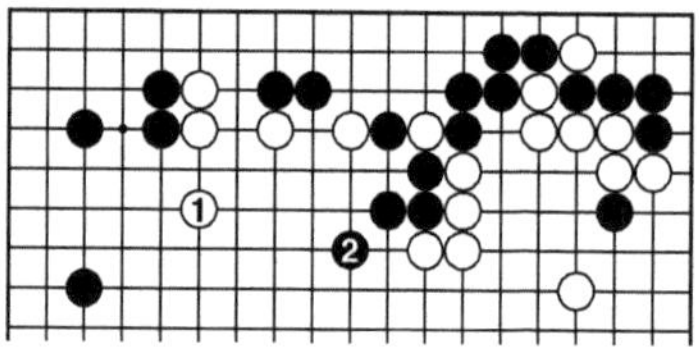

Dia. 4.1 *Dia. 4.2* & *Dia. 4.3*

Lösung 4: Weiß braucht nicht wild herumzurechnen, wie er sich am besten um die Gruppe links oben kümmern sollte. Weiß 1 ist ein global wichtiger Zug und überlässt es Schwarz in Dia. 4.2, sich den Kopf darüber zu zerbrechen, wie er die weiße Gruppe am besten fangen soll. Was auch immer Weiß sich überlegt, Schwarz sollte nicht zu 2 in Dia. 4.3 kommen.

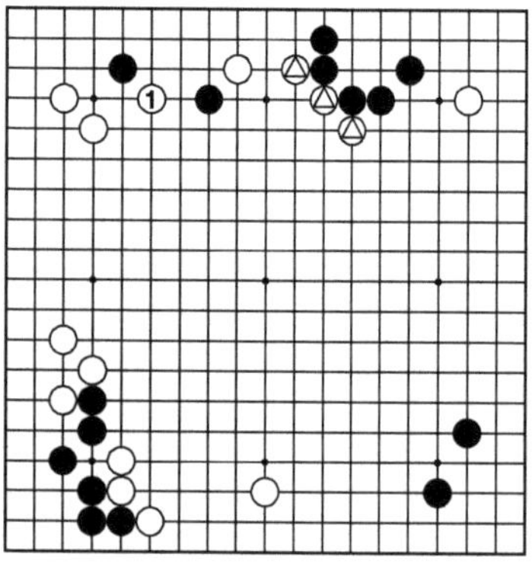

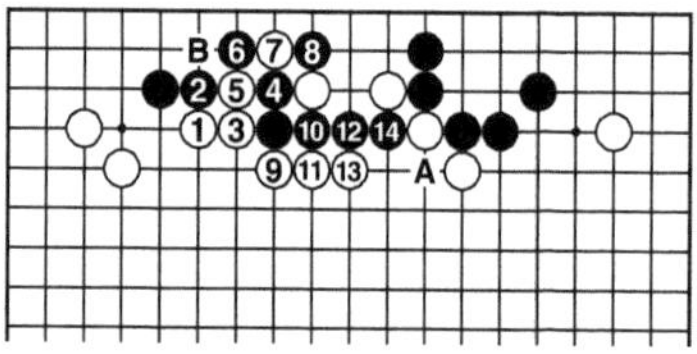

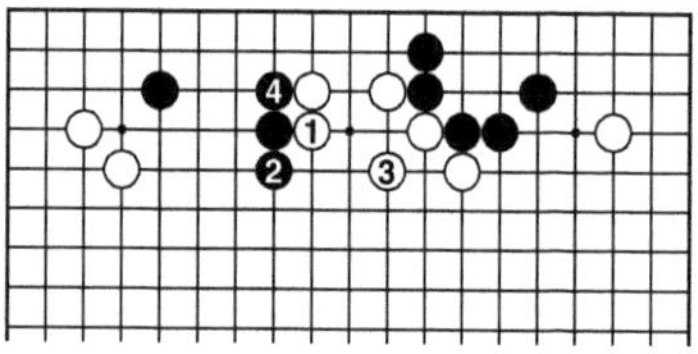

Dia. 5.1 *Dia. 5.2* & *Dia. 5.3*

Lösung 5: Hier wird wieder dieselbe Denkweise angewandt. Um auf Weiß 1 zu kommen, muss man zuerst verstehen, dass die markierten Steine wie Kikashi-Steine aussehen. Es sind leichte Steine, die man ohne Weiteres hergeben kann. So erlischt der Drang, sich um diese „schwache" Gruppe kümmern zu wollen.

Dia. 5.2 zeigt die Fortsetzung, in der Schwarz ausgequetscht wird wie ein Tafelschwamm. Danach hat Weiß noch Fortsetzungen: A, um die Macht gen Zentrum weiter auszubauen, und B, um zwei Steine abzuschneiden.

Dia. 5.3 zeigt, was in etwa geschieht, wenn Weiß sich um die schwache Gruppe sorgt. Der Unterschied ist auf einen Blick ersichtlich.

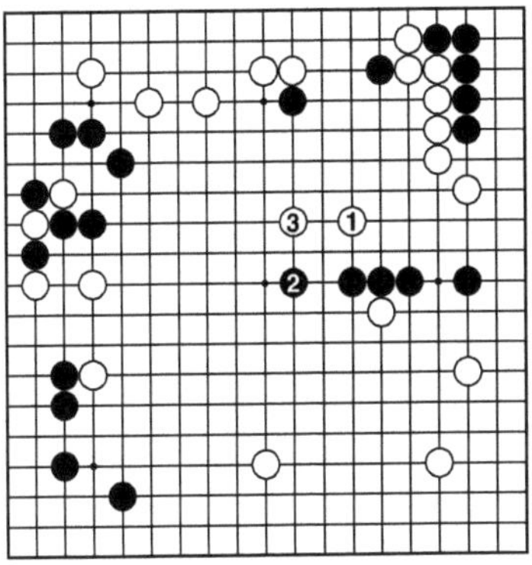

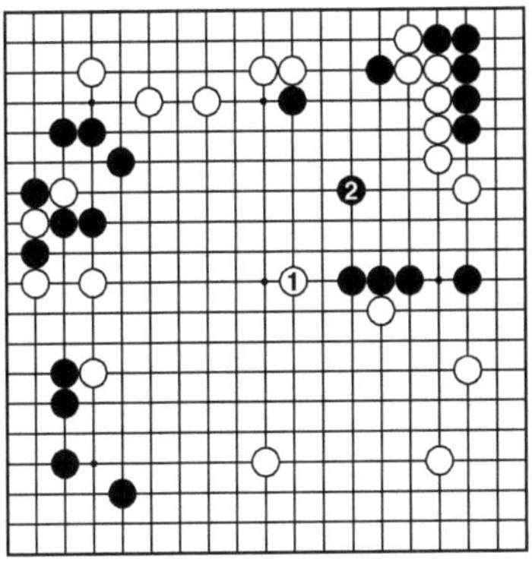

Dia. 6.1 *Dia. 6.2*

Lösung 6: Weiß 1 und 3 sind die richtige Richtung und nehmen ordentlich Profit mit. Wenn man jedoch wie in Dia. 6.2 einfach mal auf den Feind haut, ohne einen Plan zu haben, wäre es besser gewesen, gar nichts zu spielen.

Ich habe gemerkt, dass Spieler, die gut rechnen können, manchmal die Richtung verfehlen. Das ist ein Grund, warum Spieler wie ich, die nicht gut rechnen können, mit europäischen 6 Dans mithalten können.

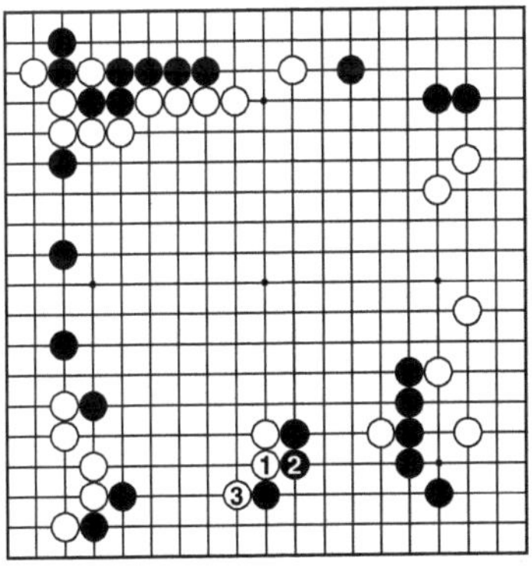

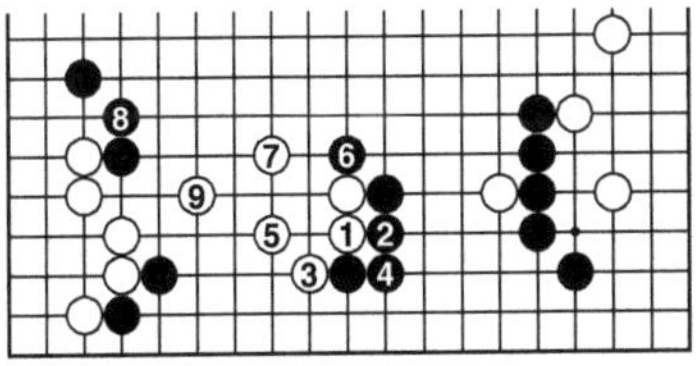

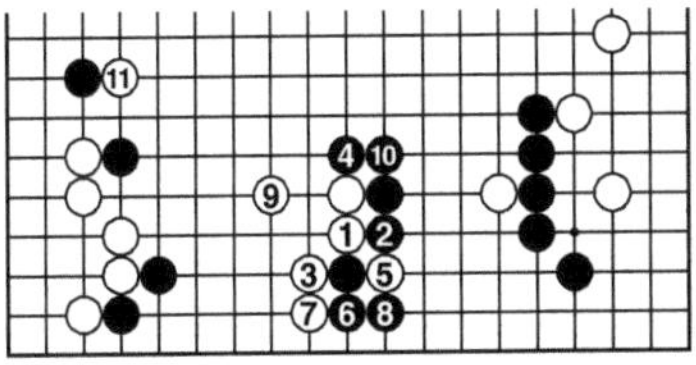

Dia. 7.1 *Dia. 7.2 & Dia. 7.3*

Lösung 7: Traditionell gilt das Andotzen mit 1 als schlechte Spielweise. Das ist nicht falsch, aber hier bietet sich der Zug an, denn nach dem Hane 3 übernimmt Weiß die Kontrolle über das letzte unbeanspruchte Stück Rand.

Schwarz kann somit in Dia. 7.2 oder 7.3 nur hilflos zusehen, wie aus der Reduktion im Problemdiagramm plötzlich weißes Gebiet entsteht.

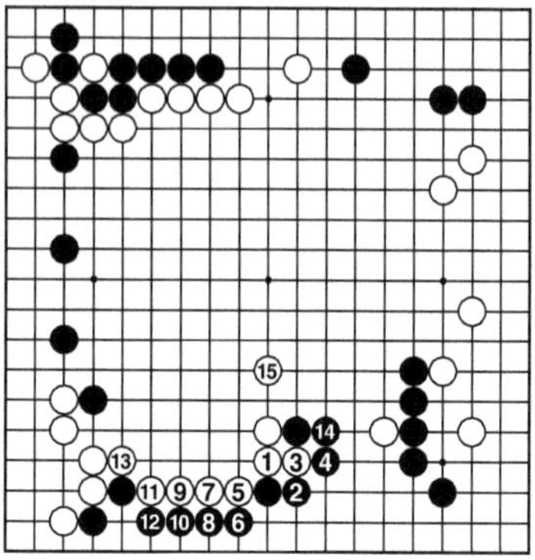

Dia. 7.4

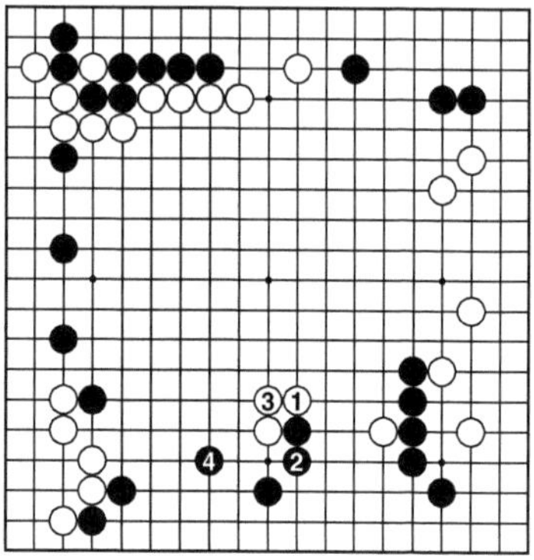

Dia. 7.5

Lösung 7 (Forts.): Auch wenn Schwarz in Dia. 7.4 auf 2 zurückzieht, baut Weiß erfolgreich etwas auf.

Weiß sollte nur nicht das herkömmliche Hane in Dia. 7.5 spielen. Es ist einfach langweilig, Steine direkt vor die schwarze Mauer zu pflanzen.

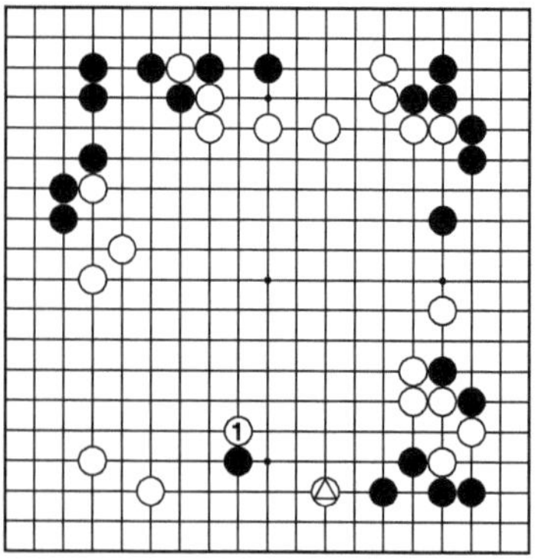

Dia. 8.1

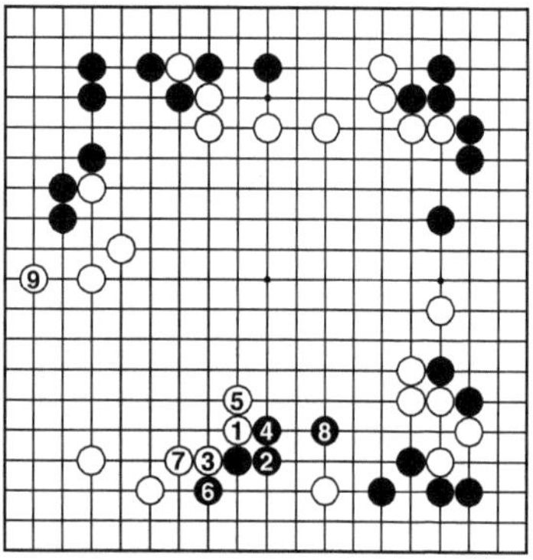

Dia. 8.2

Lösung 8: Mittlerweile ist es wohl klar, dass Weiß den markierten Stein nicht um jeden Preis retten soll. Weiß legt oben an, um das Zentrum auszubauen. So geschieht es etwa in Dia. 8.2, dass Weiß plötzlich einen Quadranten des Brettes kontrolliert.

Dia. 8.3 ist auch ein Möglichkeit, die in den weißen Plan passt.

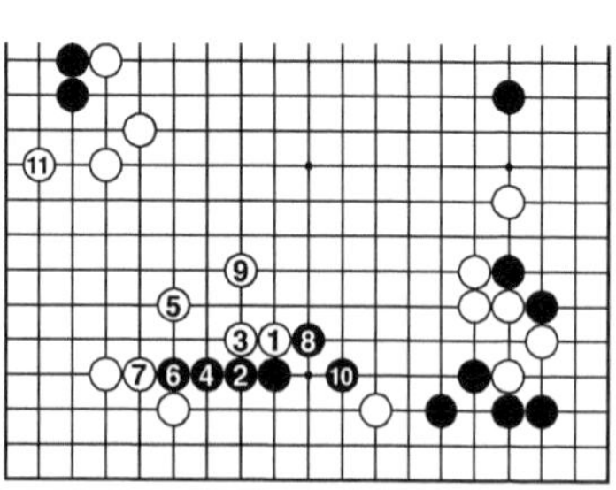

Dia. 8.3

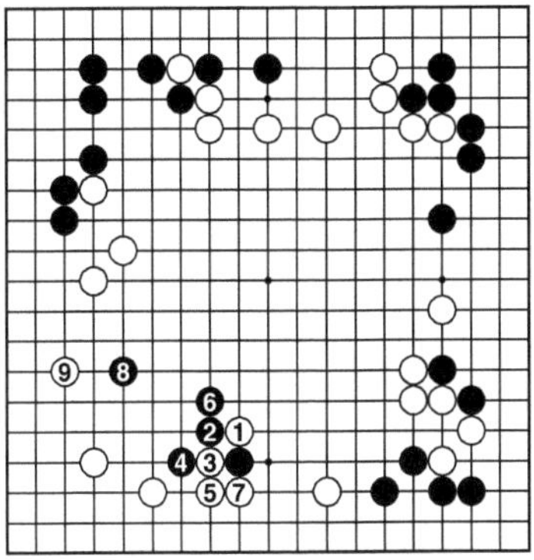

Dia. 8.4

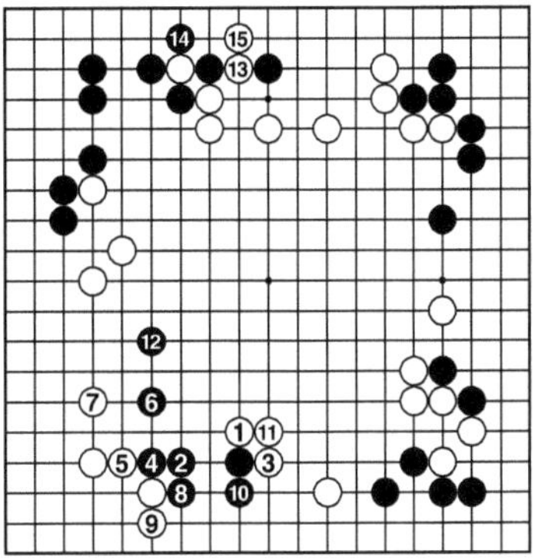

Dia. 8.5

Lösung 8 (Forts.): Wenn Schwarz sich in Dia. 8.4 mit einem Hane wehrt, wird dieser mit 3 kreuzgeschnitten. So kann Schwarz zwar ins Zentrum dringen, aber nur mit einer in der Luft schwebenden Gruppe. Weiß bindet seinerseits seinen Stein an und macht nebenbei viele Punkte.

So ähnlich geht es auch mit dem Sprung in Dia. 8.5. Weiß bekommt jedenfalls ein besseres Resultat, als wenn er seinen Stein direkt gerettet hätte.

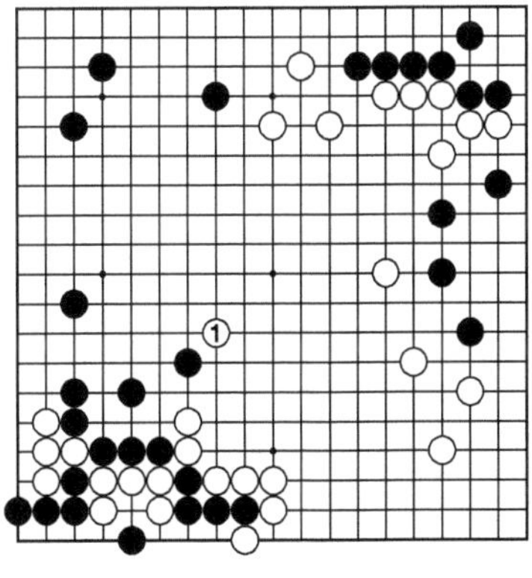

Dia. 9.1

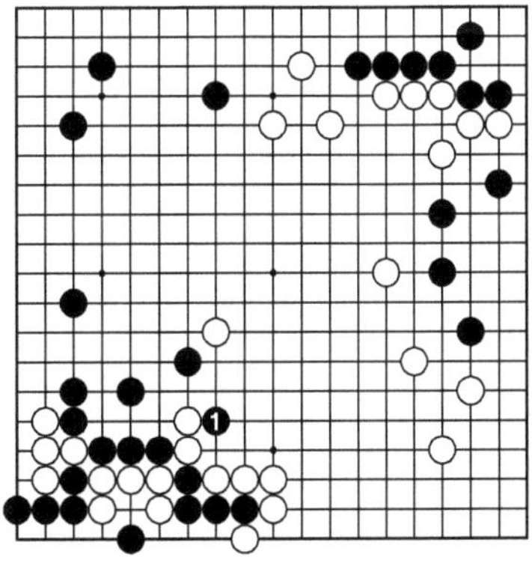

Dia. 9.2

Lösung 9: Weiß 1 scheint der perfekte Zug in dieser Stellung zu sein. Doch die guten Züge in diesem Kapitel sind eher globaler Natur. Dieses Problem soll daran erinnern, dass lokales Rechnen genauso wichtig ist wie der globale Blick, denn Schwarz 1 in Dia. 9.2 macht den weißen Plan zunichte.

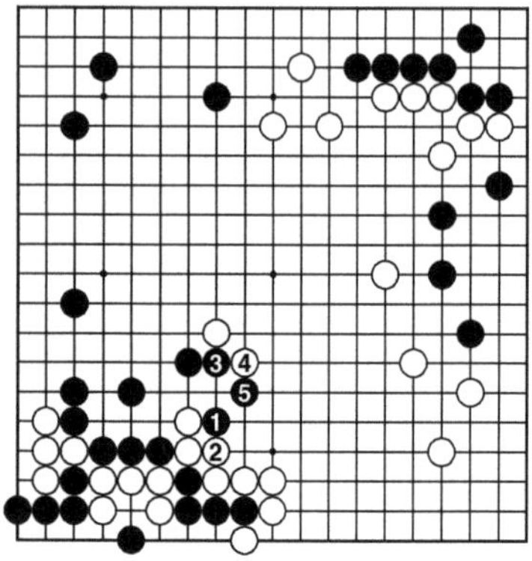

Dia. 9.3

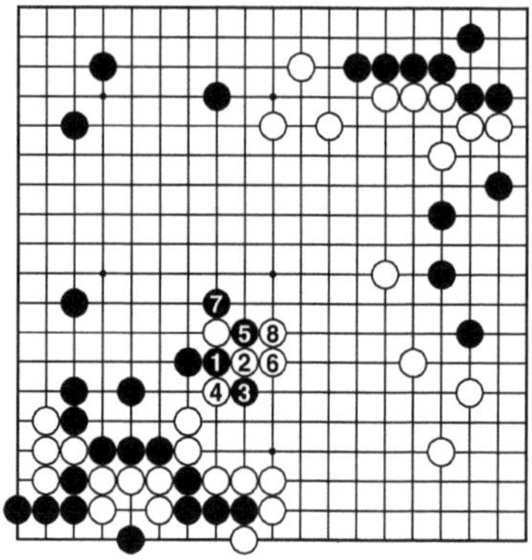

Dia. 9.4

Lösung 9 (Forts.): Deckt Weiß wie in Dia. 9.3, dann bahnt sich Schwarz seinen Weg in die weiße Einflusssphäre.

Die Idee von Weiß war, wie in Dia. 9.4 zu spielen, denn ohne den Abtausch in Dia. 9.2 bekäme Weiß ein beeindruckendes Moyo.

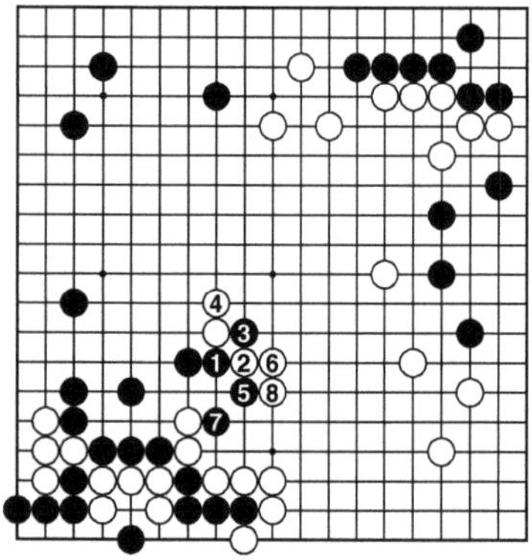

Dia. 9.5

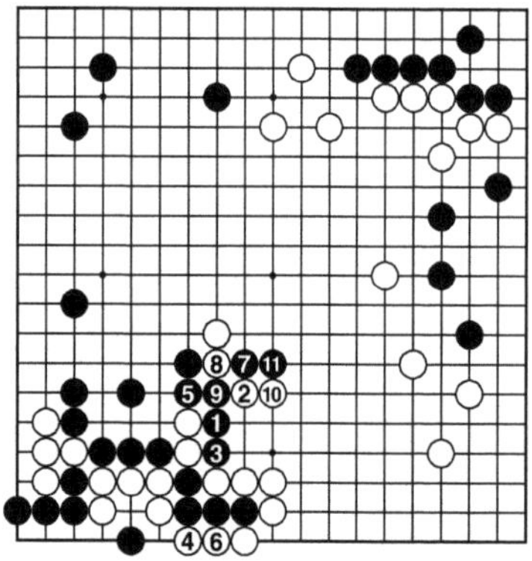

Dia. 9.6

Lösung 9 (Forts.) Auch der Schnitt in Dia. 9.5 funktioniert nicht so gut.

Versucht Weiß mit aller Kraft in Dia. 9.6 und 9.7, Schwarz aufzuhalten, dann zerlegt dieser seine Form. Kein Opfer kann sie nun noch reparieren.

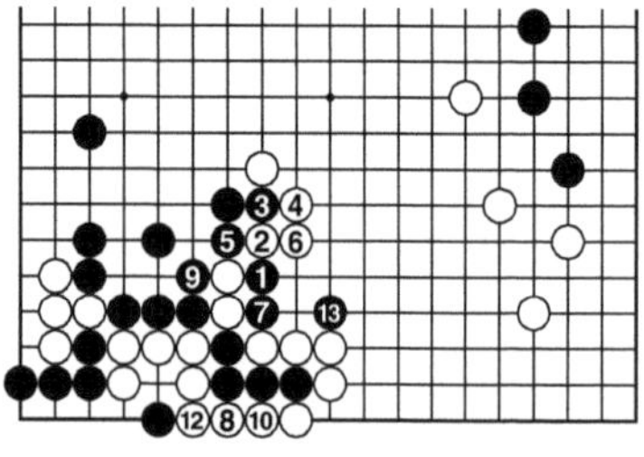

Dia. 9.7
(11 verbindet)

Kapitel 5

Oops, da geht noch was ...

In diesem Kapitel geht es darum, Schwachpunkte in Formen auszunutzen. Viele Züge in diesem Kapitel haben Profis in ihren Partien tatsächlich gespielt. Da auch ihre Gegner diese Züge übersehen haben, ist es keine Schande, wenn ihr sie in euren Partien nicht findet. Ihr könnt Euch vielleicht Ideen abschauen oder Ihr genießt einfach die unendlich mannigfaltige Bandbreite an Möglichkeiten in diesem faszinierenden Spiel.

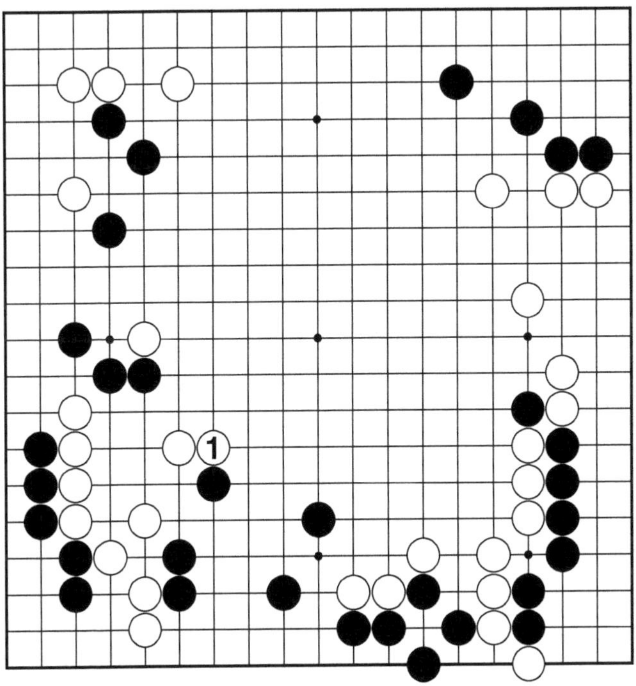

Wer Weiß den Zug 1 glaubt, hat nicht genau hingeschaut.

2

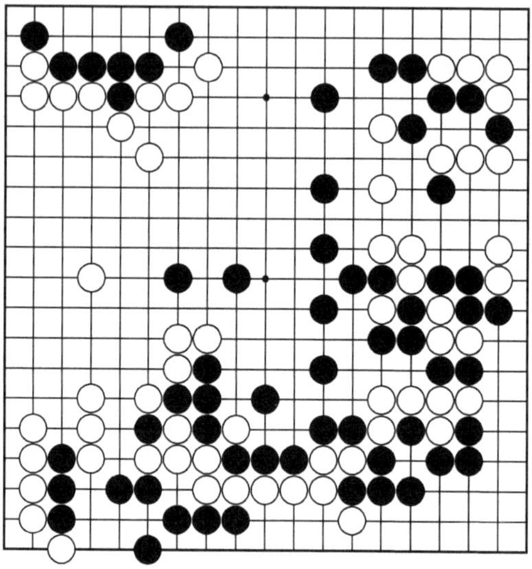

Weiß findet den Zug, den Schwarz übersehen hat.

3

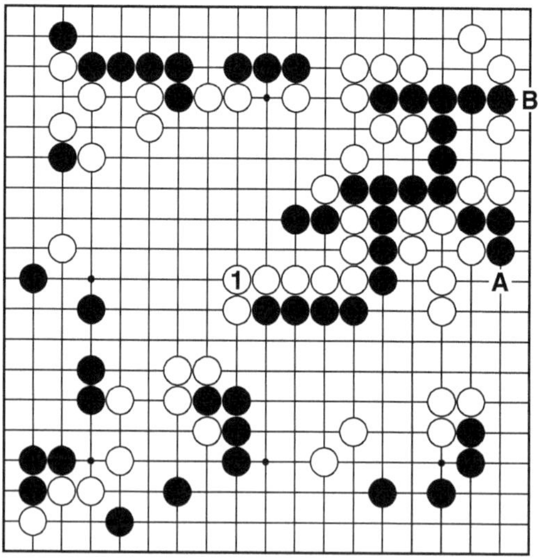

Weiß denkt, A und B seien Miai. Doch Schwarz hat noch was im Gepäck...

4

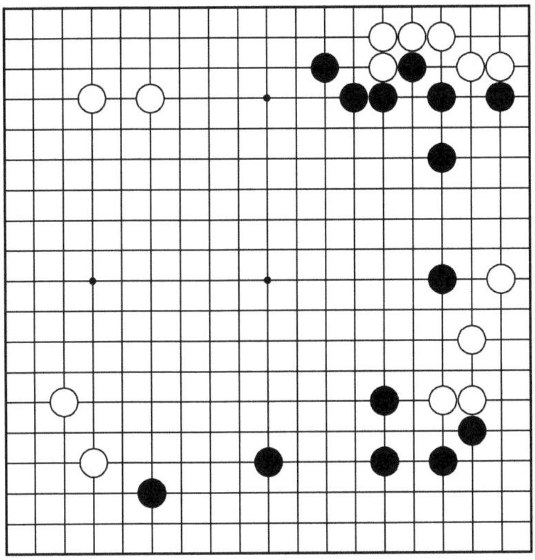

Der nächste schwarze Zug ist überraschend effektiv.

5

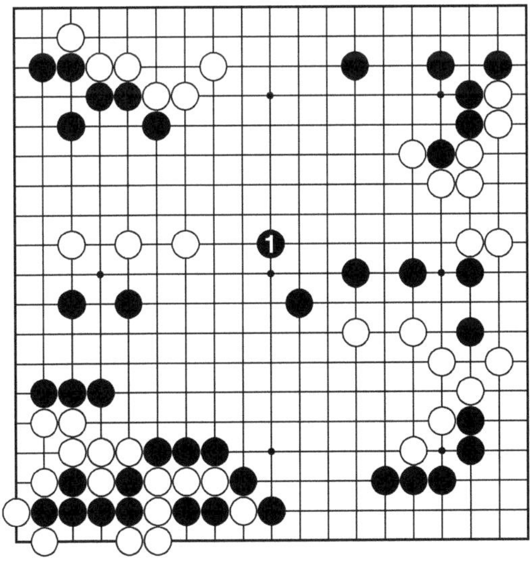

Schwarz deckt den Schnitt – scheinbar. Wie entlarvt Weiß den trügerischen Schein?

6

○

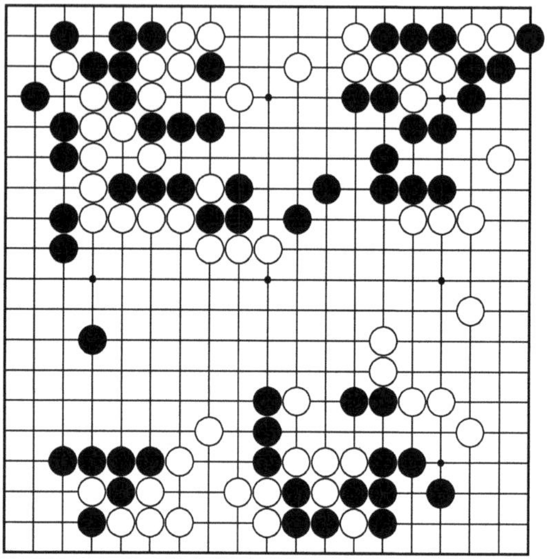

Bei Schwarz sieht alles dicht und fest geklopft aus. Aber auch hier gibt es Schwachpunkte ...

7

○

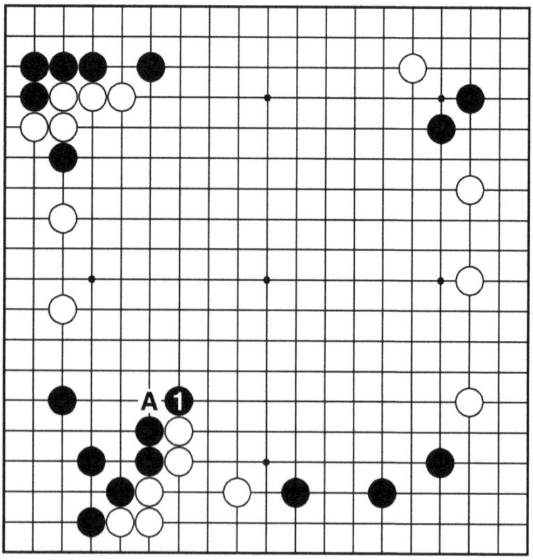

Anscheinend hat Schwarz keine Angst vor dem Schnitt auf A. Weiß kann ihn trotzdem für coole Sachen verwenden.

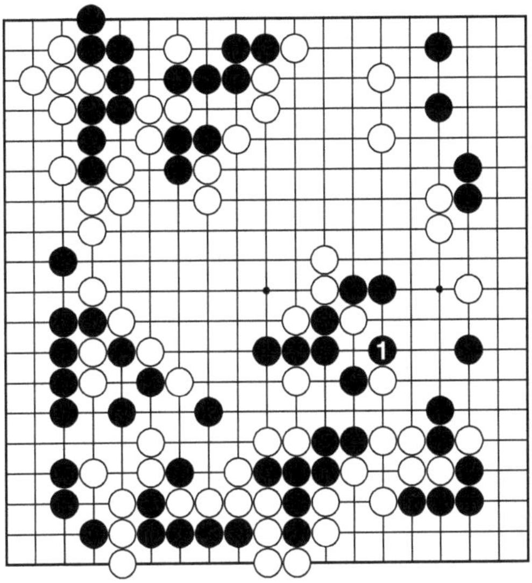

8

○

Schwarz 1 sieht nach guter Form aus. Der Zug bringt aber enorm schlechtes Aji mit sich.

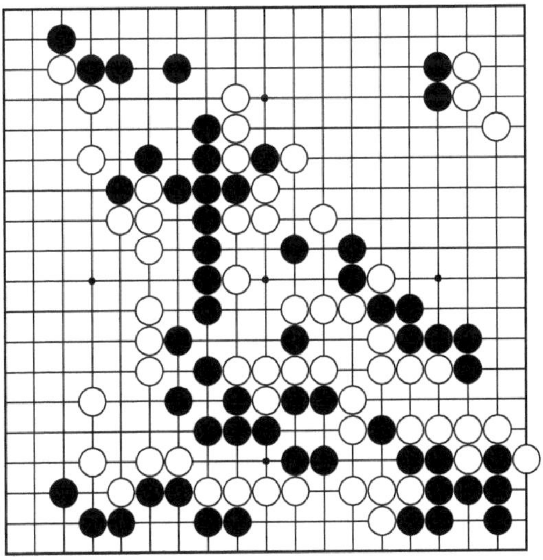

9

●

Wo ist die größte Gegend auf dem Brett und was ist dort der beste Zug für Schwarz?

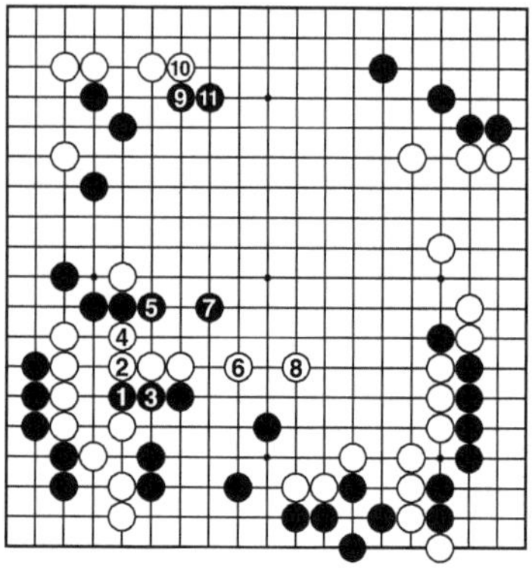

Dia. 1.1

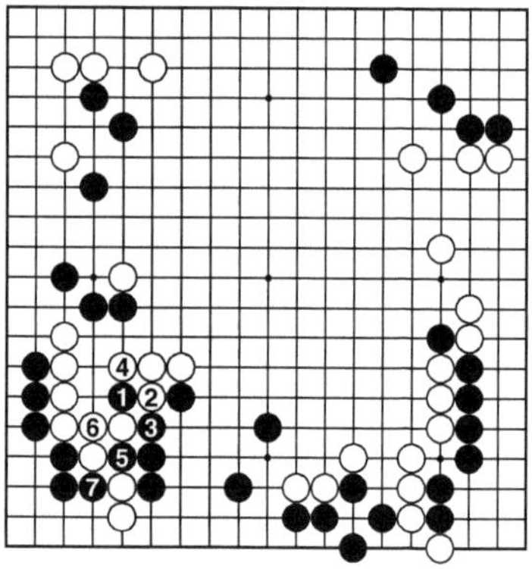

Dia. 1.2

Lösung 1: Schwarz 1 grätscht in die weiße Form hinein. Wenn Weiß seine Steine zusammenhalten möchte, dann ist er gezwungen, augenlos übers Brett zu rennen. Dia. 1.2 ist keine Option, denn so verliert Weiß sein Hinterteil.

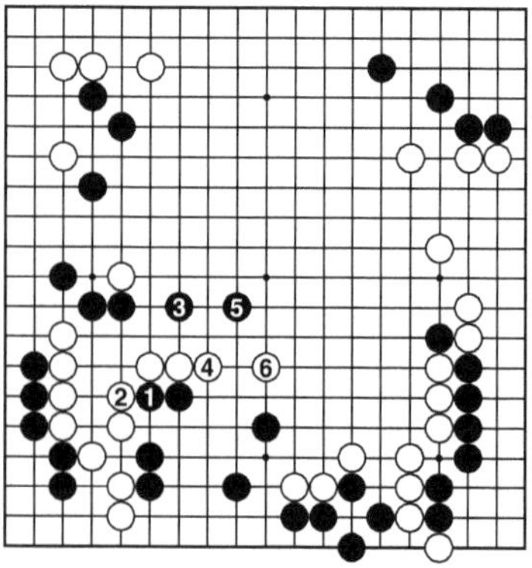

Dia. 1.3

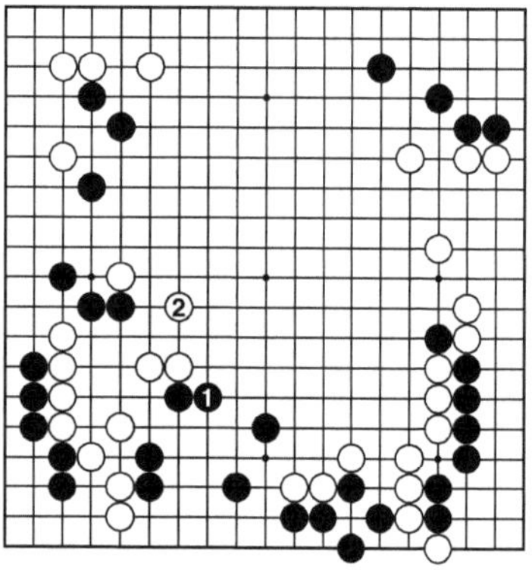

Dia. 1.4

Lösung 1 (Forts): Mit dem herkömmlichen Zug in Dia. 1.3 hätte Weiß im Vergleich ein Gratis-Auge mehr. Auch Dia. 1.4 und 1.5 zeugen von einer gewissen Planlosigkeit des Schwarzen.

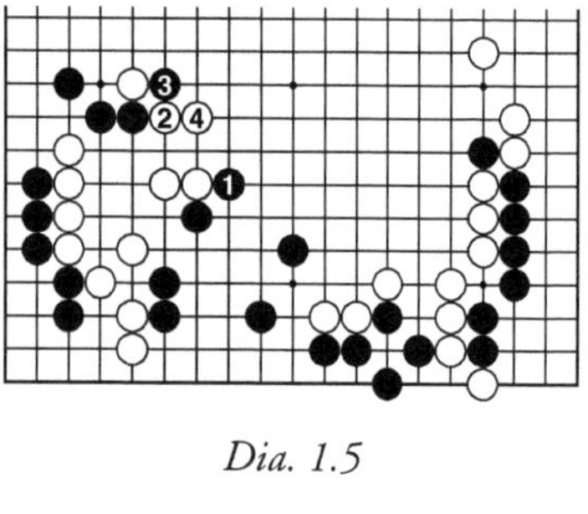

Dia. 1.5

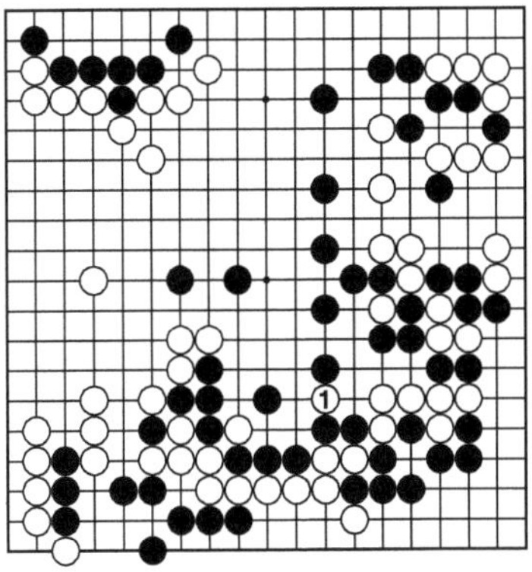

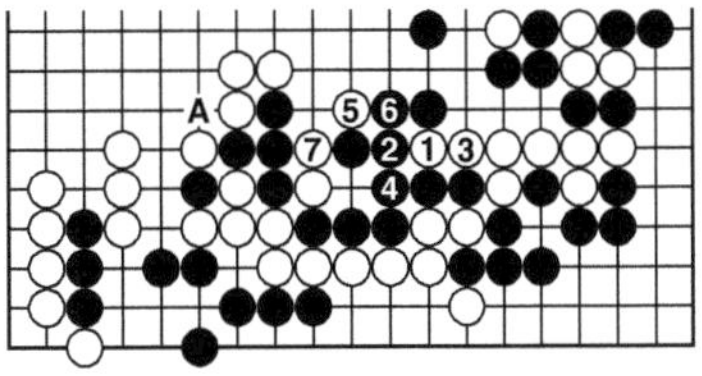

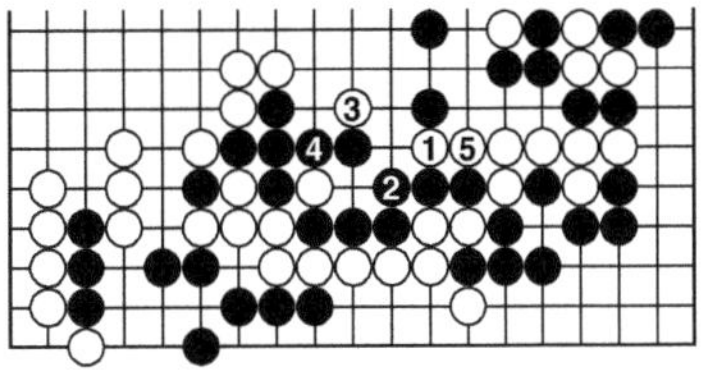

Dia. 2.1 *Dia. 2.2 & Dia. 2.3*

Lösung 2: Weiß 1 ist ein Zug, den man typischerweise übersieht und über den man sich ärgert. Schwarz kann in Dia. 2.2 nur noch hilflos zusehen, wie Weiß vier Steine amputiert und zugleich die Schwäche auf A deckt. Wenn Schwarz ihm die Kombo nicht glaubt, verliert dieser in Dia. 2.3 die ganze Gruppe.

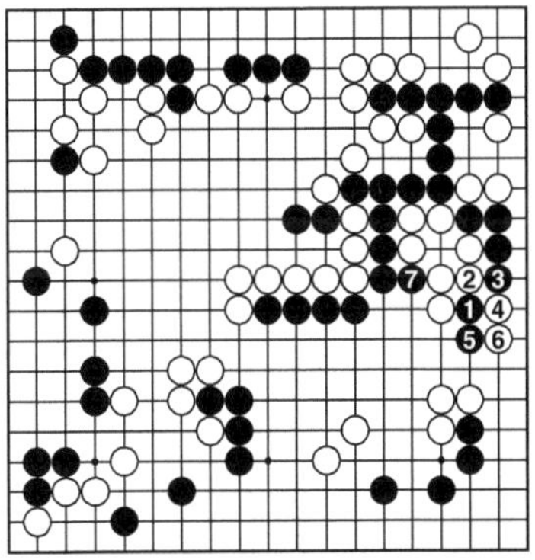

Dia. 3.1

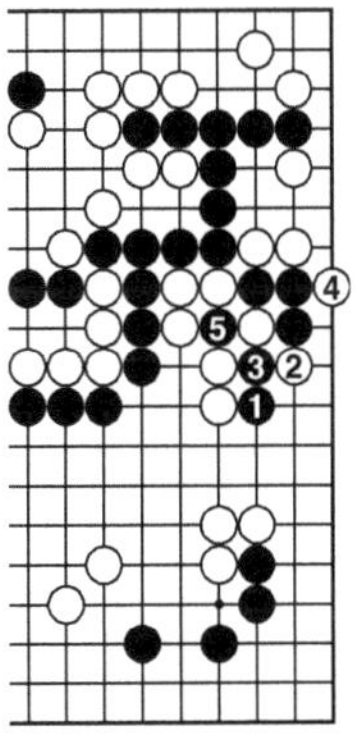

Dia. 3.2

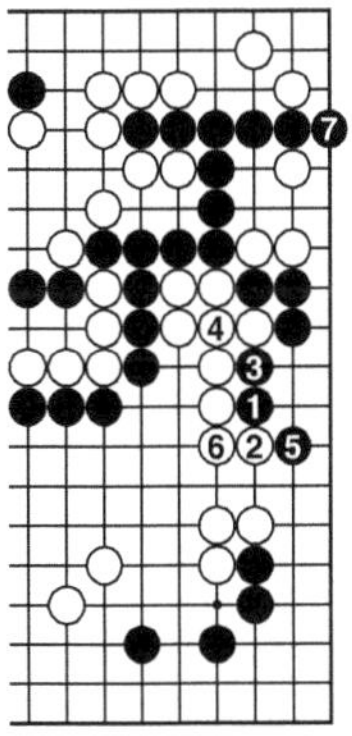

Dia. 3.3

Lösung 3: Schwarz packt den unscheinbaren Anleger aus. Weiß hat mehrere Möglichkeiten zu antworten. Dia. 3.1 ist keine davon. Dia. 3.2 ergibt ein Ko, das Weiß aus Mangel an Drohungen nicht gewinnen kann.

Da außerdem weder Dia. 3.3 noch 3.4 gut für Weiß ausgehen, lässt sich schlussfolgern, dass Weiß 1 im Problemdiagramm überzogen war.

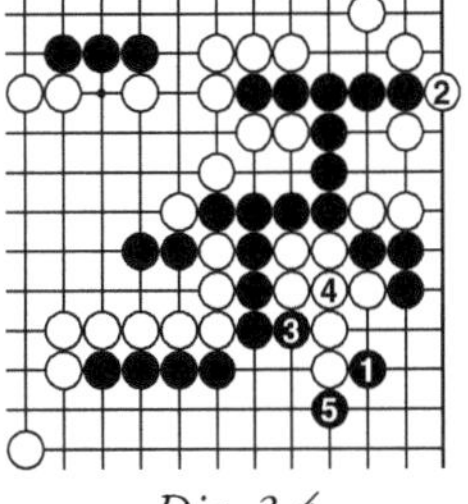

Dia. 3.4

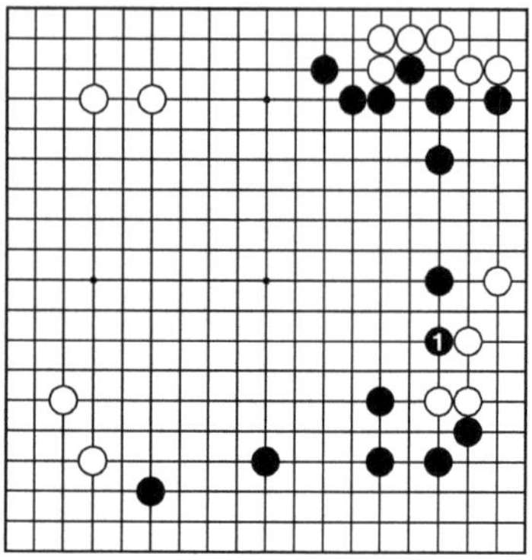

Dia. 4.1

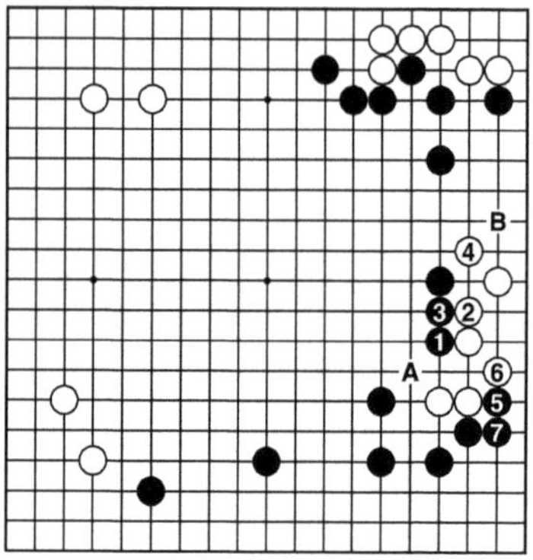

Dia. 4.2

Lösung 4: Schwarz 1 sieht ein bisschen lahm aus, ist aber beeindruckend effektiv.

In der Abfolge bis 7 in Dia. 4.2 harmonieren alle schwarzen Steine miteinander. Die Schwäche A ist keine mehr und Weiß darf noch Angst vor B haben.

Dia. 4.3 wäre eine Alternative, aber Schwarz ist auch hier zufrieden.

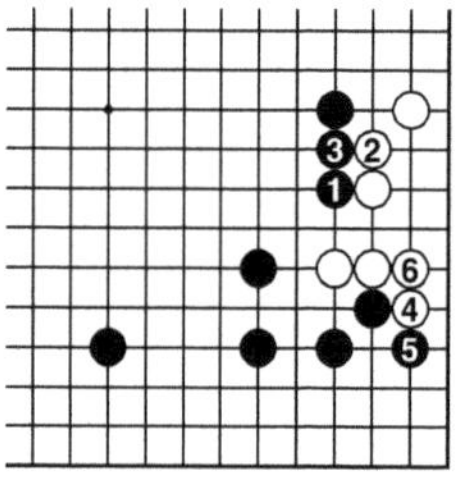

Dia. 4.3

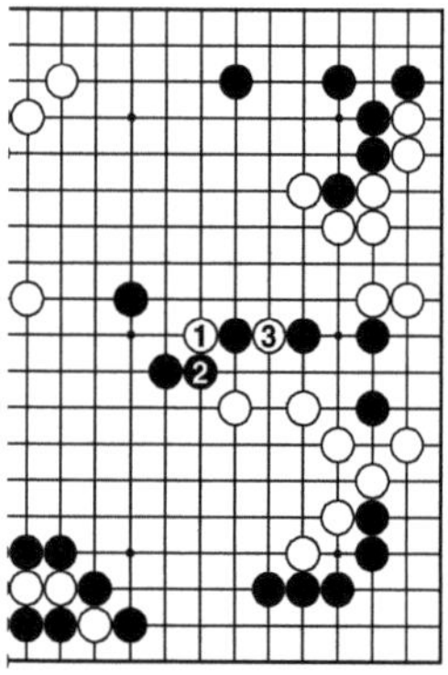

Dia. 5.1

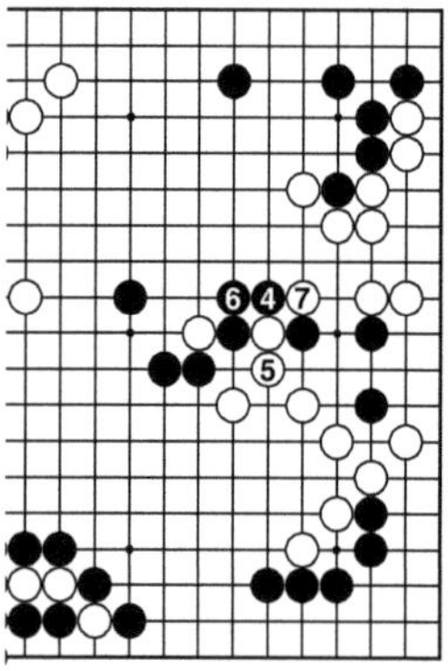

Dia. 5.2

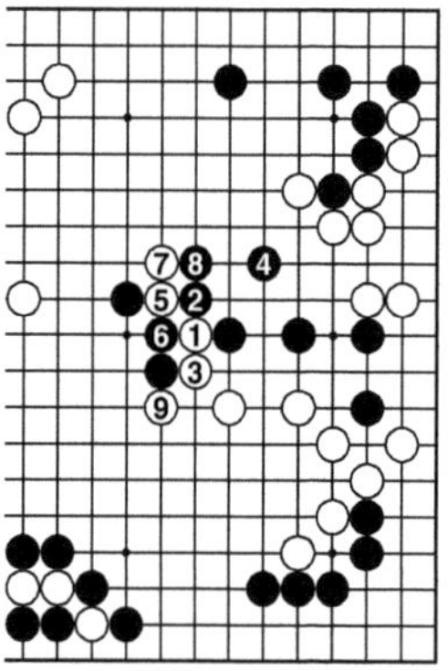

Dia. 5.3

Lösung 5: Weiß 1 legt unscheinbar an, doch wenn Schwarz auf 2 blockt, dann zerschneidet Weiß mit 3 die schwarze Gruppe. Dia. 5.2 zeigt auf beeindruckende Weise, wie das geht.

Schwarz muss sich also auf den Kampf mit Weiß in Dia. 5.3 einlassen. Der Plan, mit 1 im Problemdiagramm solide zu spielen, ging total daneben.

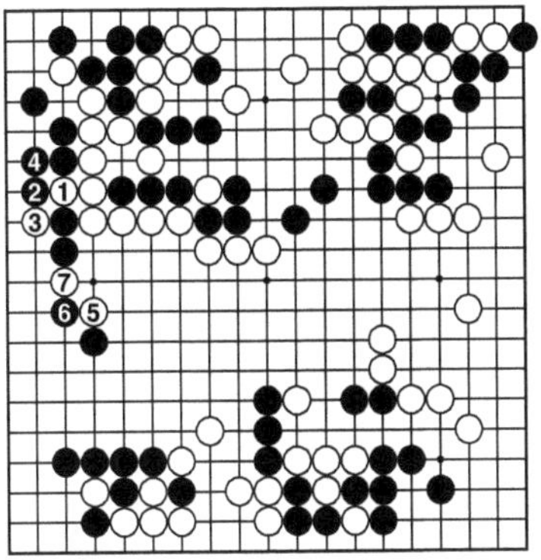

Dia. 6.1

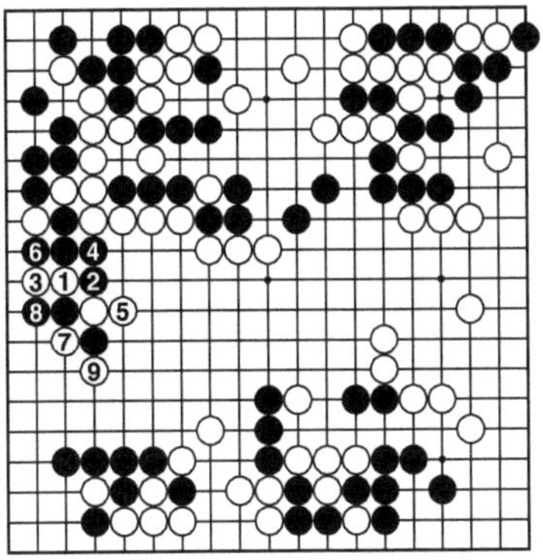

Dia. 6.2

Lösung 6: Weiß schiebt und schneidet. Und dann... oha, das geht?

In Dia. 6.2 gibt es plötzlich eine Treppe, wo Schwarz ursprünglich Gebiet hatte.

Wenn Schwarz das Gebiet behalten will, dann würde Weiß auch noch zu 11 in Dia. 6.3 gekommen. Die drei einsamen schwarzen Steine können nirgends mehr hinrennen.

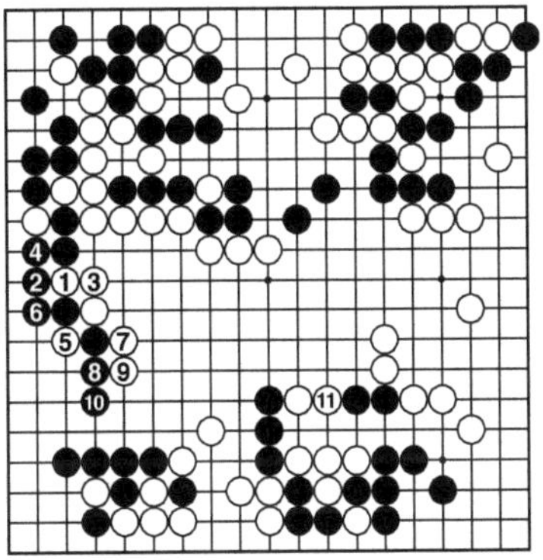

Dia. 6.3

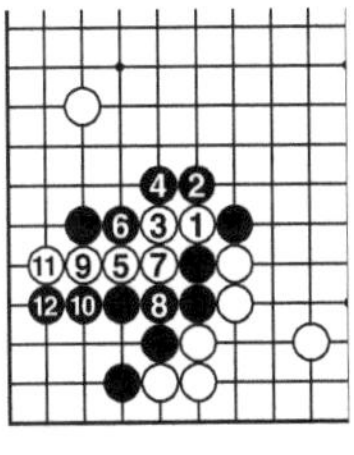

Dia. 7.1

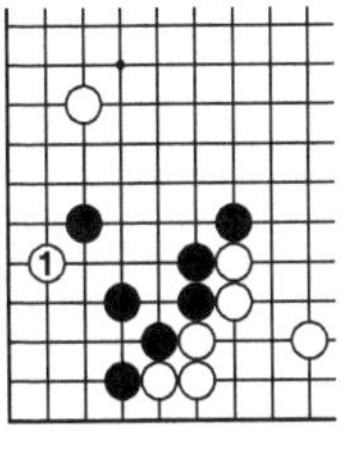

Dia. 7.2

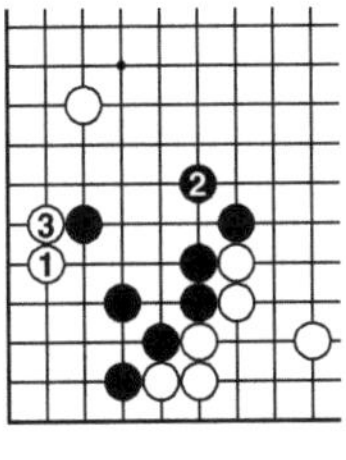

Dia. 7.3

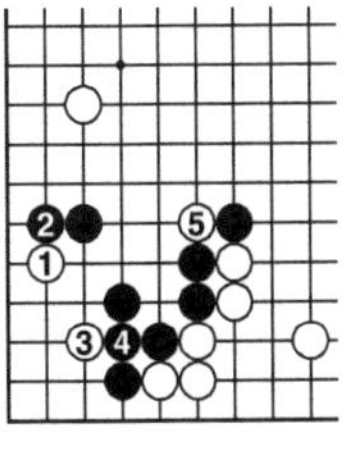

Dia. 7.4

Lösung 7: Wenn Weiß wie in Dia. 7.1 sofort schneidet, wird er natürlich gefangen, weil Schwarz auf 12 blocken kann.

Aber Weiß kann den Schnitt mit 1 in Dia. 7.2 anvisieren. Wenn Schwarz Angst hat und in Dia. 7.3 deckt, dann ist das schwarze Gebiet keines mehr. Er blockt also in Dia. 7.4 und auf einmal funktioniert der Schnitt auf 5.

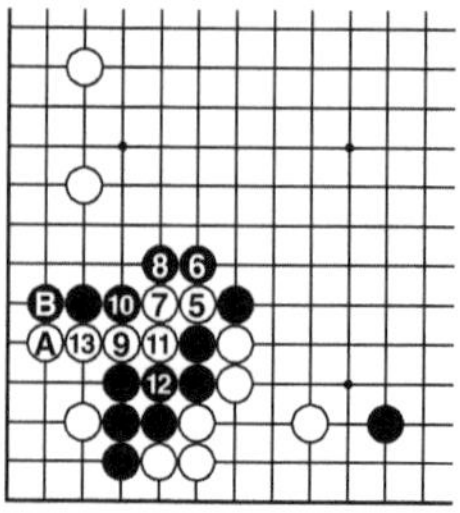

Dia. 7.5

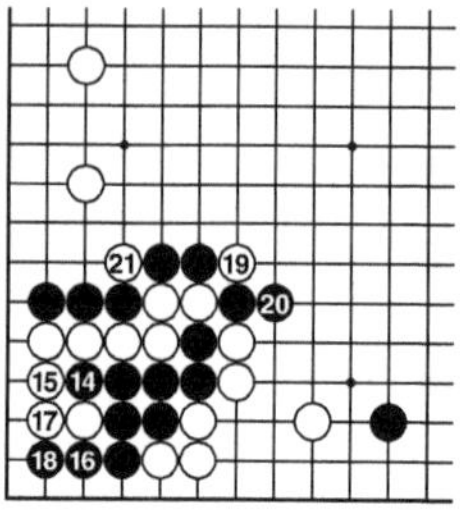

Dia. 7.6

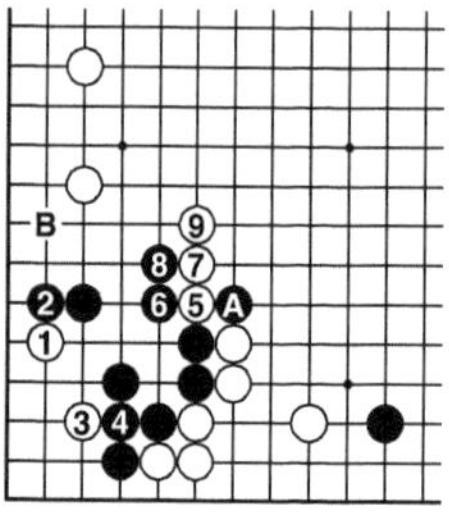

Dia. 7.7

Lösung 7 (Forts.): Schwarz versucht in Dia. 7.5, den Schnittstein zu fangen. Indem Weiß auf A angefangen hat, führt es im Vergleich zu Dia. 7.1 zu der Form, in der Schwarz mit B auf der falschen Seite blockt. In der Fortsetzung in Dia. 7.6 kann Schwarz nicht alle Gruppen retten und somit verstirbt auch seine Ecke.

In der Partie hat Schwarz wie in Dia. 7.7 das ursprüngliche Hane auf A wieder hergegeben. Weiß ist durchaus zufrieden, zumal ein Zug auf B noch Sente ist. Sollte Schwarz ihn ignorieren, lebt Weiß wieder in der Ecke wie in Dia. 7.8 gezeigt.

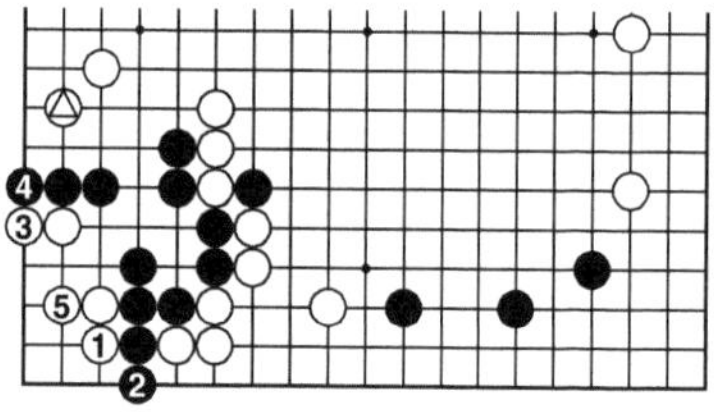

Dia. 7.8

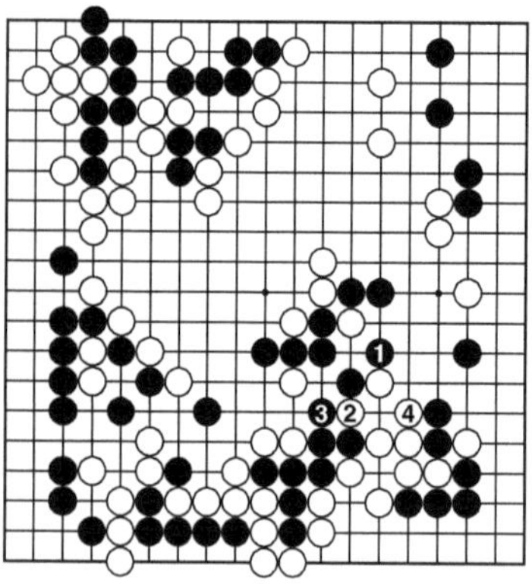

Dia. 8.1

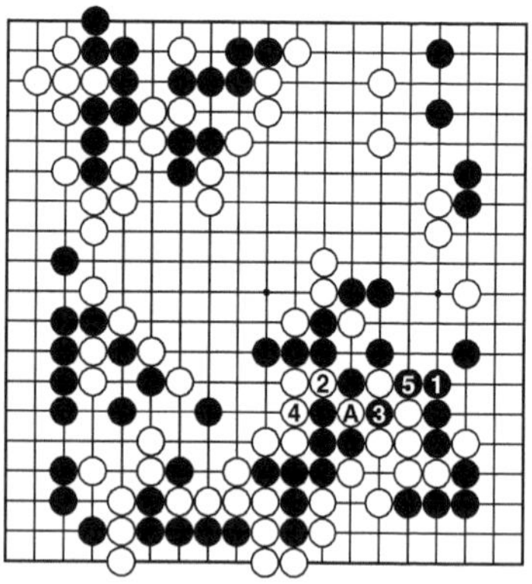

Dia. 8.2

Lösung 8: Weiß 2 fühlt vor und Weiß 4 bestraft Schwarz 1. Verteidigt Schwarz in Dia. 8.3 die rechte Seite, so schlägt Weiß mit 6 auf A einen schönen Batzen Steine.

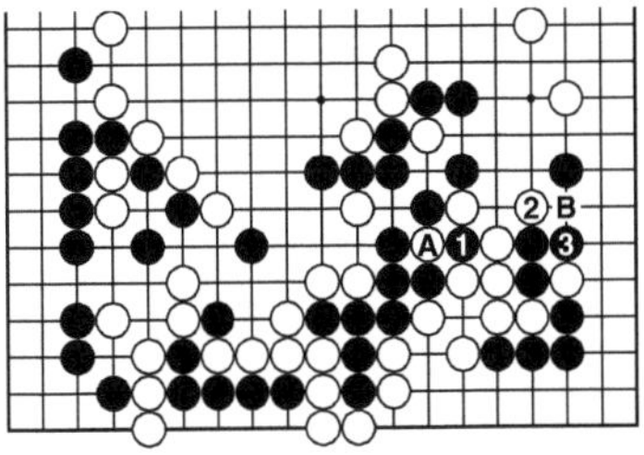

Dia. 8.3

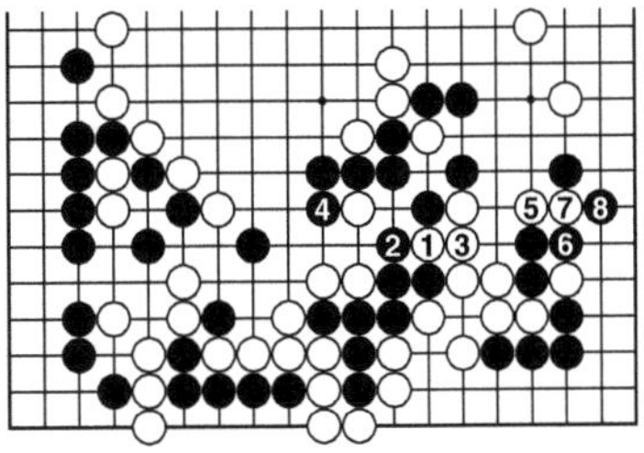

Dia. 8.4

Lösung 8 (Forts.): Schlägt Schwarz hingegen das Ko in Dia. 8.3, so benutzt Weiß die Drohung, die ihm vor der Nase liegt, und schlägt mit 5 auf A zurück. Weiß hat eine weitere lokale Drohung auf B. Gibt Schwarz nach, dann kann Weiß direkt mit B zum Rand durchbrechen.

Das leere Dreieck 4 in Dia. 8.1 ist tatsächlich der einzige Zug, der Schwarz kaputt macht. Die Varianten in Dia. 8.4 und 8.5 wären nicht so effektiv.

Dia. 8.6 zeigt eine alternative Reihenfolge, die auch funktioniert.

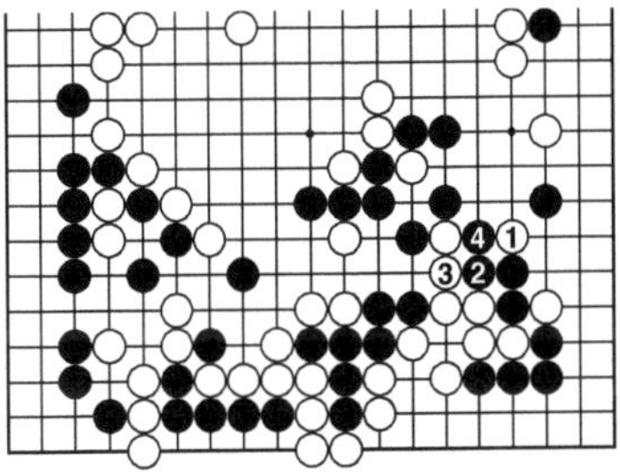

Dia. 8.5

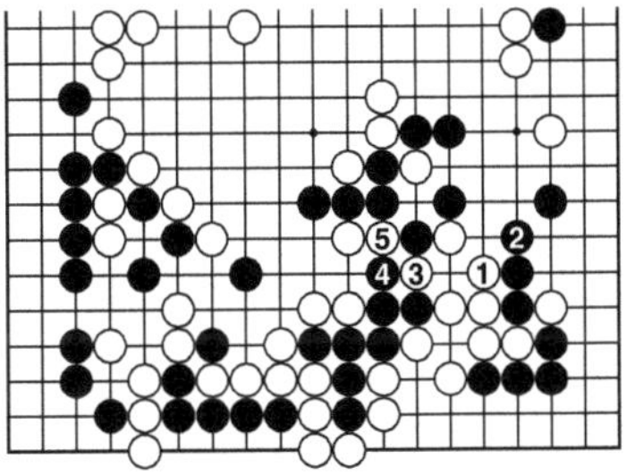

Dia. 8.6

Lösung 9: Schwarz 1 muss man einfach genießen. Also gönnt Euch einen Moment des Betrachtens und der Ehrfurcht, bevor Ihr auf die nächste Seite umblättert.

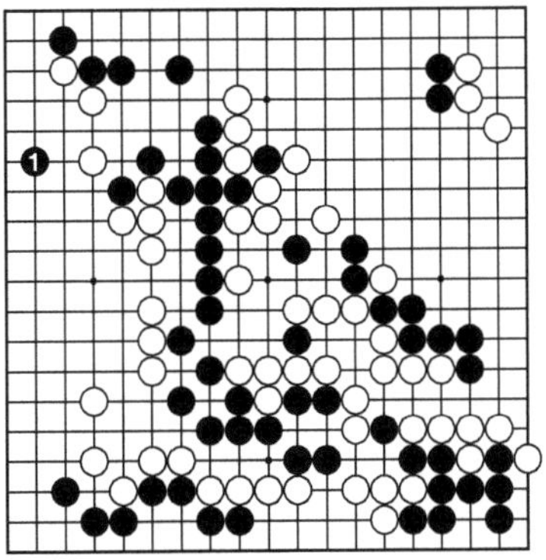

Dia. 9.1

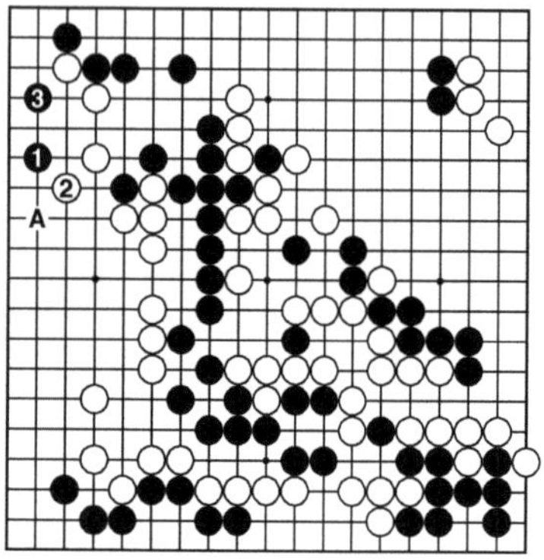

Dia. 9.2

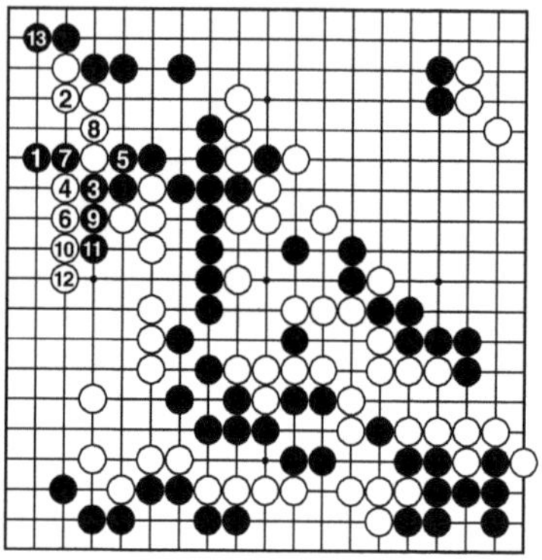

Dia. 9.3

Lösung 9 (Forts.): Gibt Weiß auf 2 nach, dann springt Schwarz auf 3 zurück und kann als nächstes auf A weiterspringen. Während das weiße Gebiet reduziert wurde, hat Schwarz selbst viele Punkte gemacht.

Spannend wird es, wenn sich Weiß wehrt. Das Ergebnis in Dia. 9.3 ist jedoch auch ein Erfolg für Schwarz, der in das weiße Gebiet marschiert und die Vorhand 13 bekommt.

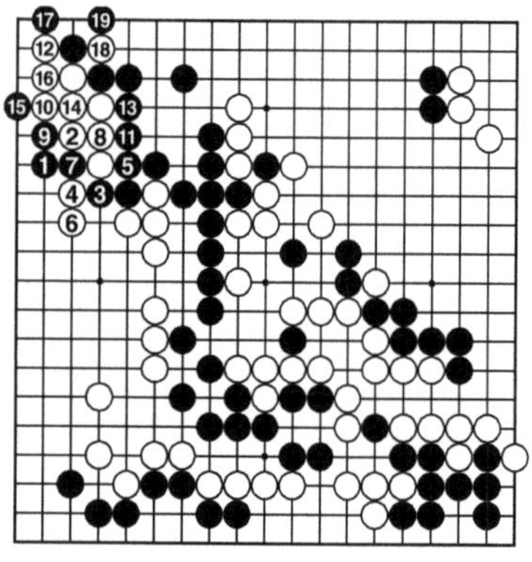

Dia. 9.4

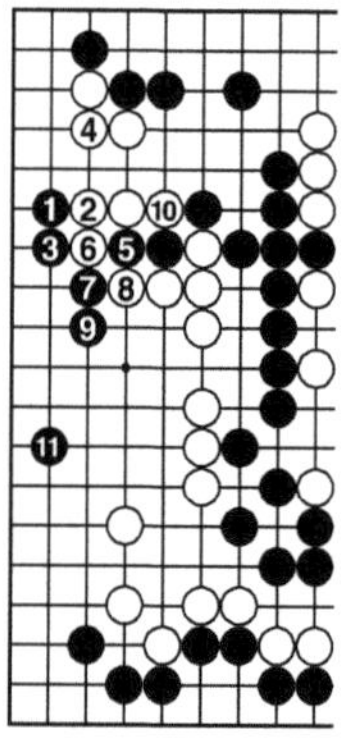

Dia. 9.5

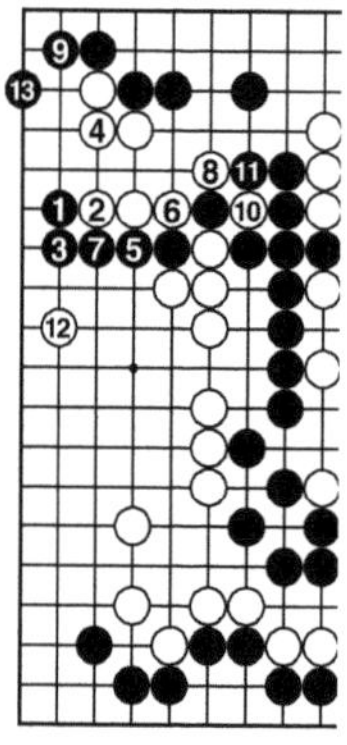

Dia. 9.6

Lösung 9 (Forts.): Weiß 2 in Dia. 9.4 hilft auch nicht. Das Ko mit 19 ist nur eine von vielen Variationen, die gut für Schwarz ausgehen. Baut Weiß in Dia. 9.5 einen Bambus, dann opfert Schwarz geschickt zwei Steine, um gemütlich im weißen Gebiet zu leben. Die weißen Punkte sind futsch.

Dia. 9.6 zeigt das Geschehen in der Partie. Weiß ist hilflos angesichts des genialen Zug 1. Am Ende bleibt vom weißen Gebiet kaum etwas übrig.

Kapitel 6

Und da geht noch mehr ...

Weiter geht es mit unscheinbaren Schwächen in scheinbar schwierig zu zerschmetternden Formen. Nicht alles muss man dem Gegner glauben. Wenn man rundherum stark ist, dann gehen doch mal Züge, die einem normalerweise nicht einfallen würden.

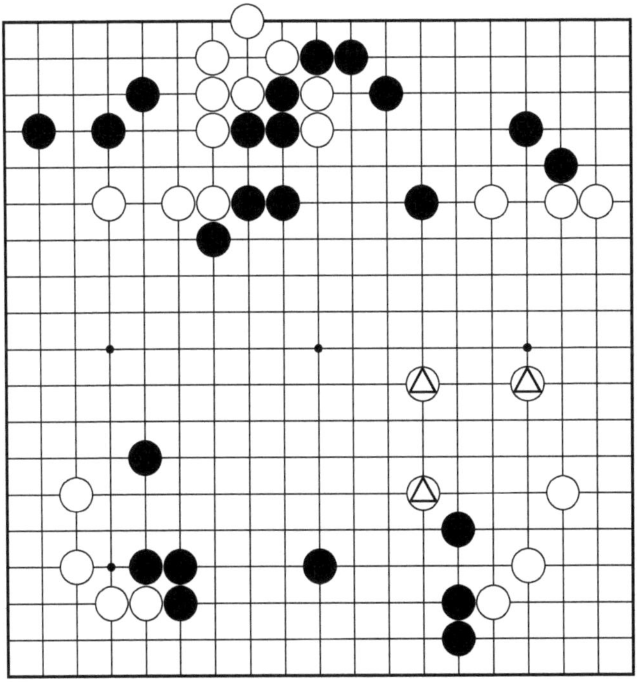

 Hier sehen die zwei weißen Zwei-Punkt-Sprünge eigentlich recht solide aus. Aber immerhin, es sind Zwei-Punkt-Sprünge. Schwarz haut nun ein Loch hinein.

2

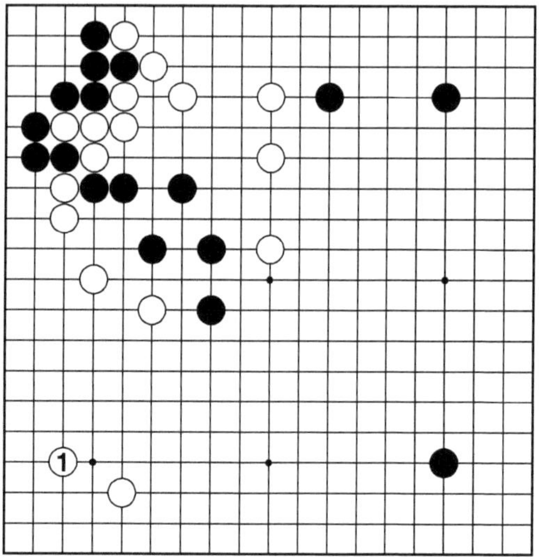

Weiß schließt mit 1 die linke Seite ab. Denkt er zumindest. Daraufhin zeigt Schwarz ihm, wie einfach es ist, sich dort noch hineinzubauen.

3

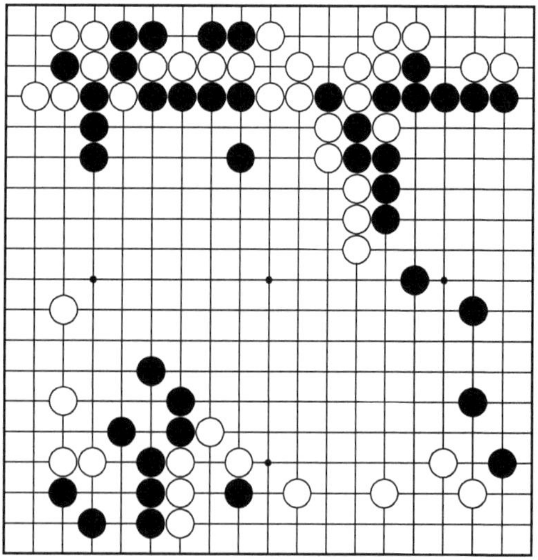

Schwarz soll die weiße Form und die umliegenden Kameraden ausnutzen, um Weiß so eng wie möglich zusammenzudrücken.

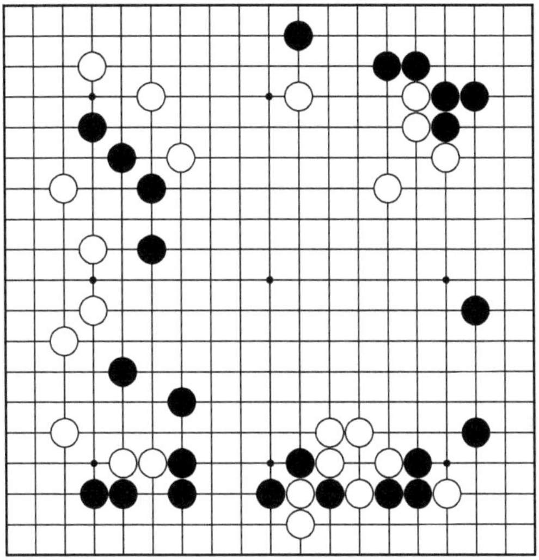

4

Wie invadiert Weiß rechts unten?

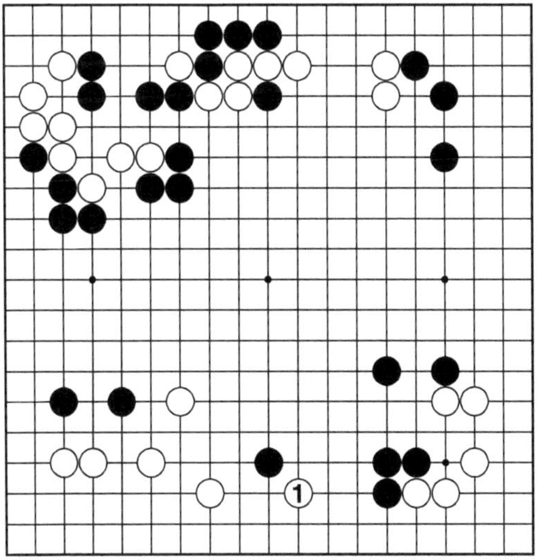

5

Wie beantwortet Schwarz die Invasion am besten?

6

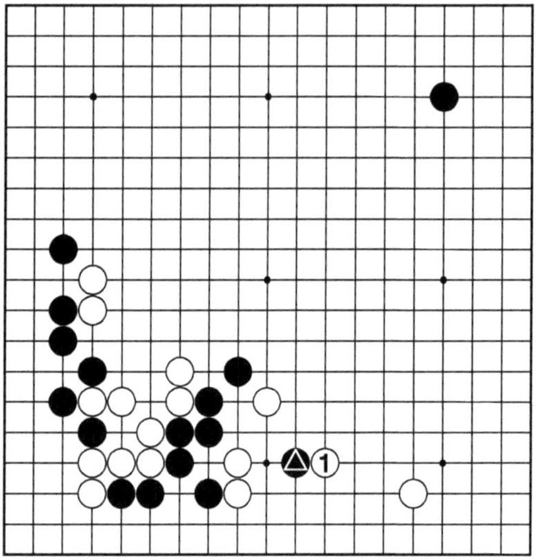

Das Anlegen mit 1 ist lokal ein guter Zug, der die Bewegungsfreiheit des markierten Steins einschränkt. Aber Schwarz hat einen noch besseren Zug!

7

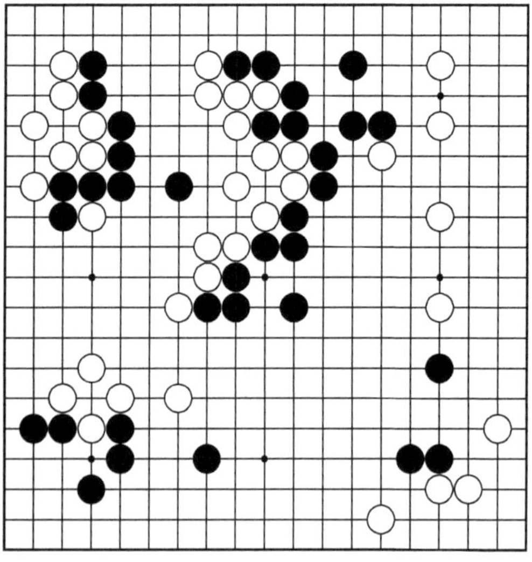

Wo und wie kann Schwarz die Macht seiner umliegenden Steine demonstrieren?

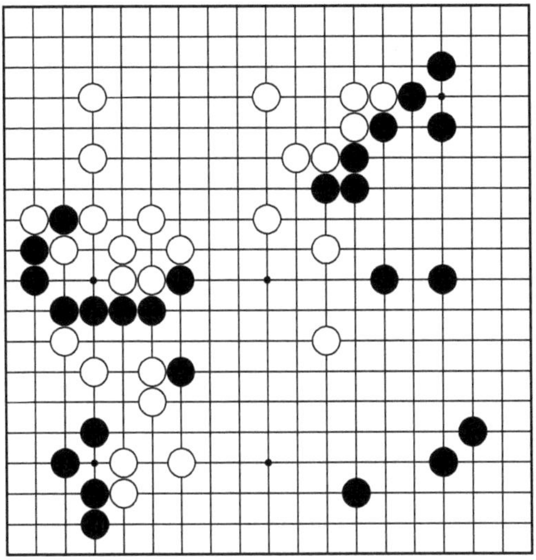

8

Schwarz hat eine Gruppe im weißen Moyo, die seine Aufmerksamkeit verlangt.

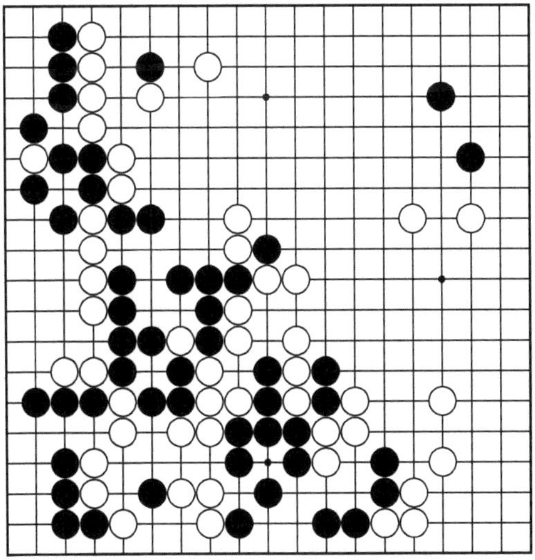

9

Schwarz muss etwas gegen die rechte Seite unternehmen, ansonsten verliert er.

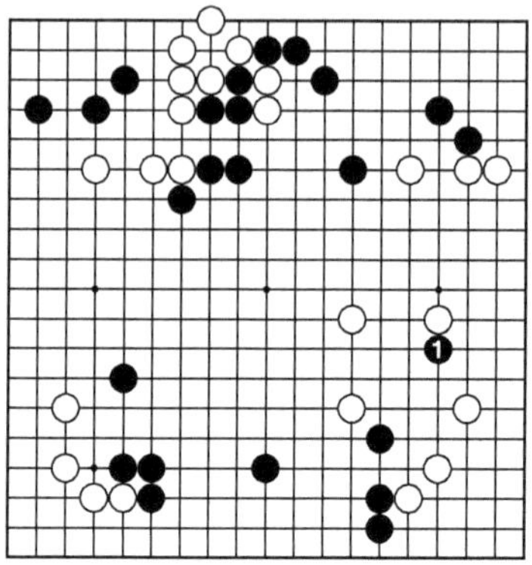

Dia. 1.1

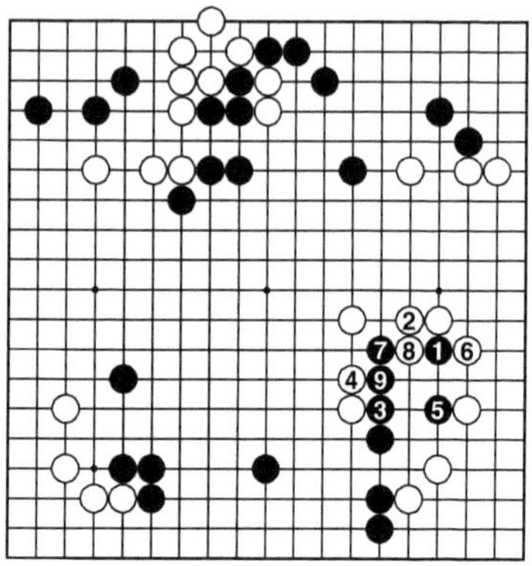

Dia. 1.2

Lösung 1: Schwarz 1 ist ein scharfsinniger Zug, der ein Loch in die weiße Form reißt. Wenn Weiß in Dia. 1.2 nach oben streckt, wird seine Form in der Sequenz bis 9 in Fetzen gerissen.

Spielt Weiß in Dia. 1.3 das Hane von unten, dann werden die weißen Zentrumssteine sauber abgetrennt und zum Angriffsziel. Das Hane von oben in Dia. 1.4 geht noch schlimmer für Weiß aus, denn das weiße Gebiet wird zu einem schwarzen.

Dia. 1.5 zeigt einen wenig einfallsreichen Versuch: Weiß behält alles.

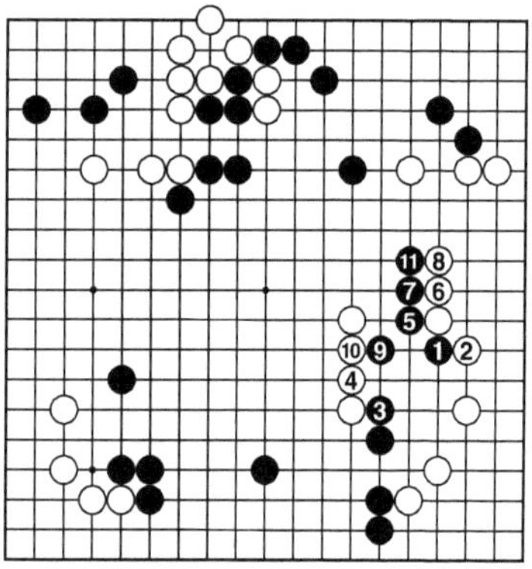

Dia. 1.3

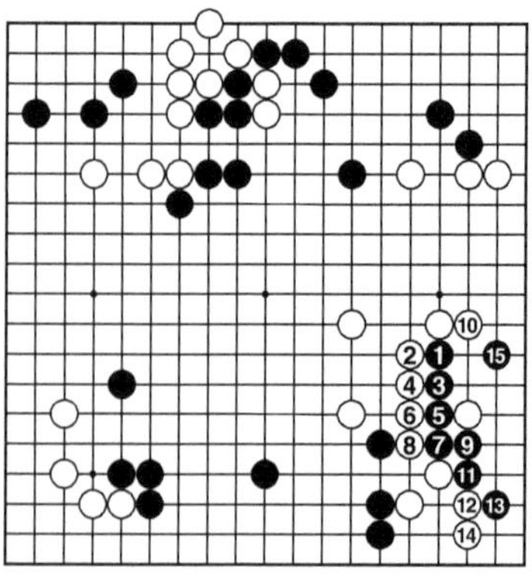

Dia. 1.4

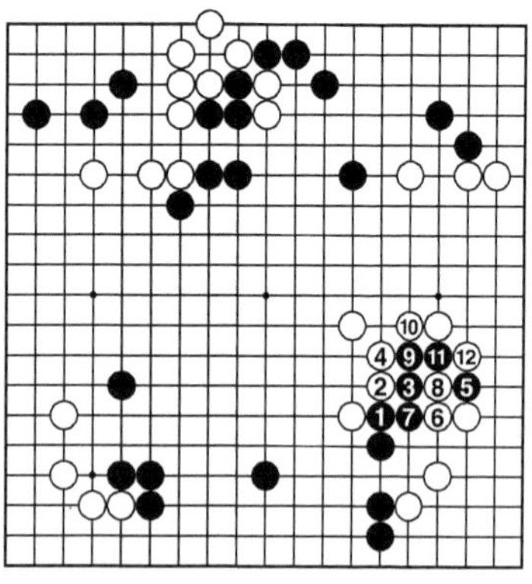

Dia. 1.5

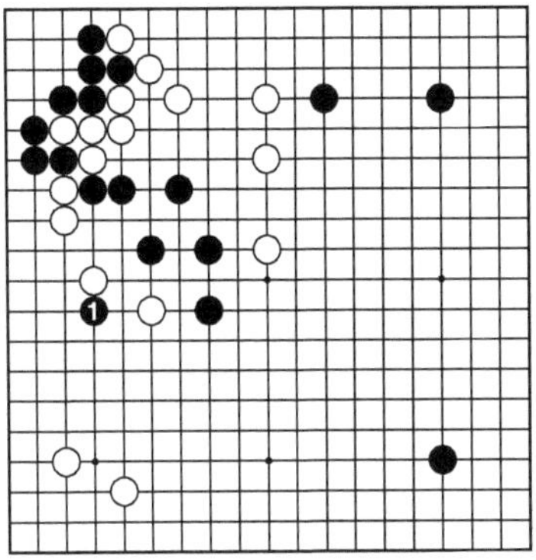

Dia. 2.1

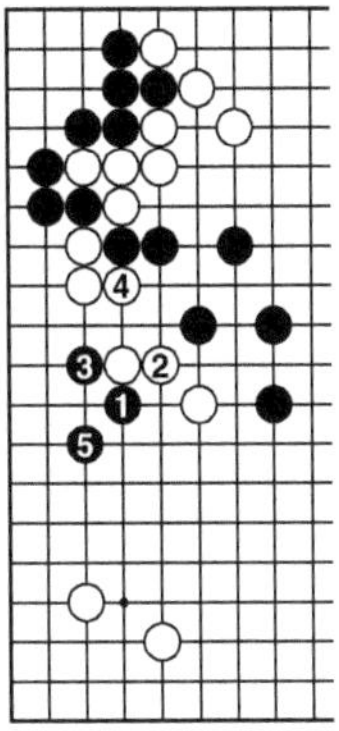

Dia. 2.2

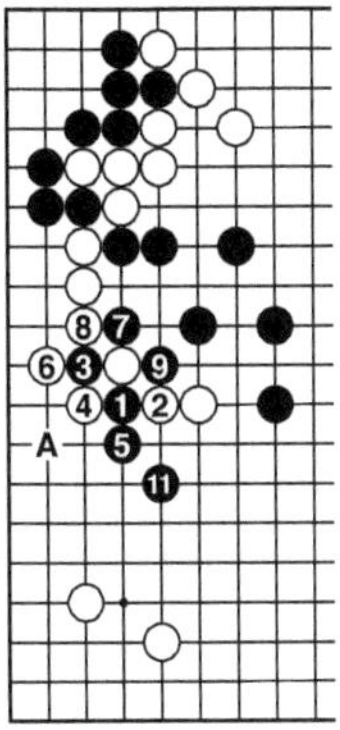

Dia. 2.3

Lösung 2: Wieder ist es ein Anleger, der den Schwachpunkt findet. In der Abfolge bis 5 in Dia. 2.2 baut Schwarz eine gemütliche Basis und hat schon fast mehr Augenraum als Weiß.

Antwortet Weiß mit 2 in Dia. 2.3, dann ist das Gegen-Hane 3 ein guter Zug. Weiß 10 deckt auf 3. Nach 11 kann Schwarz entweder die zwei weißen Schnittsteine abmurksen oder auf A die andere Gruppe bedrohen.

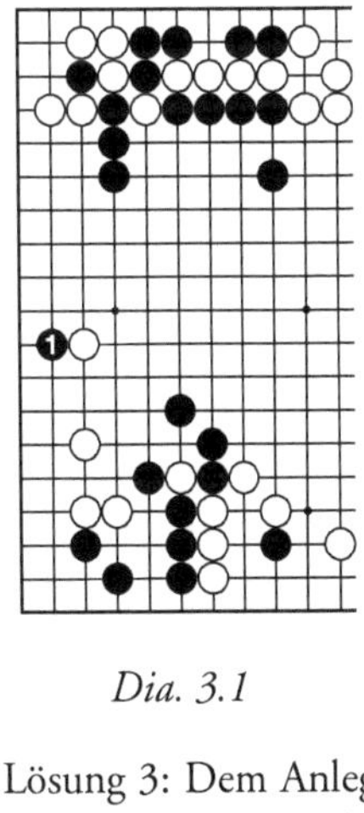

Dia. 3.1

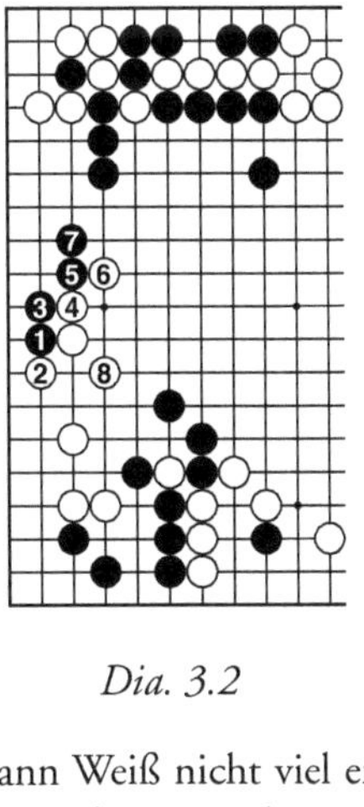

Dia. 3.2

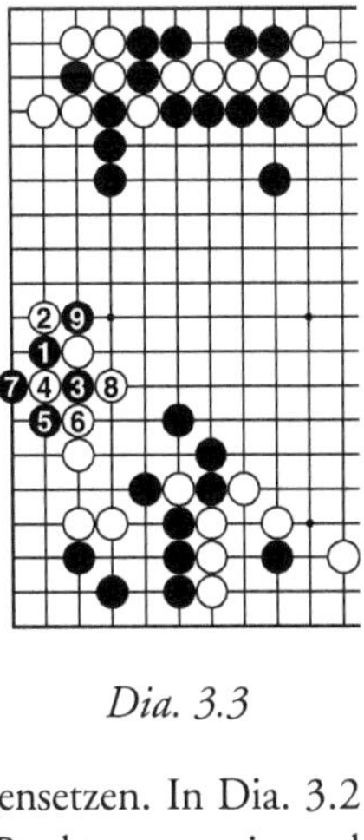

Dia. 3.3

Lösung 3: Dem Anleger 1 kann Weiß nicht viel entgegensetzen. In Dia. 3.2 spielt Weiß sicher, aber Schwarz dezimiert die weißen Punkte – massiv und in Vorhand.

Sollte Weiß wie in Dia. 3.3 Widerstand leisten, so entsteht ein Mega-Ko, sehr zu Ungunsten von Weiß.

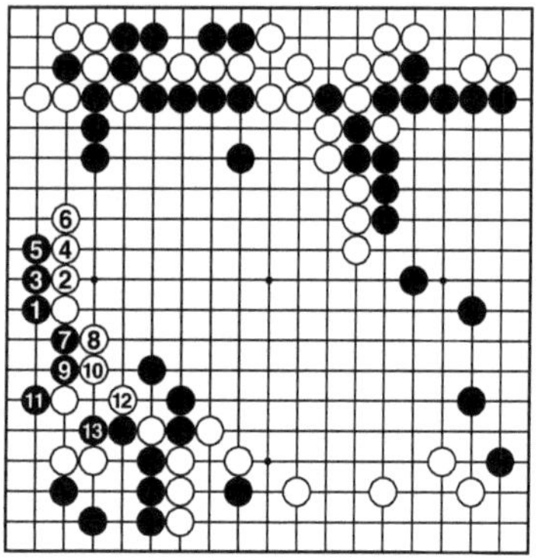

Dia. 3.4

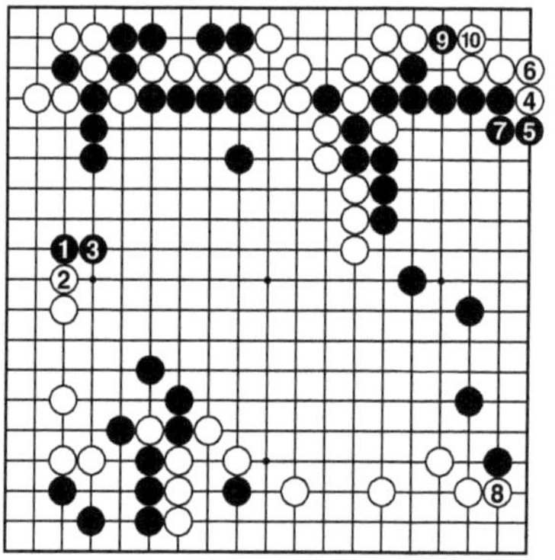

Dia. 3.5

Lösung 3 (Forts.): Der Widerstand in Dia. 3.4 führt dazu, dass Schwarz lebt und diesmal alles an Gebiet wegnimmt. Weiß muss sogar um sein Leben fürchten, da überall schwarze Steine wuchern.

Der ordinäre Zug in Dia. 3.5 ermöglicht den schlauen Konter 2. Schwarz wird antworten und Weiß bekommt Vorhand fürs Endspiel.

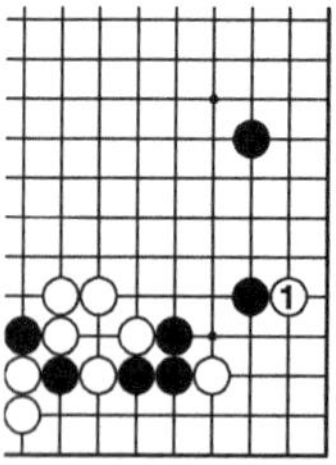

Dia. 4.1

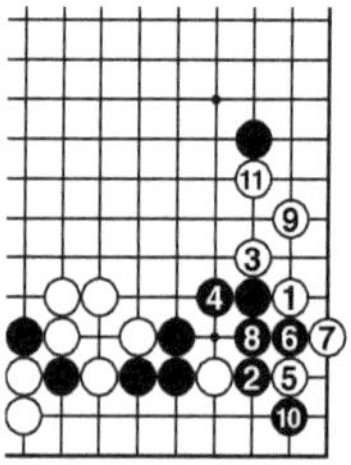

Dia. 4.2

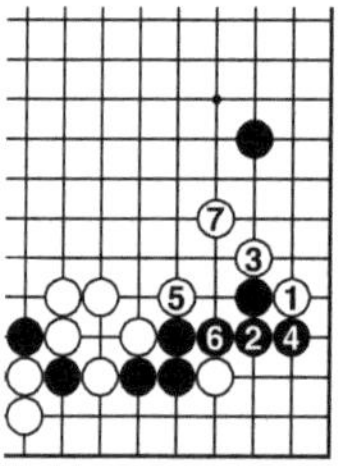

Dia. 4.3

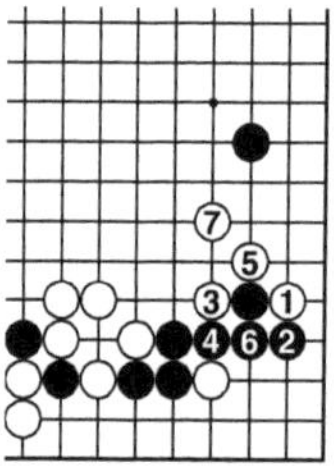

Dia. 4.4

Lösung 4: Weiß legt auf 1 an und mit 3 und 5 verpufft das schwarze Gebiet. Zudem greift Weiß 11 nach dem einsamen schwarzen Stein oben.

Besser wäre für Schwarz, auf 2 in Dia. 4.3 zurückzuziehen. Trotzdem ist Weiß zufrieden mit dem Ergebnis. Dia. 4.4 sieht ähnlich aus, wenn Weiß den Klemmzug 3 findet.

Im Vergleich dazu ist die Invasion in Dia. 4.5 langweilig. Weiß hat deutlich schlechtere Form und Schwarz kann schneller davonlaufen als in den vorigen Diagrammen.

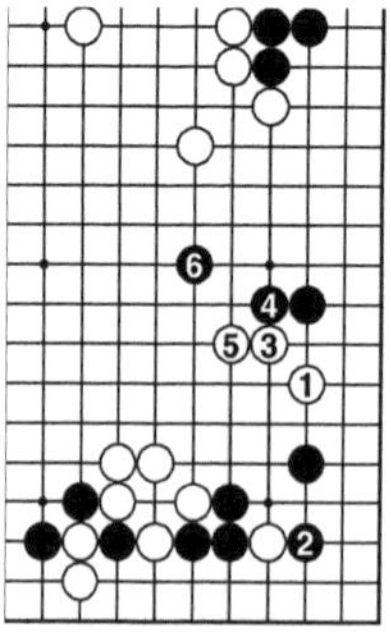

Dia. 4.5

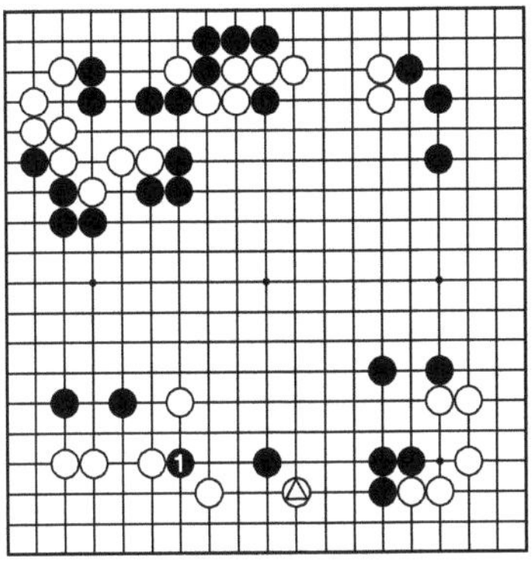

Dia. 5.1

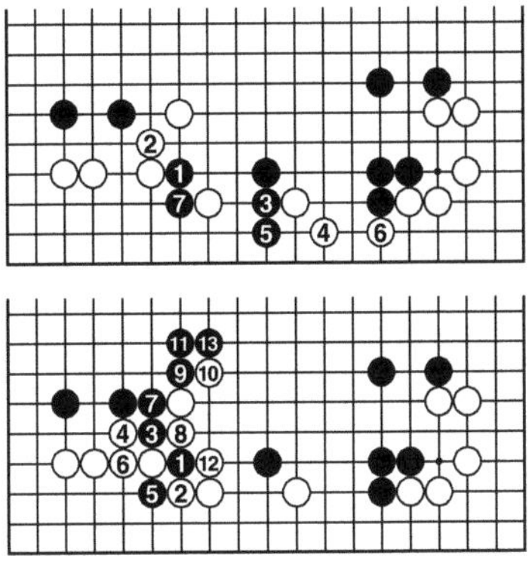

Dia. 5.2 & Dia. 5.3

Lösung 5: Schwarz kann den weißen Invasionsstein nicht fangen. Aber auf 1 anlegen geht, bevor man sich entscheidet, wie die Invasion zu beantworten ist.

Zieht Weiß auf 2 in Dia. 5.2 zurück, dann trennt Schwarz den Invasionstein ab. Weiß 4 ist ein Tesuji, um ihn zu retten, aber Schwarz ist mit 7 auch zufrieden. Versucht Weiß in Dia. 5.3 mit Gewalt alles zu behalten, so weicht Schwarz ins Zentrum aus. Das ist mehr als genug, um die untere Seite zu kompensieren.

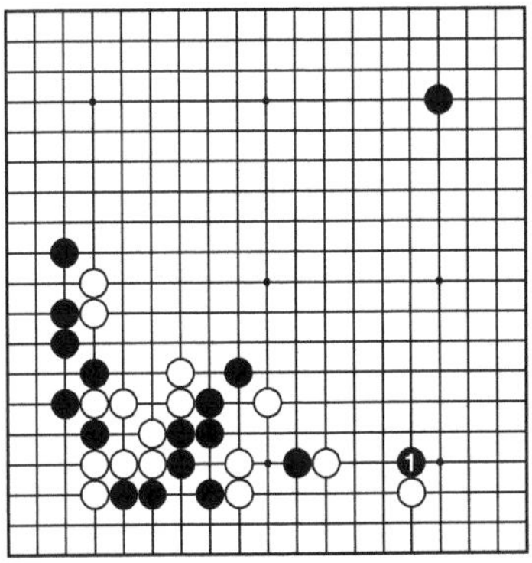

Dia. 5.1

Lösung 6: Schwarz kontert mit dem Anleger 1. Egal ob Weiß in Dia. 6.2 den Rand oder in Dia. 6.3 die Ecke behält, Schwarz ist glücklich mit dem jeweils anderen.

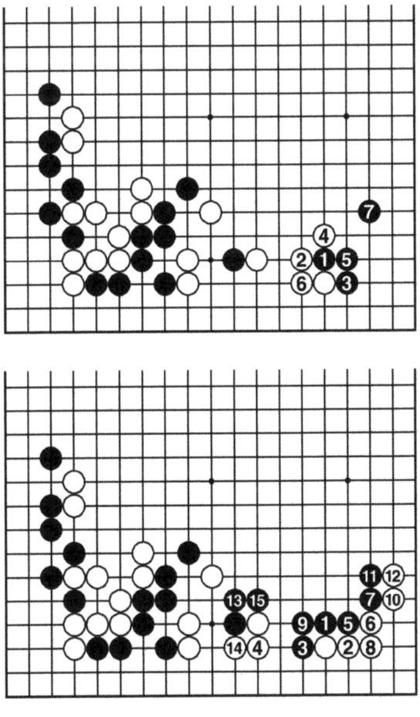

Dia. 6.2 & Dia. 6.3

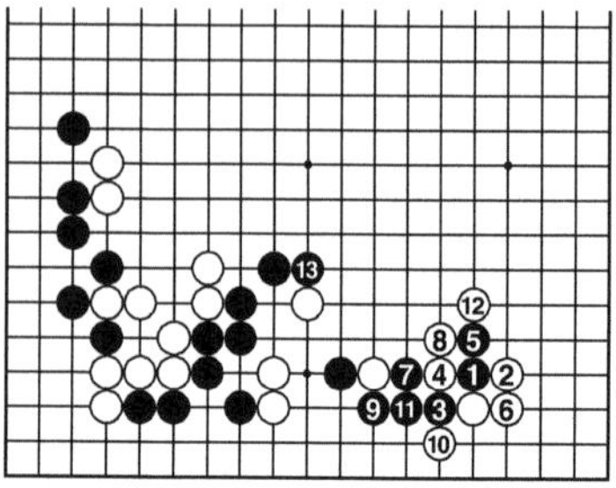

Dia. 6.4

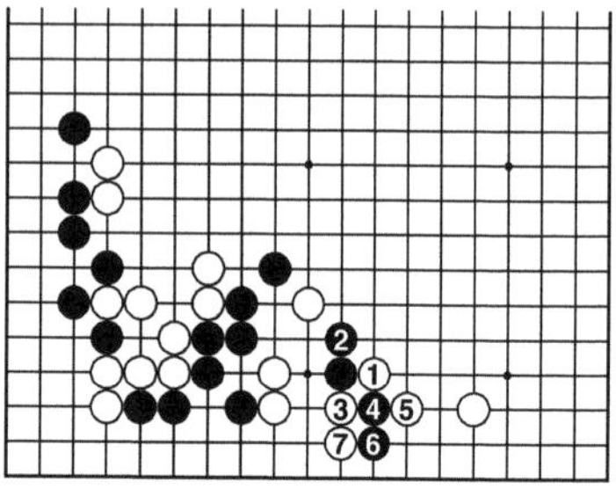

Dia. 6.5

Lösung 6 (Forts.): Im Dia. 6.4 kann Weiß zwar eine größere Ecke beanspruchen, aber seine Steine auf der unteren Seite sind nun deutlicher tot.

Insgesamt ist die Partie schwierig für Weiß. Schwarze sollte nur nicht gedankenlos wie in Dia. 6.5 mitspielen. Das wäre genau das, was Weiß gern hätte.

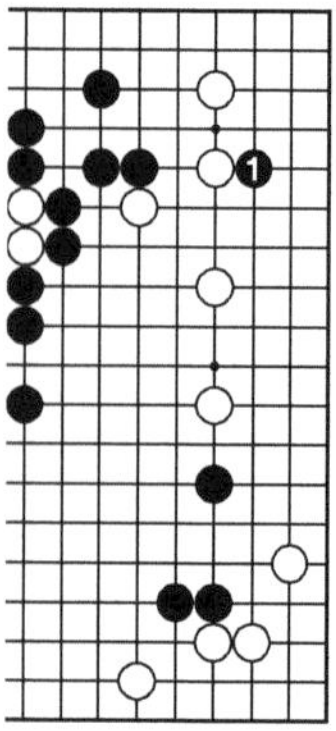

Dia. 7.1

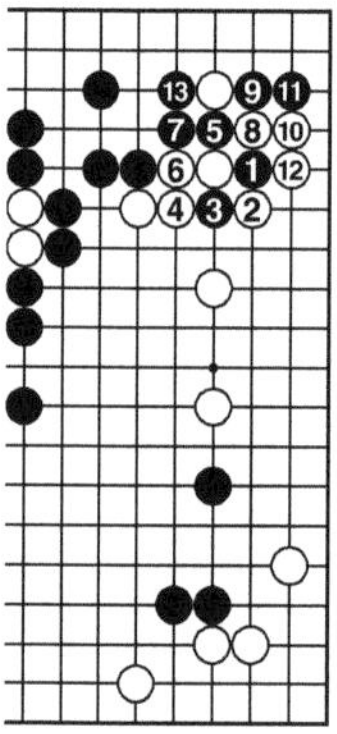

Dia. 7.2

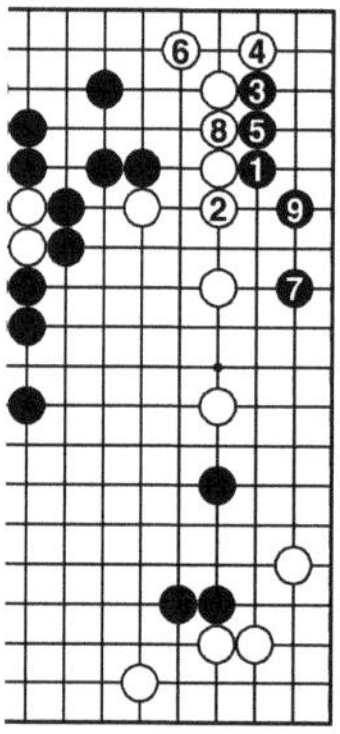

Dia. 7.3

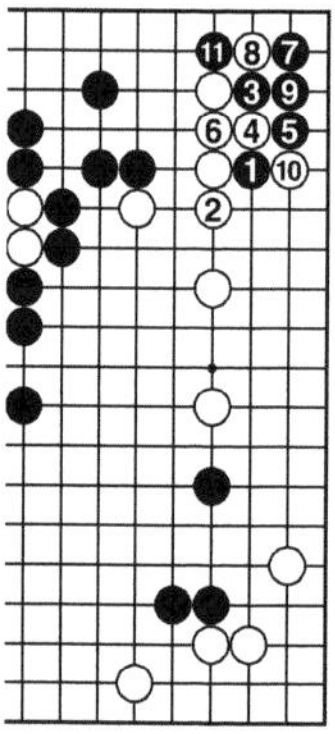

Dia. 7.4

Lösung 7: Schwarz legt auf der Innenseite des Eckeinschlusses an. Nach dem Hane 2 in Dia. 7.2 sägt Schwarz einen Stein ab und verwandelt das weiße Gebiet in schwarzes. Streckt Weiß stattdessen horizontal, so gibt das die Dia. 7.3 oder 7.4 und Schwarz hat durch das Anlegen auf dem 3-3-Punkt keine Probleme, genügend Augenraum zu schaffen.

Die schwarze Mauer kommt dann ins Spiel, wenn Weiß in Dia. 7.5 den Tigerrachen spielt. Nach Schwarz 13 sind die weißen Schnittsteine gefangen.

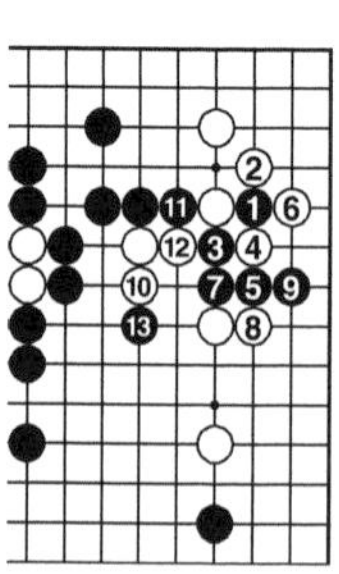

Dia. 7.5

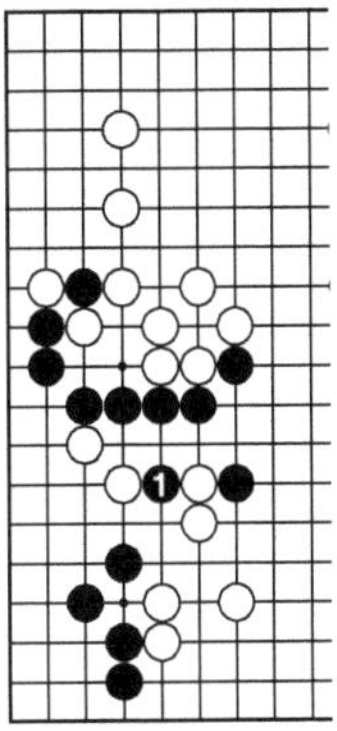

Dia. 8.1

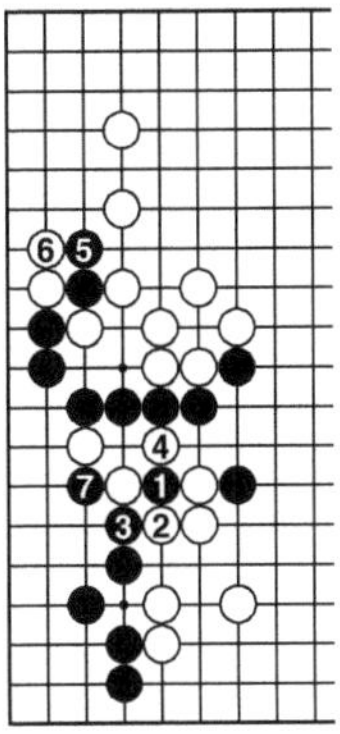

Dia. 8.2

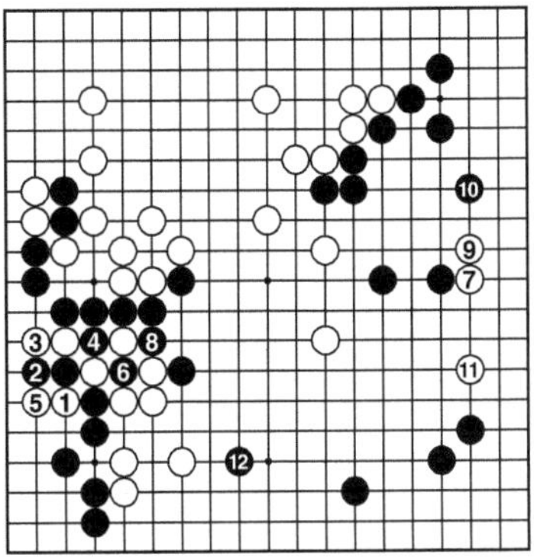

Dia. 8.3

Lösung 8: In Dia. 8.1 verwendet Schwarz die Schwäche in der gegnerischen Form zur eigenen Verteidigung. Mit der Kombination 1, 3 und 7 in Dia. 8.2 verbindet er grazil mit Ko. Weiß profitiert in Dia. 8.3 zwar von der fetten Ko-Drohung auf der rechten Seite, aber die weiße Gruppe, die zuvor noch am Attackieren war, gerät nun selbst in Gefahr.

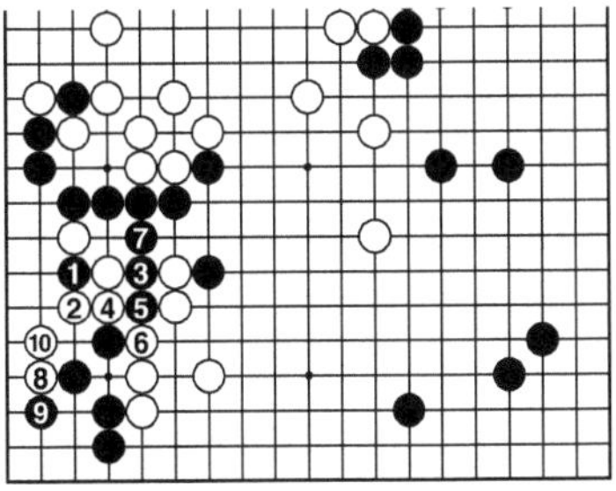

Dia. 8.4

Schwarz muss auf die Reihenfolge aufpassen. Mit schlechtem Timing verpufft der Versuch zu trennen wirkungslos.

Lösung 9: Schwarz piekst zuerst mit 1 ein paar Ninja-Steine in die weiße Form und dann gibt es nichts Besseres, als auf 3 anzulegen.

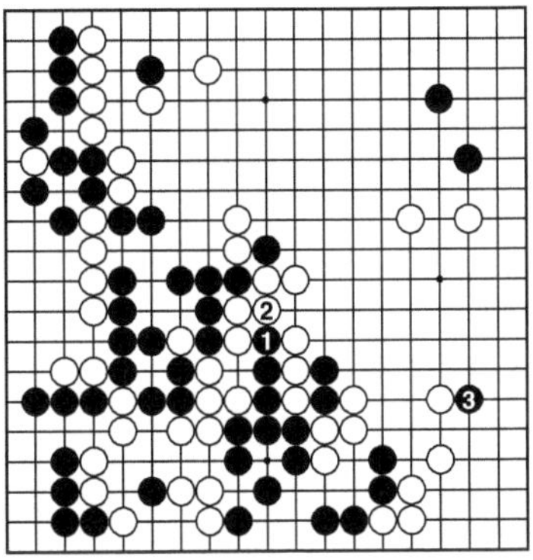

Dia. 9.1

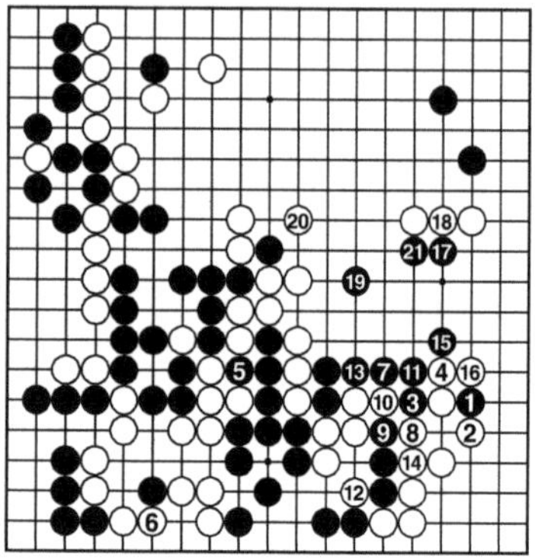

Dia. 9.2

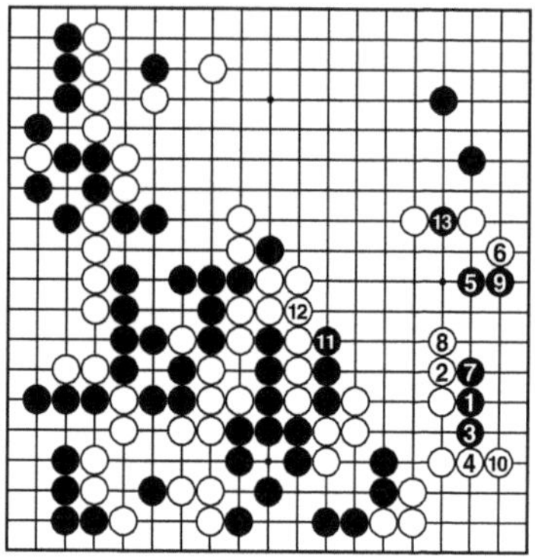

Dia. 9.3

Lösung 9 (Forts.): Wenn Weiß wie in Dia. 9.2 von innen antwortet, kann Schwarz mit 3 klemmen. Der Schnitt auf 5 ist Vorhand und dank des Kosumi 7 kann Schwarz in der Abfolge bis 21 ein geschicktes Shinogi betreiben.

Streckt Weiß wie in Dia. 9.3, dann wirft Schwarz ihm eine Tirade an Tesuji entgegen. Bis zur Geistertreppe 7 in Dia. 9.4 hat Schwarz erfolgreich die rechte Seite ausradiert.

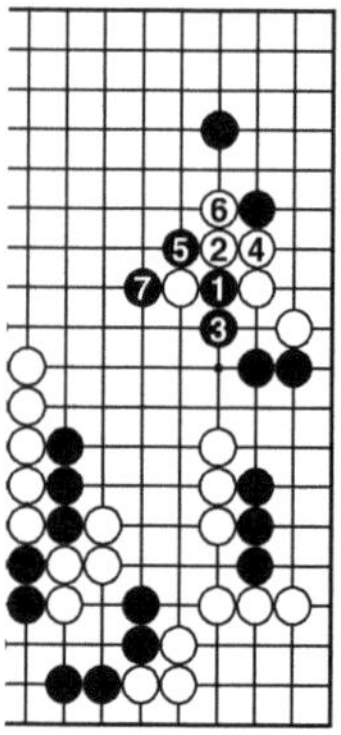

Dia. 9.4

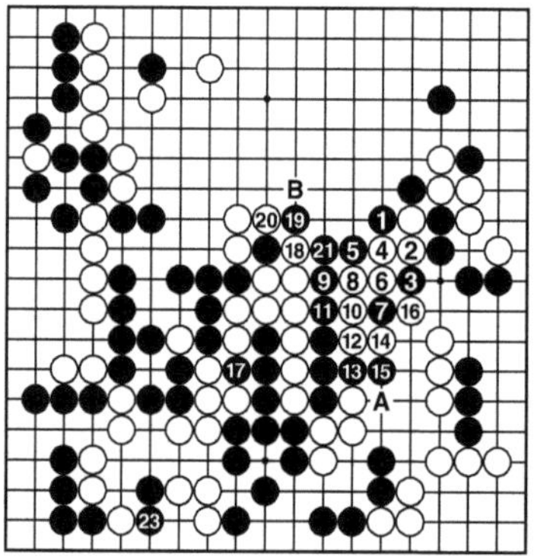

Dia. 9.5

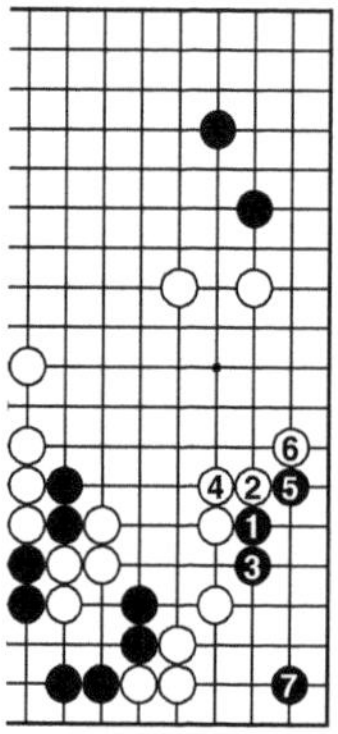

Dia. 9.6

Lösung 9 (Forts.): Wenn Weiß sich traut, den Stein herauszuziehen, dann wird er wie in Dia. 9.5 auf der unteren Seite gefangen (Weiß 22 deckt). Die schwarze Gruppe im Zentrum hat mit A und B noch zwei Fluchtwege.

Auf das Hane von außen in Dia. 9.6 reicht die Abfolge bis 7 aus, um genügend Augenraum zum Leben zu schaffen.

Kapitel 7

Invasives Miai

Miai ist ein Konzept, wonach man von zwei Zügen, die beide denselben Zweck erfüllen, einen abbekommt. Betrachtet die folgenden Probleme und findet den nächsten Zug, der eine Situation herbeiführt, die für Euch zwei zufriedenstellende Fortsetzungen einherbringt, welche der Gegner nicht beide zugleich verhindern kann.

Manchmal ist dies besser, als den lokal stärksten Zug zu spielen. Zufälligerweise geht es hier bei allen Problemen darum, sich in gegnerische Stellungen hineinzubauen.

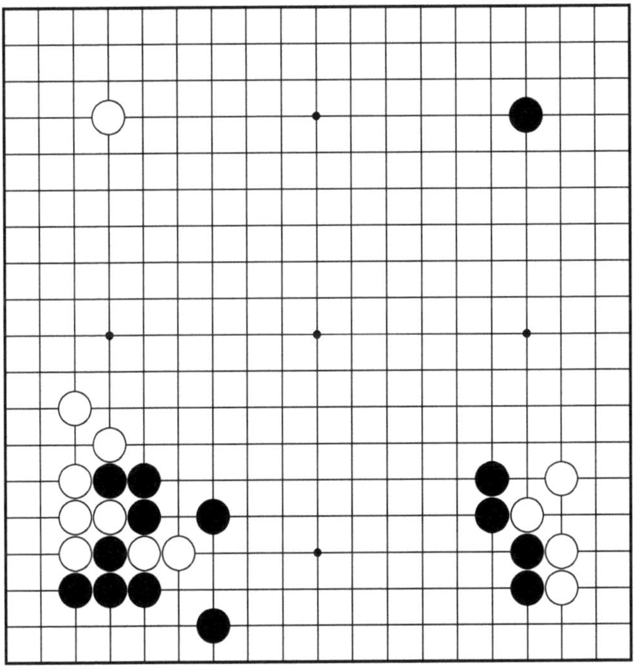

Weiß am Zug soll etwas gegen die schwarze Schlucht im Süden unternehmen!

2

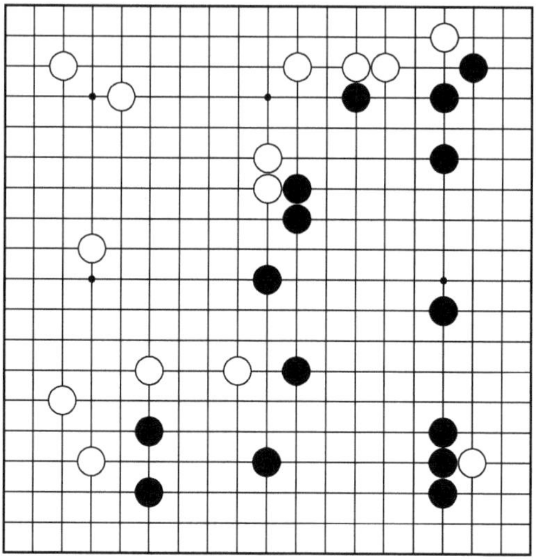

Das schwarze Moyo ist zu groß. Weiß muss jetzt rein!

3

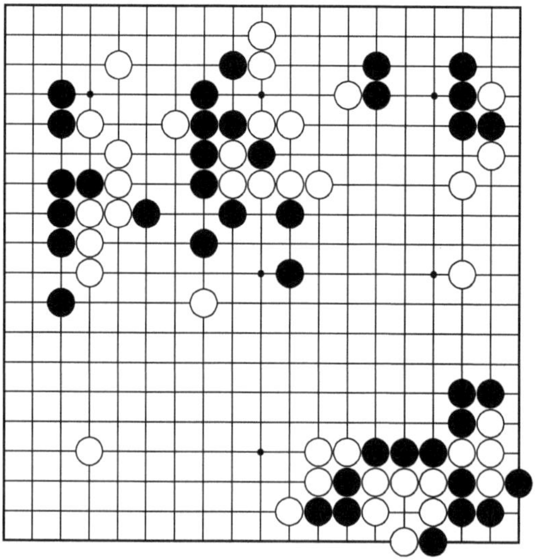

Jetzt ist Schwarz mal dran, sich reinzubauen.

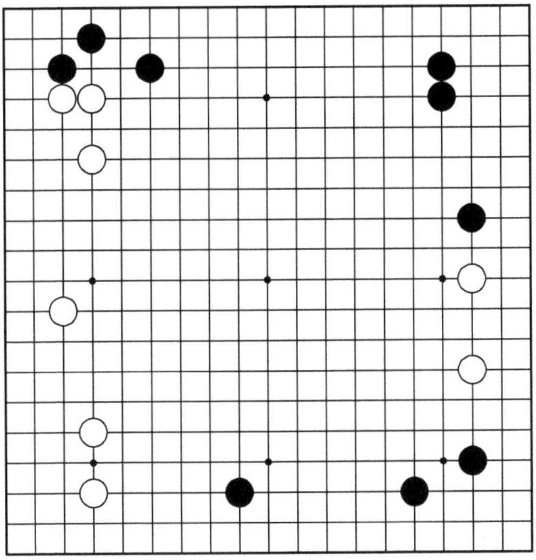

4

Weiß soll im Norden coole Sachen machen, bevor Schwarz dort noch einen Zug spielt.

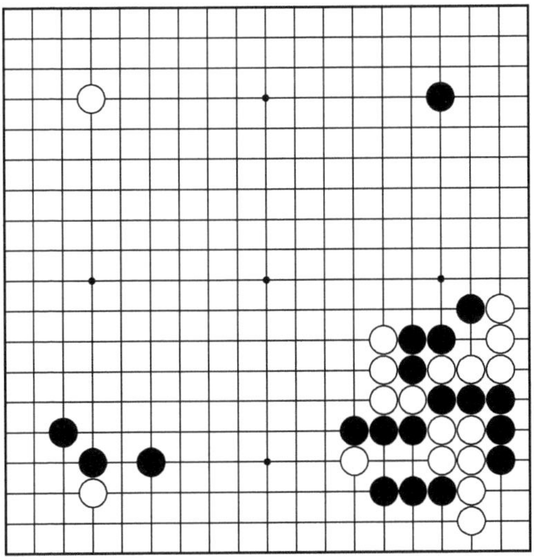

5

Wenn Weiß unten nichts unternimmt, dann macht Schwarz den Rand zu.

6

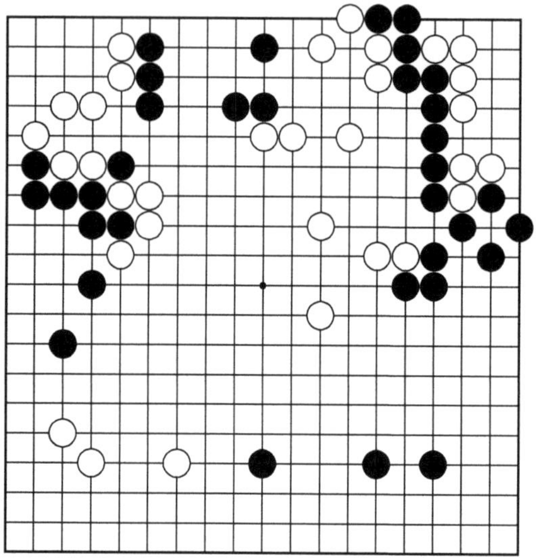

Die schwarze Formation hat noch Löcher. Wie soll Weiß diese ausnutzen?

7

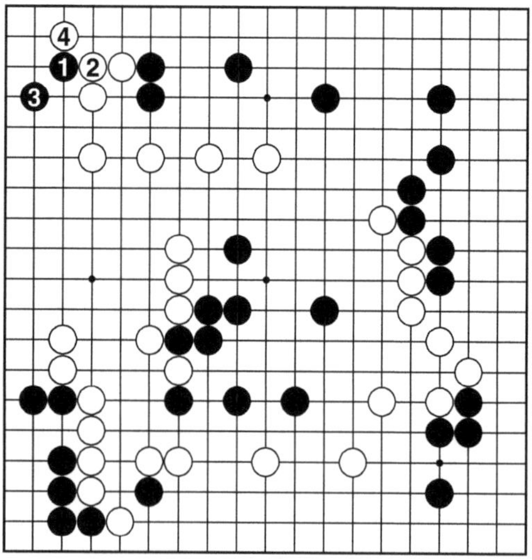

Wie setzt Schwarz seine Invasionssequenz fort?

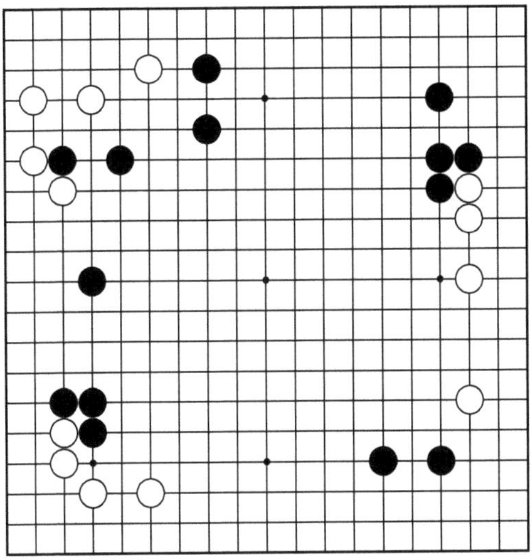

8

Die Zeit ist reif, sich oben reinzubauen. Mit welchem Zug?

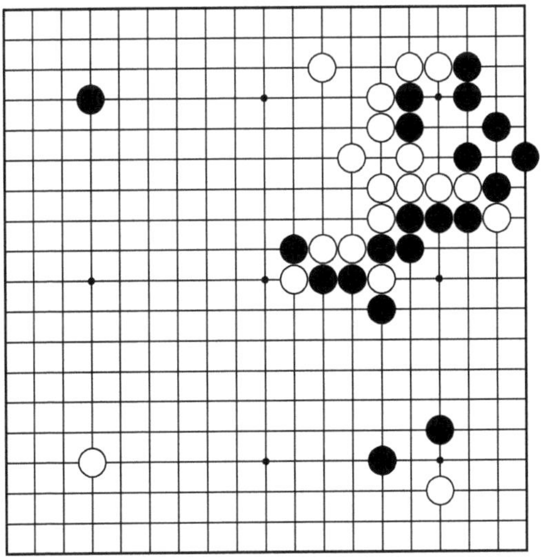

9

Weiß am Zug. Matt in 3 Zügen.

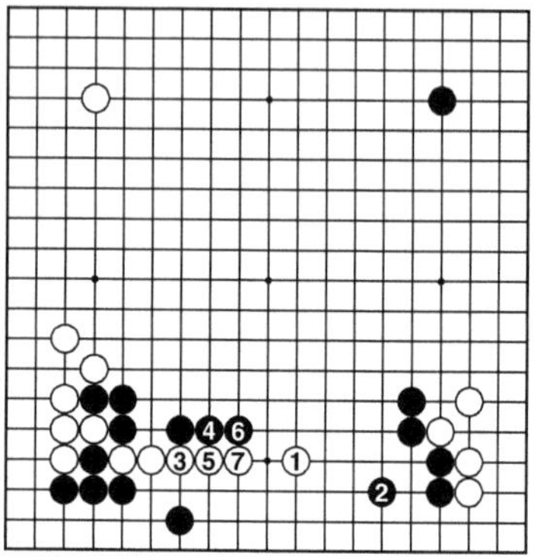

Dia. 1.1

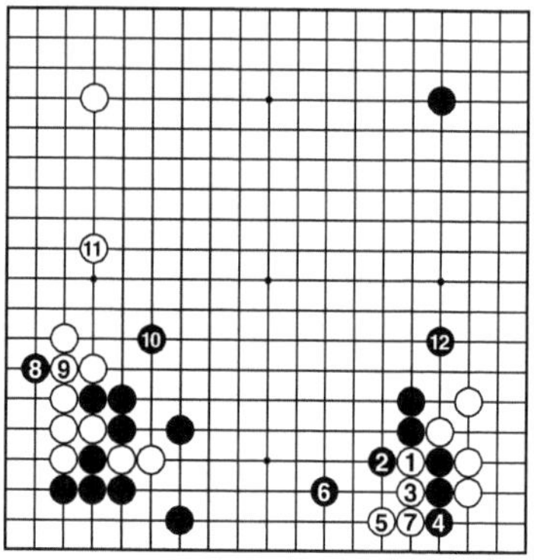

Dia. 1.2

Lösung 1: Weiß 1 in Dia. 1.1 wird empfohlen. Wenn Schwarz auf 2 deckt, kann Weiß zwei Steine herausziehen. Wenn nicht, dann wird Weiß selbst auf 2 spielen. Er hat jedenfalls keine Probleme damit, am Rand eine gemütliche Basis zu bauen. Im Dia. 1.2 zu schneiden ist zwar lokal der kräftigste Zug, aber Schwarz kann bis 12 ein Mega-Moyo bauen, das viel mehr wert ist als die gefangenen Steine.

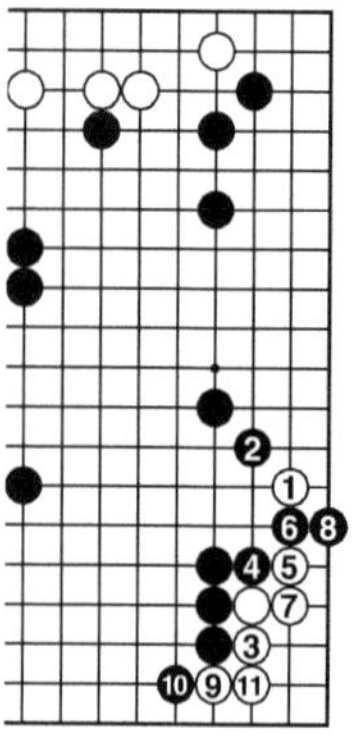

Dia. 2.1

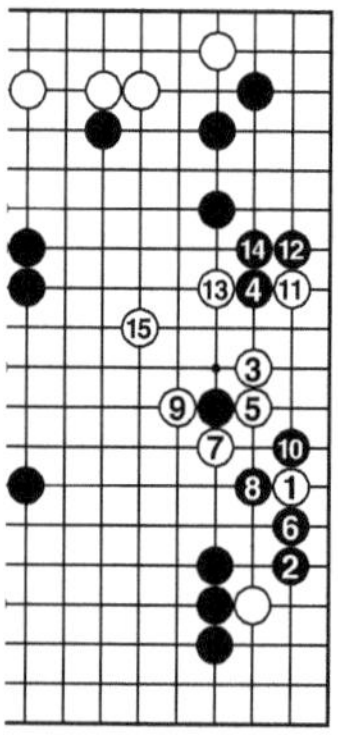

Dia. 2.2

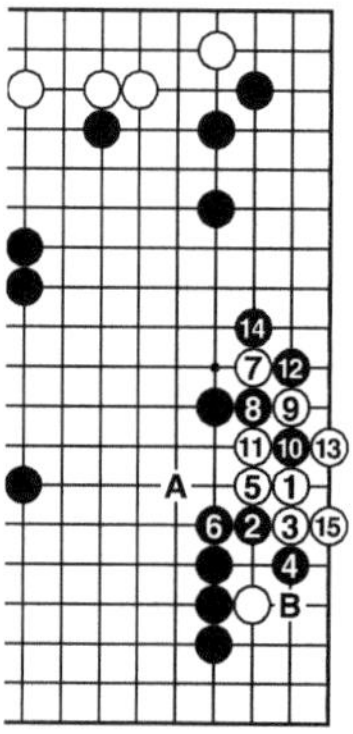

Dia. 2.3

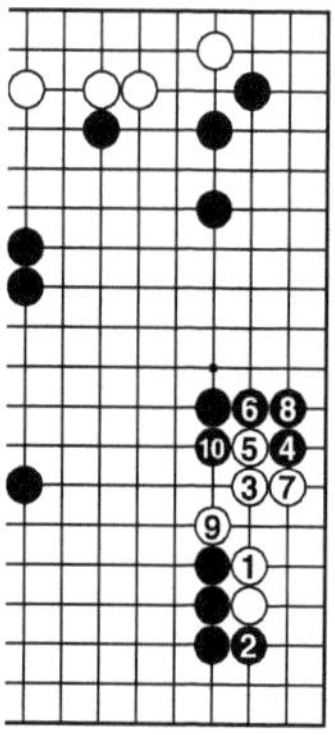

Dia. 2.4

Lösung 2: Weiß 1 ist stark. Wenn Schwarz seinen Rand schützt, dann lebt Weiß in der Ecke, während Schwarz außen noch Schwächen hat.

Andererseits kann Weiß in Dia. 2.2 und 2.3 auch tief zur Seite springen, wenn Schwarz in der Ecke antwortet. Wie auch immer Schwarz spielt, Weiß lebt problemlos in dessen Einflusssphäre und macht damit viel Gebiet kaputt.

Rettet Weiß in Dia. 2.4 direkt den einen Stein, so wird aus dem schwarzen Moyo ein Friedhof für zu plumpe Invasionstaktiken.

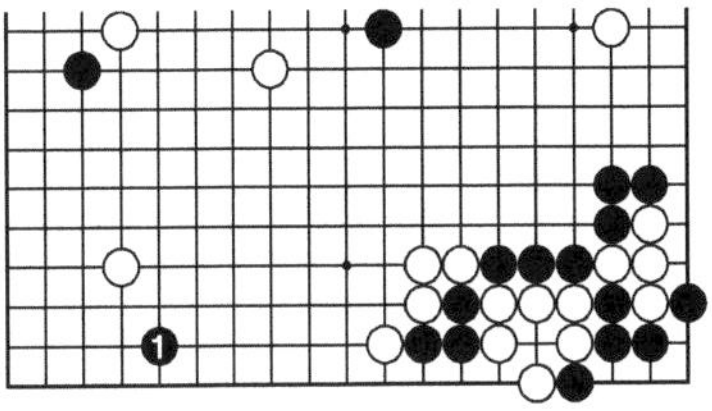

Dia. 3.1

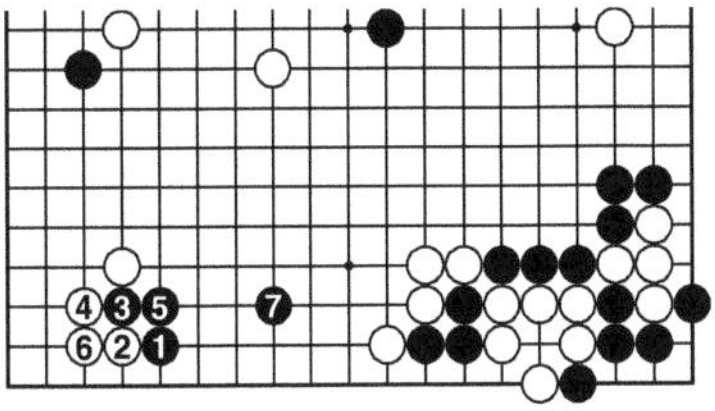

Dia. 3.2

Lösung 3: Unten ist am meisten Platz, also möchte Schwarz auch dorthin. Die Sequenz in Dia. 3.2 ist zu erwarten. Schwarz hat eine solide Basis geschaffen. Weiß kann mit 4 auch nur von innen Atari geben, denn sonst wird er (ohne Hilfsstein auf der anderen Seite des Hoshi) wie in Dia. 3.3 zerfallen.

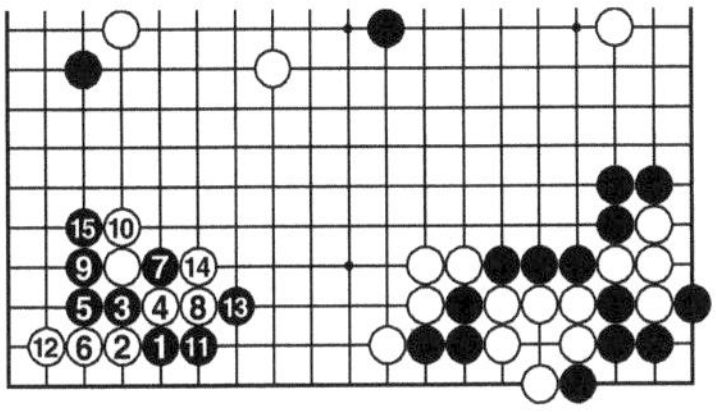

Dia. 3.3

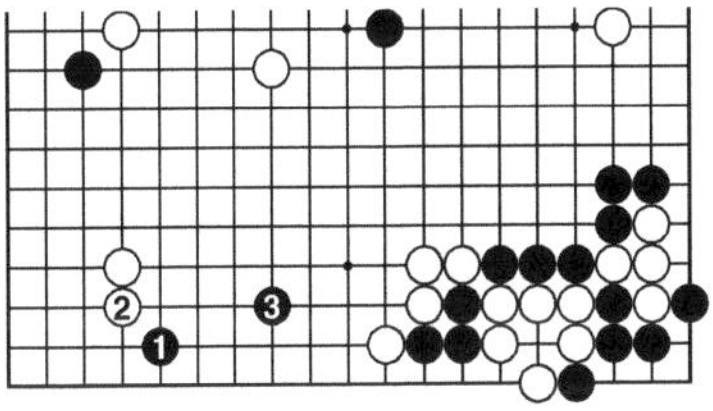

Dia. 3.4

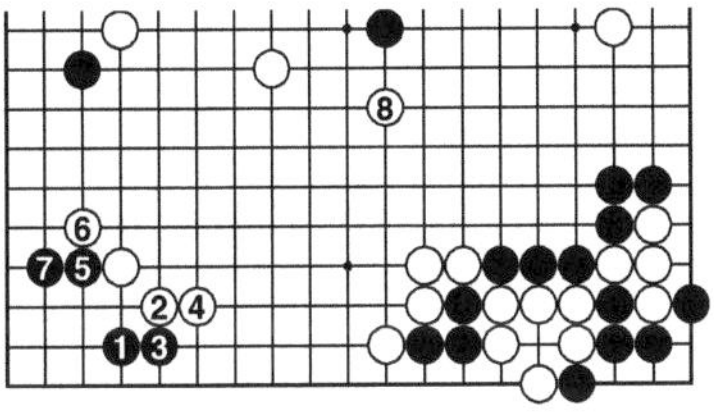

Dia. 3.5

Lösung 3 (Forts.): Wenn Weiß in Dia. 3.4 den härtesten Zug wählt, dann wird Schwarz sich trotzdem auf der interessanteren Seite ausbreiten.

Sollte Schwarz wie in Dia. 3.5 nur eine Linie weiter links beginnen, dann behält Weiß sich doch die untere Seite. Schwarz versagt hier ebenso wie in Dia. 3.6 und 3.7. In Dia. 3.6 ist die Invasionsgruppe zu fragil. Dia. 3.7 ist die schlechteste Variante. Schwarz bekommt nichts vom unteren Rand ab und Weiß hat dazu noch die Ecke.

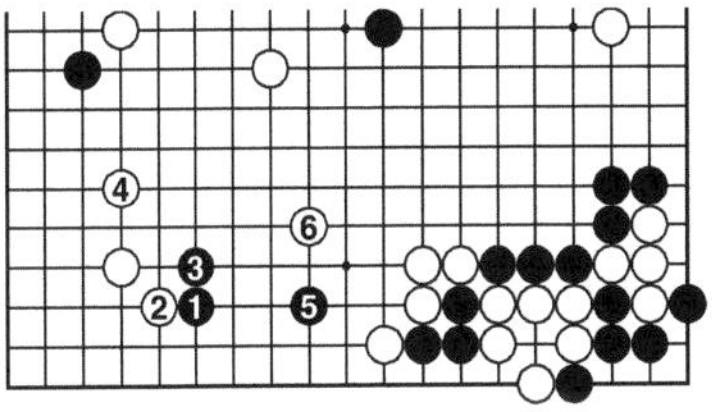

Dia. 3.6

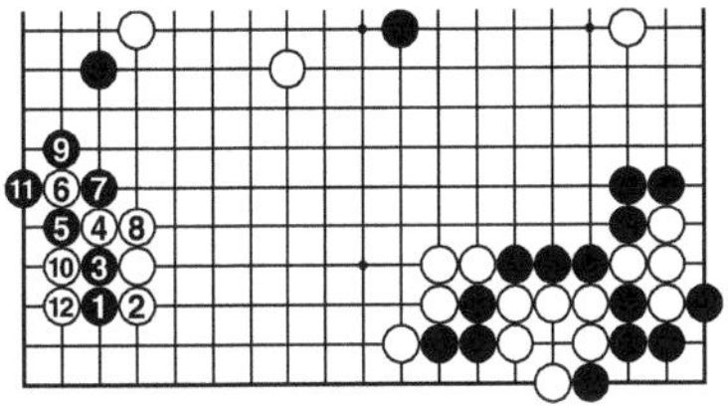

Dia. 3.7

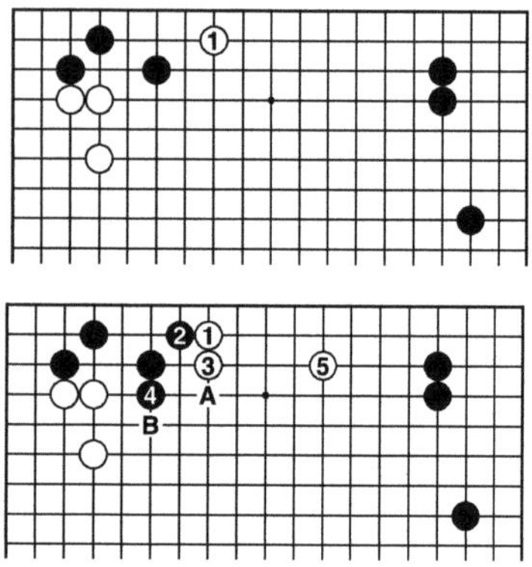

Dia. 4.1 & Dia. 4.2

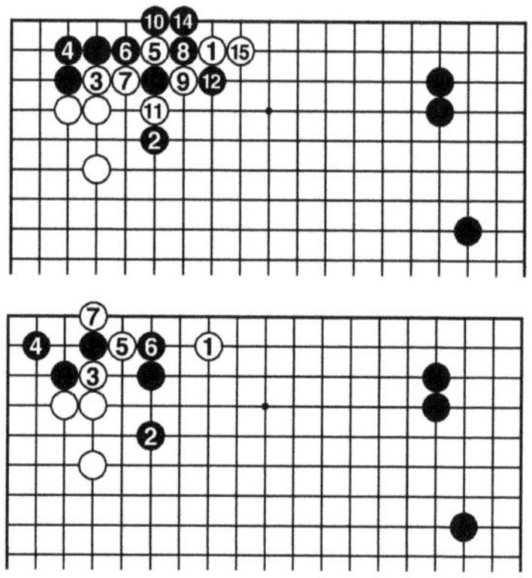

Dia. 4.3 & Dia. 4.4

Lösung 4: Auch auf einem derart leeren Brett kann man schon cool sein. Dia. 4.1 präsentiert eine niedliche, aber gemeine Invasion. Schwarz muss in Dia. 4.2 seine Schwäche decken. Weiß kann jetzt mit 3 drohen, Schwarz einzusperren, um sich dann auf 5 auszubreiten. Oder Weiß springt hier auf A und Schwarz antwortet auf B.

Falls Schwarz nicht deckt geschehen in Dia. 4.3 böse Dinge mit seiner Ecke (13 auf 5). Auch der Tigerrachen in Dia. 4.4 verhindert nicht des Schwarzen Verdammnis – Weiß kann die Ecke ohne Weiteres amputieren.

Weiß 1 in Dia. 4.5 würde den meisten wohl am ehesten einfallen. Aber Schwarz kann mit 2 in Vorhand verhindern, dass er sauber eingeschlossen wird, um die Ausbreitung auf 4 zu ergattern.

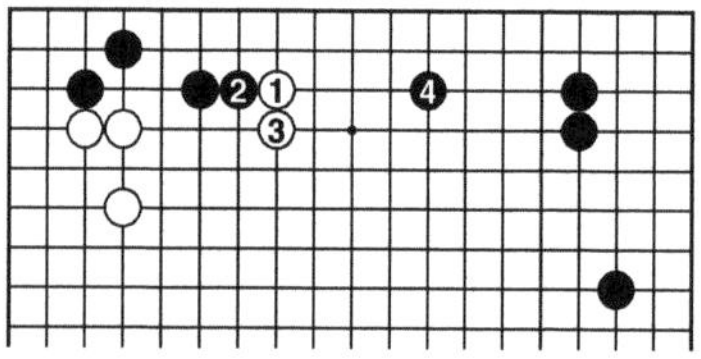

Dia. 4.5

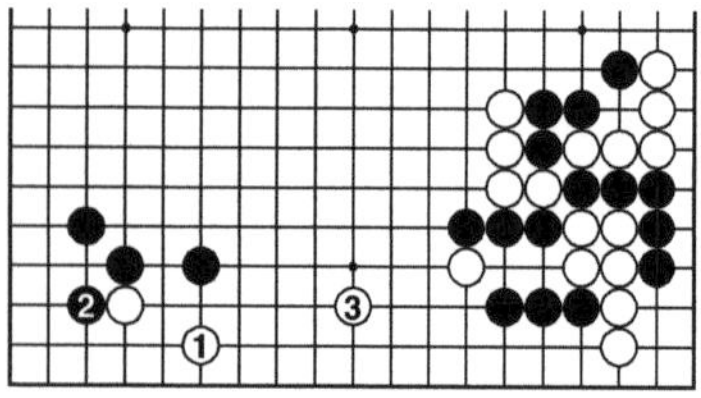

Dia. 5.1

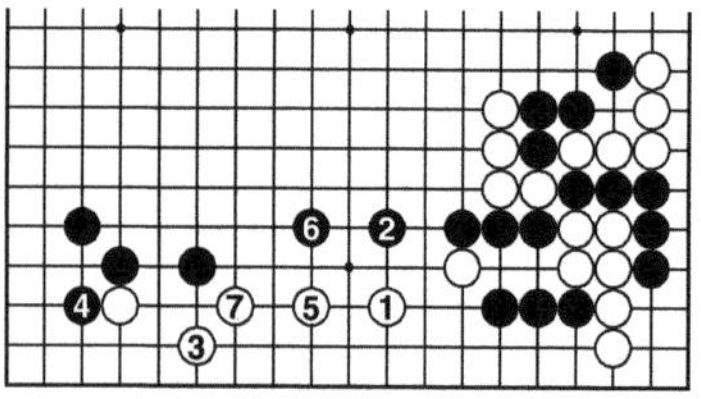

Dia. 5.2

Lösung 5: Weiß soll wieder auf die zweite Linie hineintauchen. Weiß 1 ist hier der Schlüsselzug, der vom lokalen Joseki abweicht.

Das Dia. 5.2 zeigt eine alternative Reihenfolge. So lang Weiß auf 3 spielt, kann er sich problemlos eine Basis bauen.

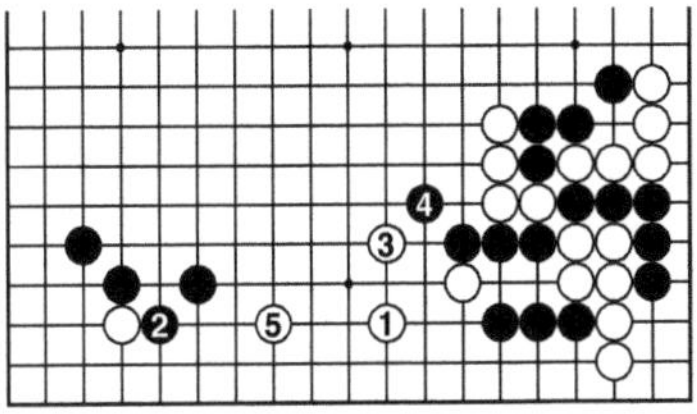

Dia. 5.3

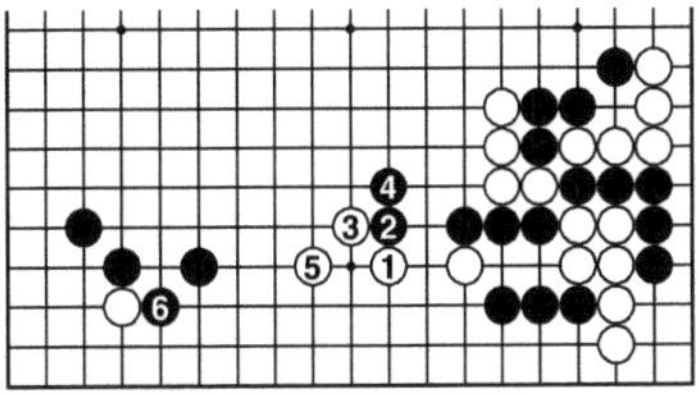

Dia. 5.4

Lösung 5 (Forts.): Deckt Schwarz mit 2 in Dia. 5.3 die Ecke, dann bekommt Weiß wieder eine gute Basis.

Der hohe Zug 1 in Dia. 5.4 wird dagegen nicht empfohlen. Nach 6 entbehrt Weiß die besagte Fortsetzung. Es ist hier auch suboptimal, dem Joseki in Dia. 5.5 zu folgen und in der Ecke zu leben. Schwarz konstruiert am Rand eine ideale Formation.

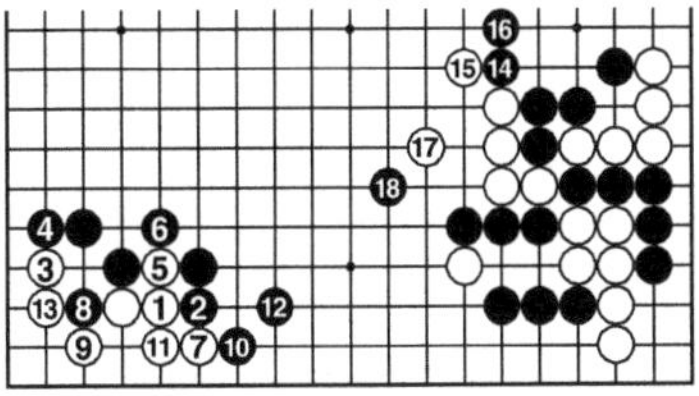

Dia. 5.6

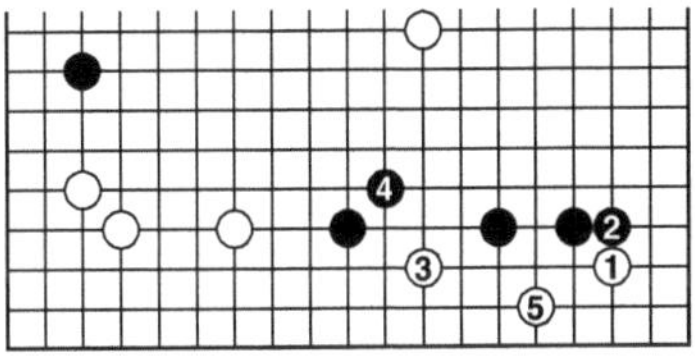

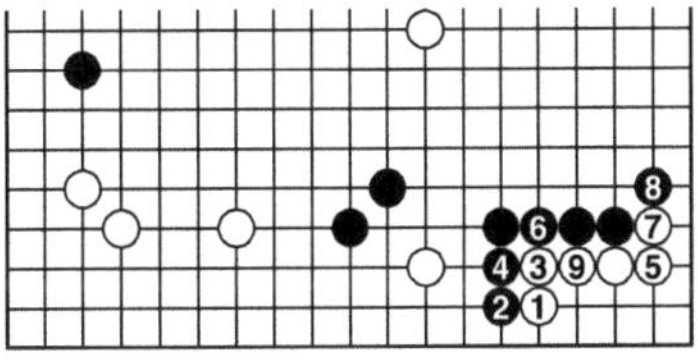

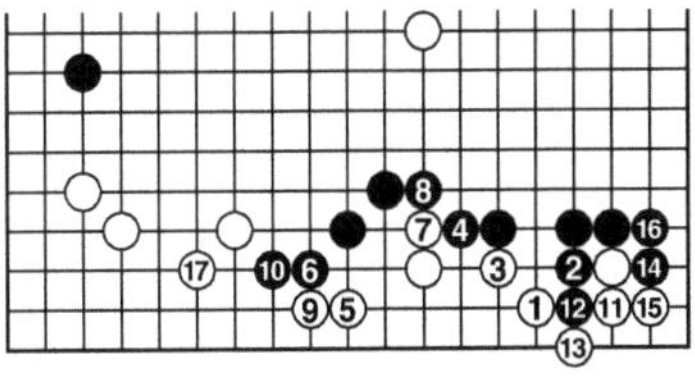

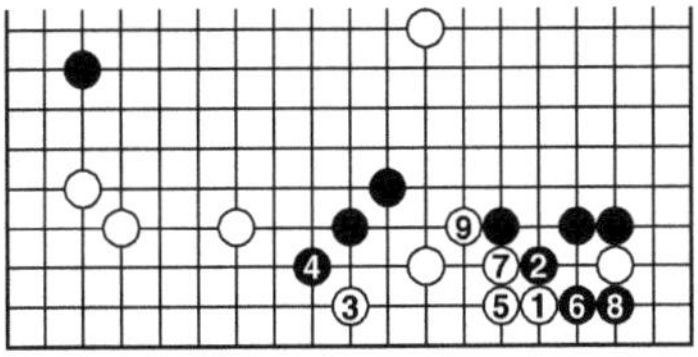

Dia. 6.1 & *Dia. 6.2*

Dia. 6.3 & *Dia. 6.4*

Lösung 6: Nach den Abtäuschen 1 und 3 in Dia. 6.1 hat Weiß mit 5 einen genialen U-Boot-Zug. Man könnte meinen, Züge auf der zweiten Linie werden in dieser Folge überrepräsentiert. Das war unbeabsichtigt, doch faszinieren solche Züge immer wieder.

In Dia. 6.2 blockt Schwarz die Ecke halb ab und Weiß bekommt am Ende irgendwie alles, was zu haben ist. Sollte er stattdessen in Dia. 6.3 Weiß hineinlassen, dann hat Weiß eine Ecke, die in solch einer Ausgangsstellung größer als mit jedem Joseki Normalsterblicher ist. Schwarz 2 in Dia. 6.4 geht auch nicht so aus, wie Schwarz es gern hätte. Weiß erhält mit 7 und 9 eine ideale Form.

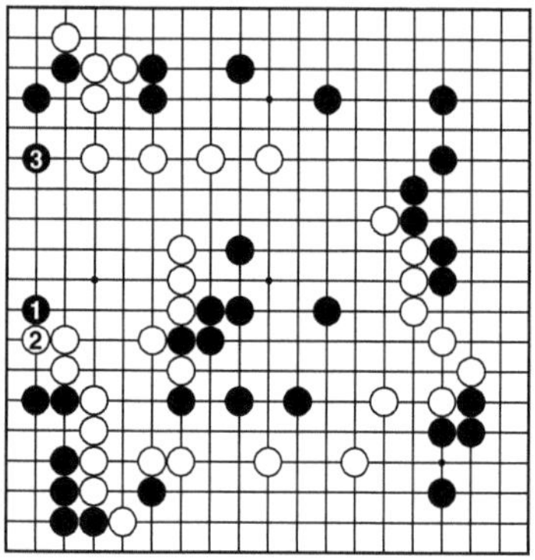

Dia. 7.1

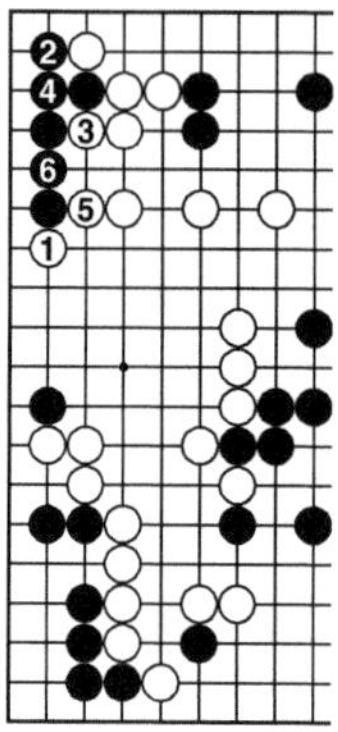

Dia. 7.2

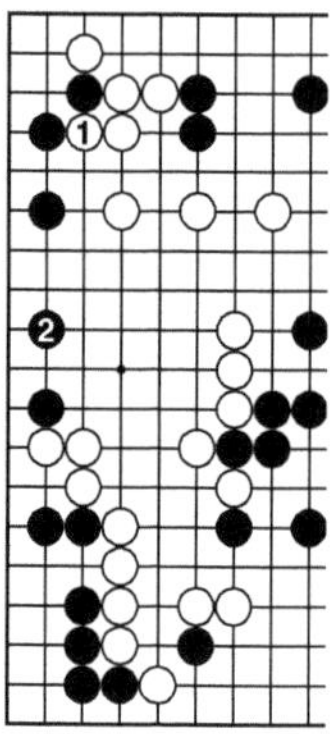

Dia. 7.3

Lösung 7: Schwarz tauscht zuerst 1 für 2 aus, um dann auf 3 tiefer hineinzuspringen. Blockt Weiß nun mit 1 in Dia. 7.2 die Seite, dann lebt Schwarz noch größer und gemütlicher als mit der normalen Sequenz.

Der erste Abtausch hat die Fortsetzung in Dia. 7.3 verhindert, denn für Weiß ist es nicht attraktiv, dass Schwarz mitten in seiner Einflusssphäre eine lebendige Form auf der zweiten Linie baut.

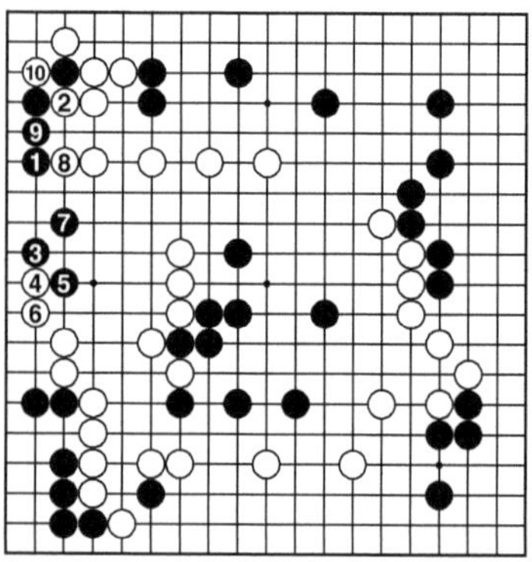

Dia. 7.4

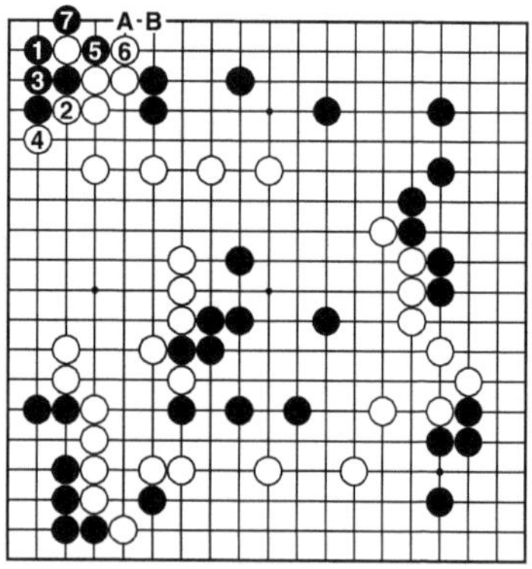

Dia. 7.5

Lösung 7 (Forts.): Hätte Schwarz den Abtausch ausgelassen, dann könnte Weiß ihn in diesem Fall wie in Dia. 7.4 in sein Gebiet hineinjagen und Schwarz hätte nicht genügend Platz für zwei Augen.

Dia. 7.5 zeigt die übliche Joseki-Sequenz, doch hier bekommt Weiß nicht nur den Stein auf 6, sondern auch A (und unter gewissen Umständen auch B) in Vorhand, was der schwarzen Formation am oberen Rand schadet.

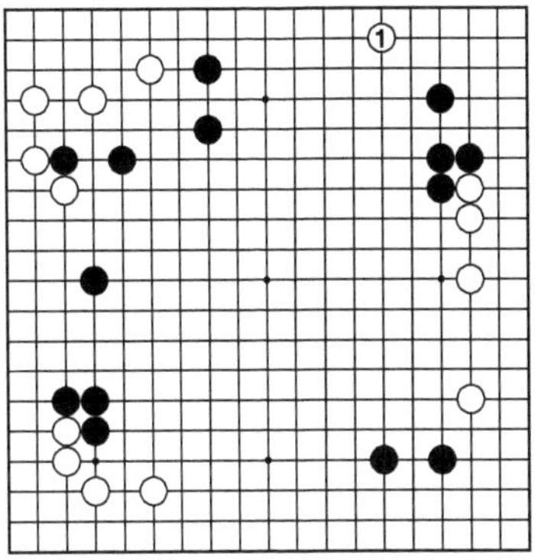

Dia. 8.1

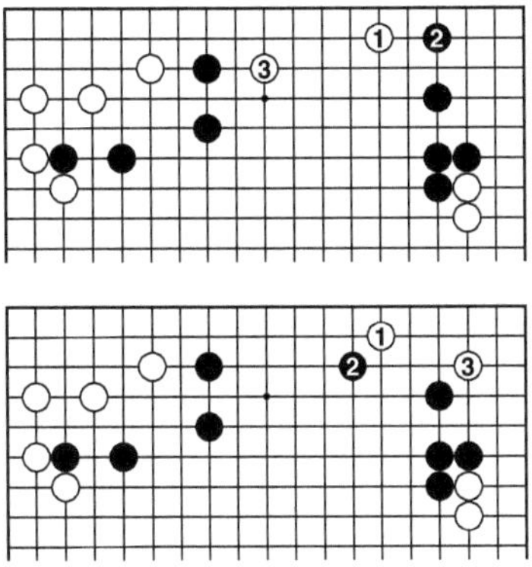

Dia. 8.2 & *Dia. 8.3*

Lösung 8: Hier ist wieder ein Zug auf der zweiten Linie angesagt, aber nicht irgendeiner!

Mit dem schiefen U-Boot kann Weiß sich entweder in Dia. 8.2 auf der Seite breitmachen oder wie in Dia. 8.3 in die Ecke platschen. Letzteres ist in der Partie geschehen.

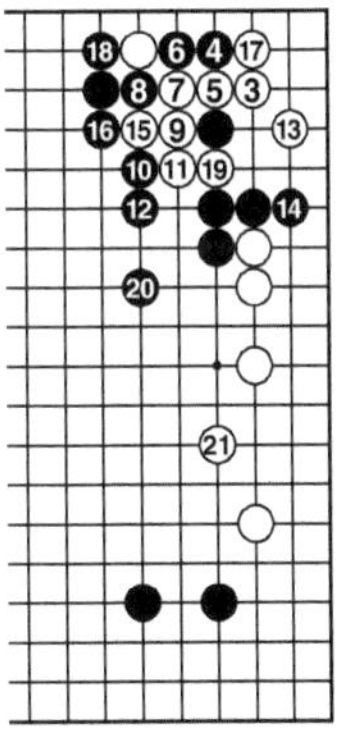

Dia. 8.4

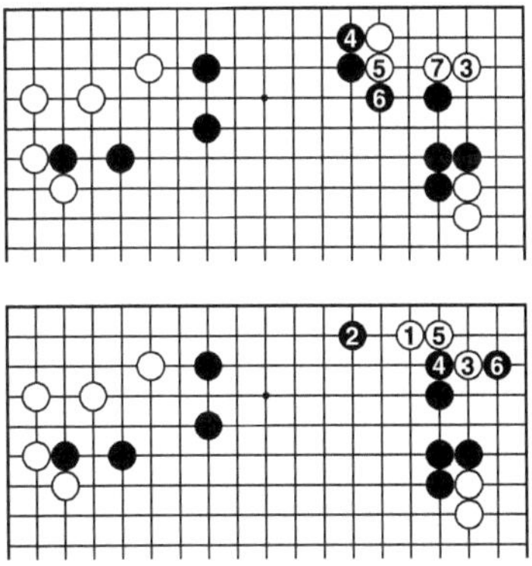

Dia. 8.5 & *Dia. 8.6*

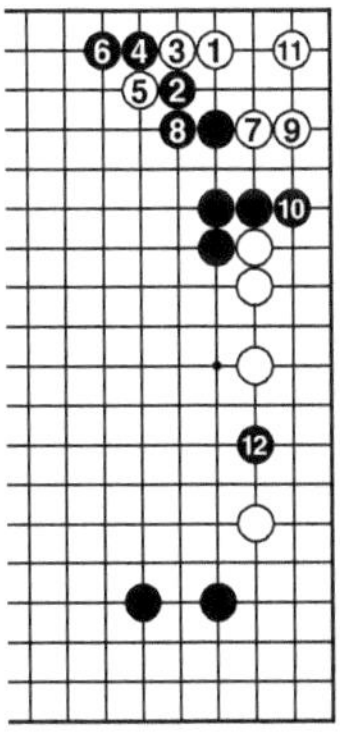

Dia. 8.7

Lösung 8 (Forts.): Daraufhin folgte die Sequenz in Dia. 8.4. Am Ende lebt Weiß in Vorhand und kann auf 21 zurückkommen.

Schwarz wollte unbedingt Dia. 8.5 vermeiden, denn es stand Weiß nicht zu, so einfach und so groß zu leben.

Mit den sonst üblichen U-Booten-Angriffen wäre Weiß weniger erfolgreich. In Dia. 8.6 ist unklar, ob Weiß überhaupt leben kann. Weiß 1 in Dia. 8.7 erlaubt Schwarz, zu einem ähnliches Ergebnis zu kommen. Oder Schwarz nimmt hier einfach Vorhand für die bittere Invasion auf 12.

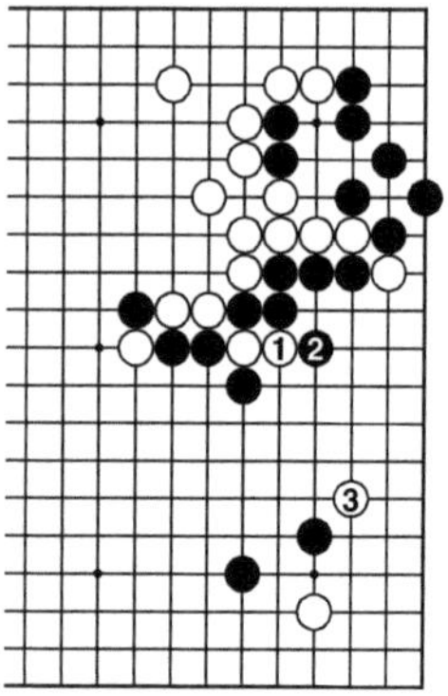

Dia. 9.1

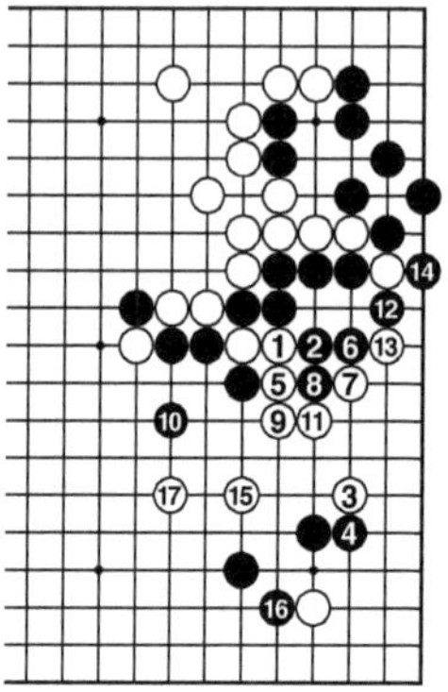

Dia. 9.2

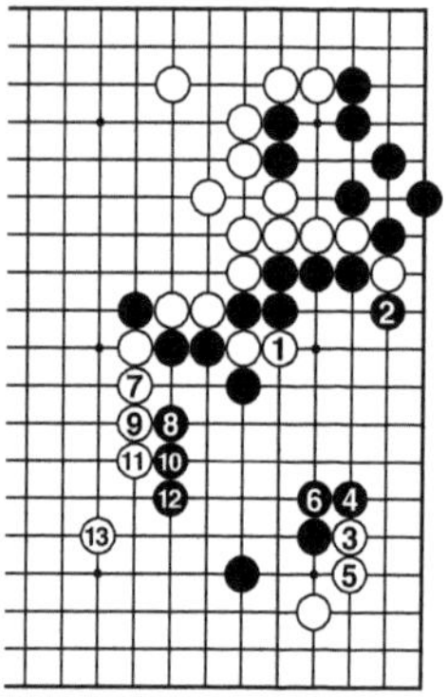

Dia. 9.3

Lösung 9: Weiß 1 sieht wie ein Anfängerzug aus, doch die wahre Intention dahinter ist, die schwarze Reaktion zu testen. Wenn Schwarz die Steine in einer Treppe fangen möchte, dann spielt Weiß mit 3 den nächsten Anfängerzug.

Natürlich kann Schwarz ihn nicht zu 4 in Dia. 9.2 kommen lassen. Es entsteht unweigerlich ein Nahkampf zwischen den weißen Steinen, die eben noch in einer Treppe gefangen waren, und den schwarzen im Zentrum, die inzwischen von der Hauptgruppe abgetrennt sind. Nebenbei zerstört Weiß noch das schwarze Gebiet am rechten Rand.

Wenn Schwarz in Dia. 9.3 keinen Treppenbrecher provozieren möchte, dann geht Weiß ganz unspektakulär mit 3 in der Ecke leben. Denn 1 hat bereits bewirkt, dass Weiß mit der Abfolge von 7 bis 13 Schwarz kleindrücken kann, um so Stärke über das ganze Brett zu entfalten.

Kapitel 8

Keima zerlegen

Wir haben alle wahrscheinlich schon unzählige Keima gespielt. Die Form wird in allen möglichen Situationen verwendet, sie ist schneller als ein Kosumi und hat oftmals mehr Elan als ein Tobi.

Dafür hat sie auch diverse Schwächen und in diesem Kapitel könnt ihr einige Keima kaputtmachen.

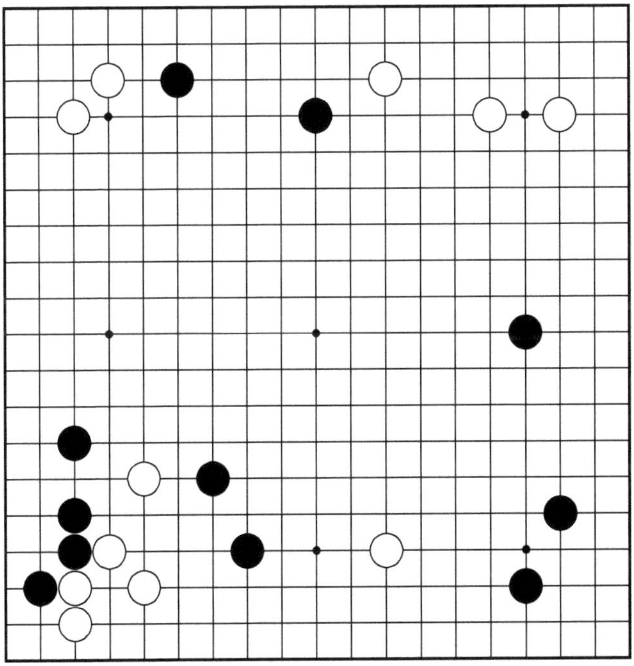

 Schwarz bestraft einen Joseki-Fehler.

2

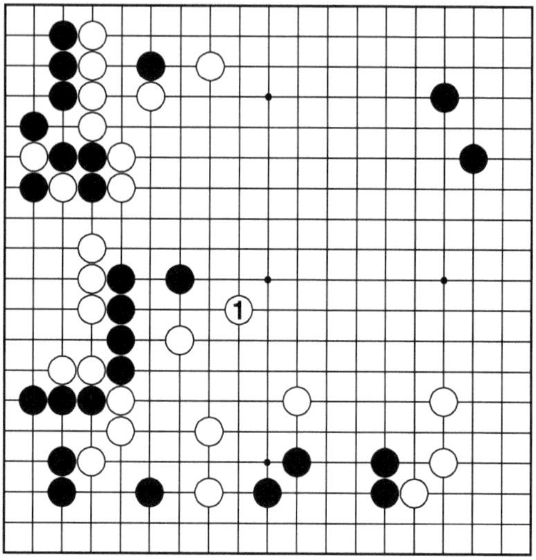

Weiß hat gerade auf 1 gespielt. Wie kann Schwarz den Angriff elegant abwehren?

3

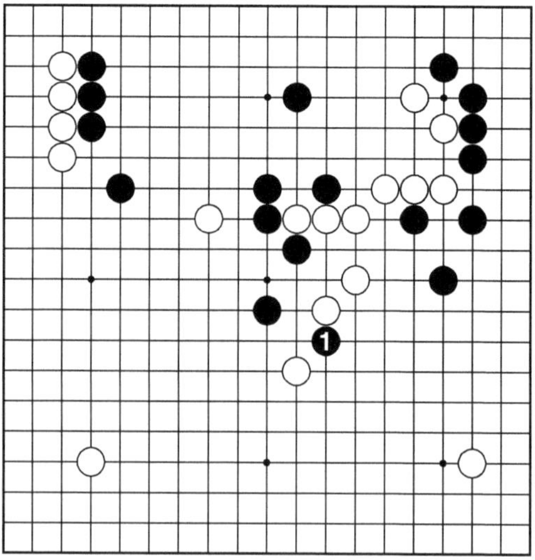

Was hat Schwarz mit dem Schnitt auf 1 vor und wie macht Weiß diesen Plan zunichte?

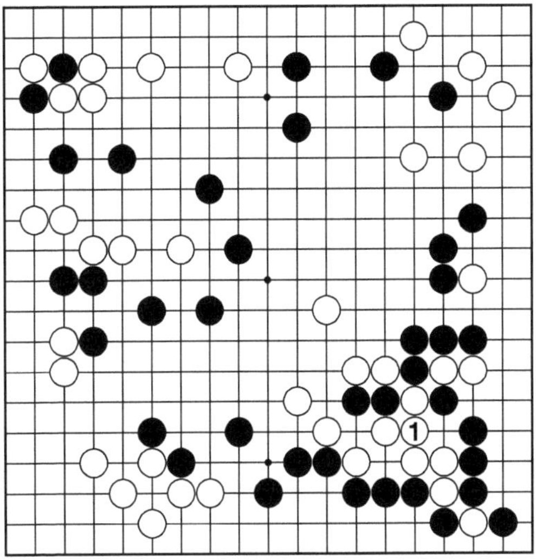

4

Wenn die weiße Gruppe fröhlich entkommt, hat Schwarz nicht genug Gebiet. Zerlegt sie!

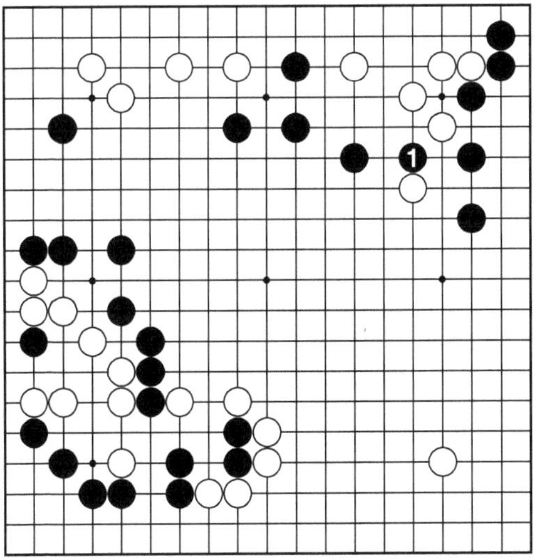

5

Weiß rettet die eingeschlossene Gruppe aus der Misere!

6

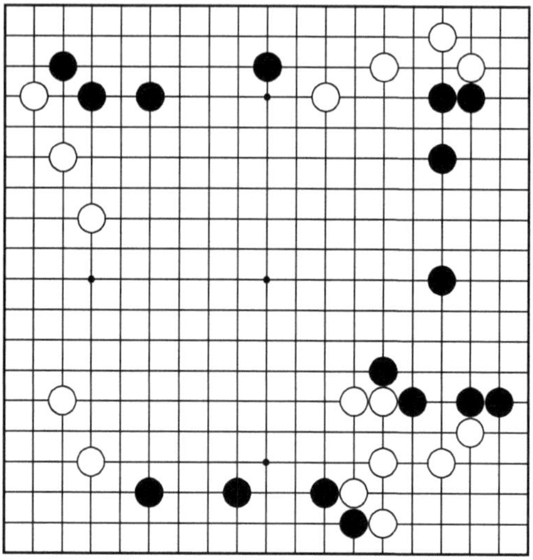

Die weiße Form oben rechts lässt eindeutig zu wünschen übrig. Aber wie nutzt Schwarz sie für seine Zwecke?

7

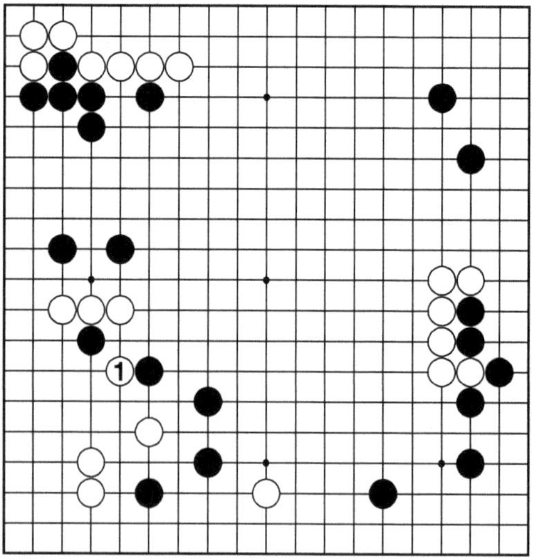

Weiß möchte die Seite verteidigen, indem er einen Stein verschlingt. Spielt Schwarz intelligent, dann wird die Seite nicht so groß, wie Weiß sich das vorstellt.

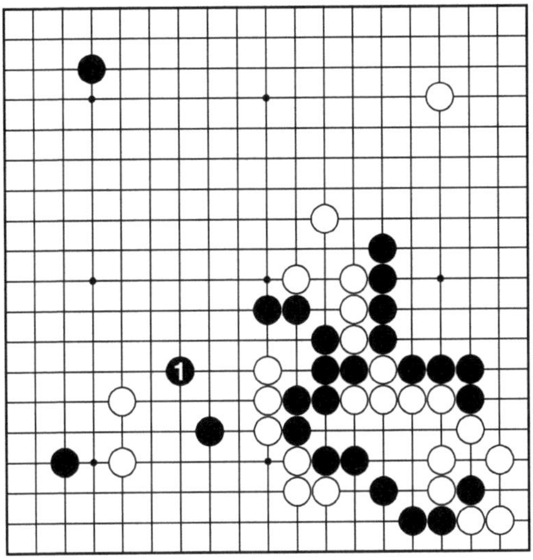

8

○

Schwarz zieht einen Stein heraus und droht den weißen Gruppen links und rechts. Weiß kann aber verhindern, dass ihm seine Steine zur Last werden.

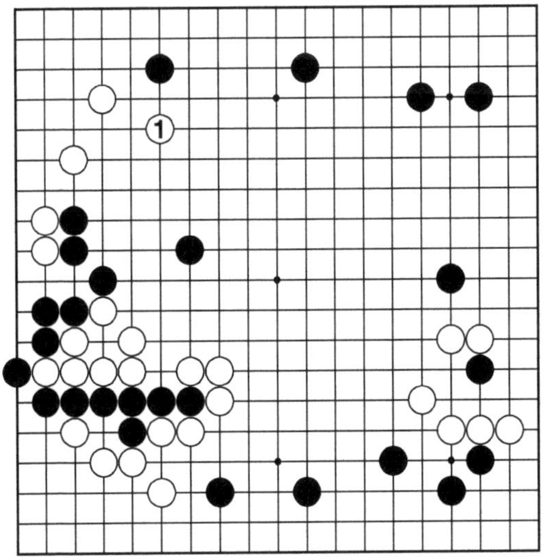

9

●

Weiß hat mehrere Keima und Schwarz macht damit etwas Cooles!

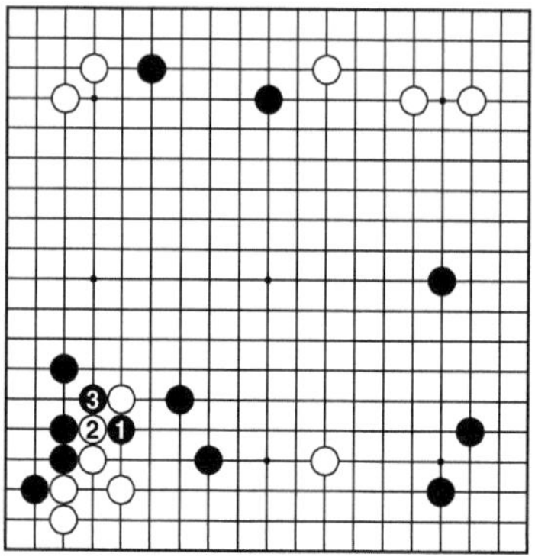

Dia. 1.1

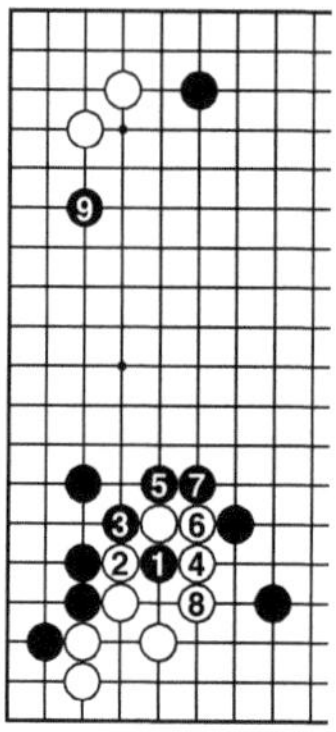

Dia. 1.2

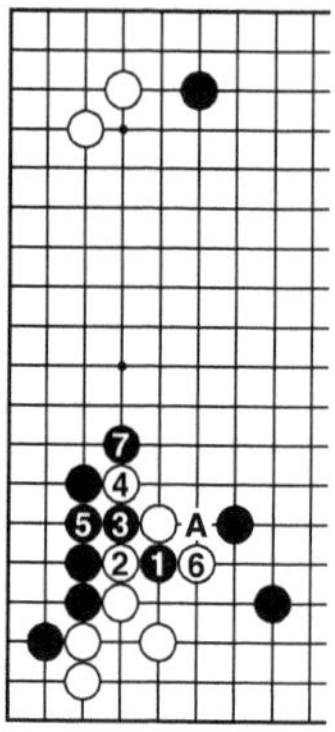

Dia. 1.3

Lösung 1: Weiß hätte die Sequenz in Dia. 1.1 im Vorhinein verhindern sollen. Nun hat er darauf keine gute Antwort mehr.

Wenn Weiß in Dia. 1.2 den Schnittstein gleich fängt, dann kann Schwarz die Gruppe in Vorhand umschließen und sich mit der Wand im Hintergrund bis auf 9 ausbreiten.

Schiebt Weiß das Atari 4 ein, dann spielt Schwarz am Ende auf 7 und droht noch an, auf A weiterzuquetschen.

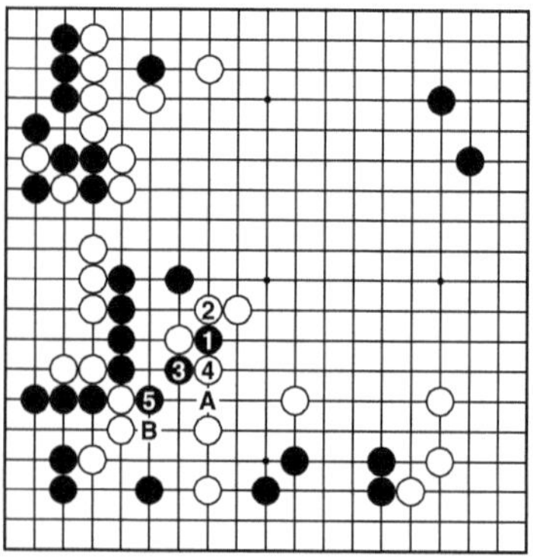

Dia. 2.1

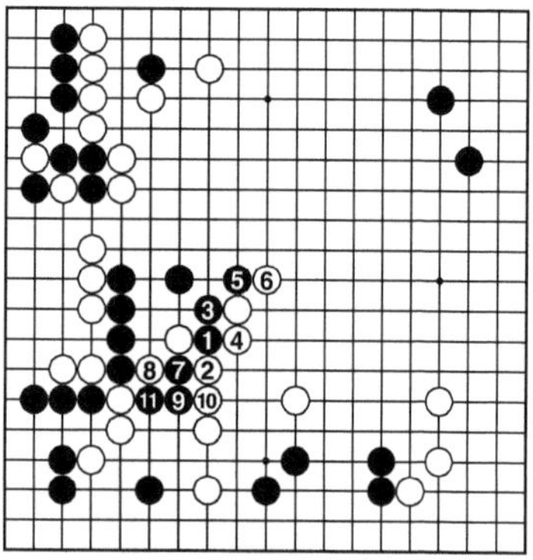

Dia. 2.2

Lösung 2: Nach der Kombination von Schwarz 1 und 3 hat Weiß zu viele Probleme, um Schwarz weiter anzugreifen. Wenn er mit 4 einen Stein fängt, dann macht Schwarz mit 5 Miai aus A und B.

In Dia. 2.2 versucht Weiß mit 2 auszuweichen, aber nach Schwarz 7 ist ein Stein gefangen und die weiße Attacke verpufft.

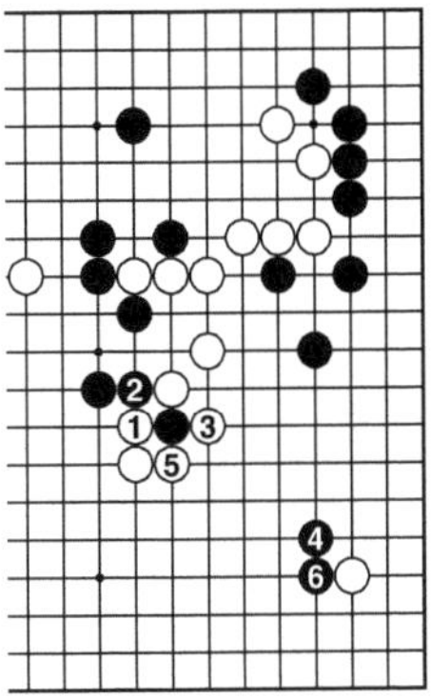

Dia. 3.1

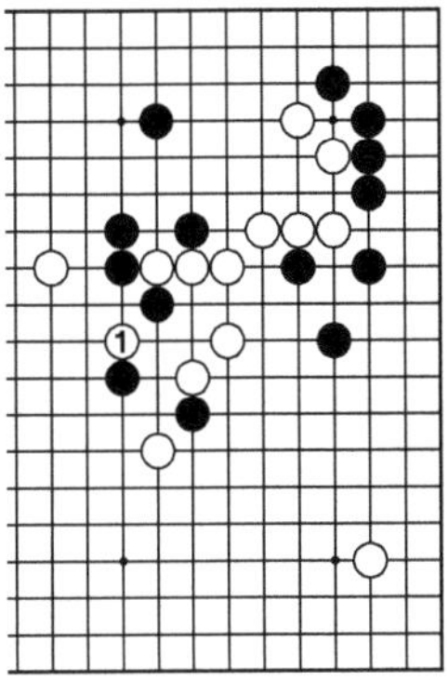

Dia. 3.2

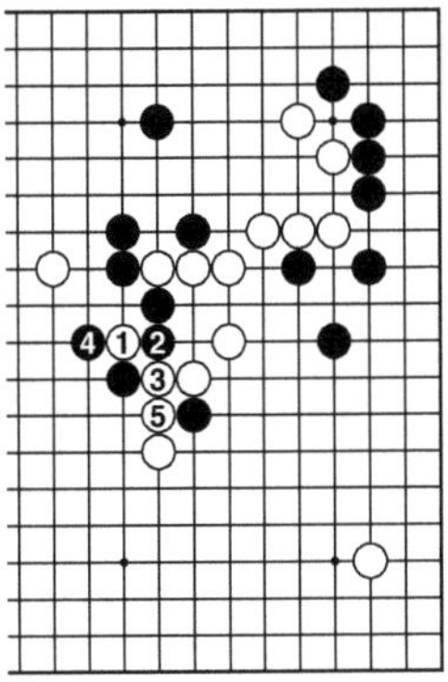

Dia. 3.3

Lösung 3: Wenn Weiß den schwarzen Stein in einer Treppe fangen möchte, dann tappt er geradewegs in gestellte Falle.

Besser ist es daher für Weiß, wie in Dia. 3.2 selbst zu schneiden. In der Abfolge bis 5 in Dia. 3.3 wird der schwarze Plan geschickt vereitelt.

Dia. 3.4 führt zu einem ähnlichen Ergebnis. Hier muss Schwarz sogar noch Angst vor einem weißen Zug auf A haben.

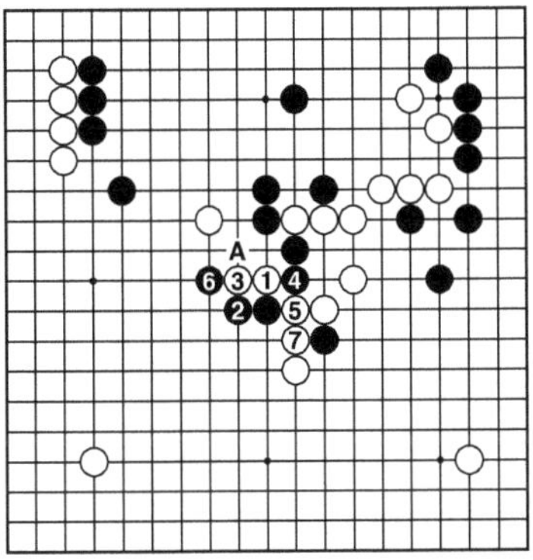

Dia. 3.4

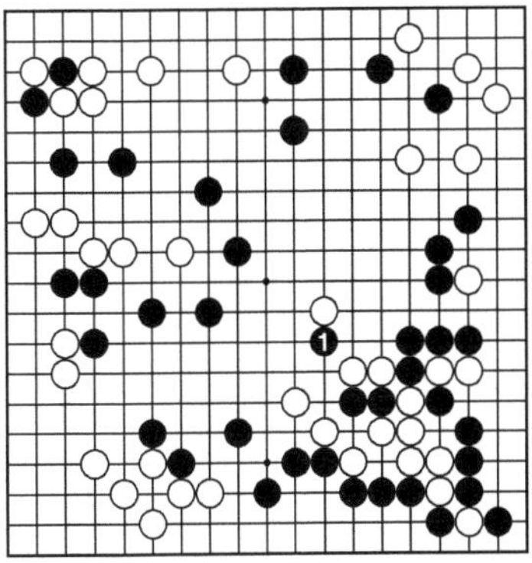

Dia. 4.1

Lösung 4: Schwarz 1 trifft den Schwachpunkt in der weißen Form. Offenbar hat Weiß diesen Zug übersehen, denn er hat keine Möglichkeit mehr, um die Form zu reparieren.

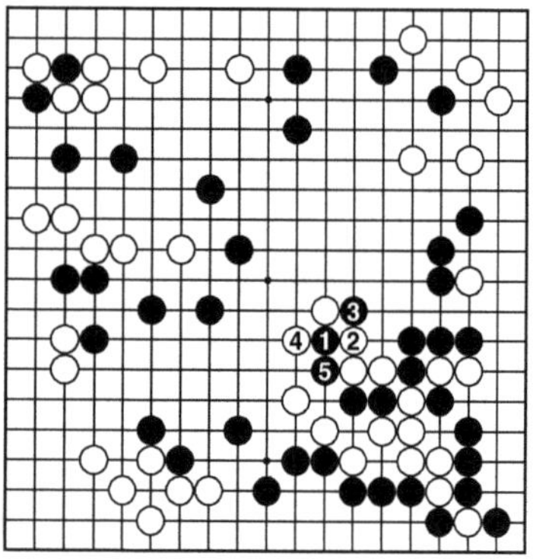

Dia. 4.2

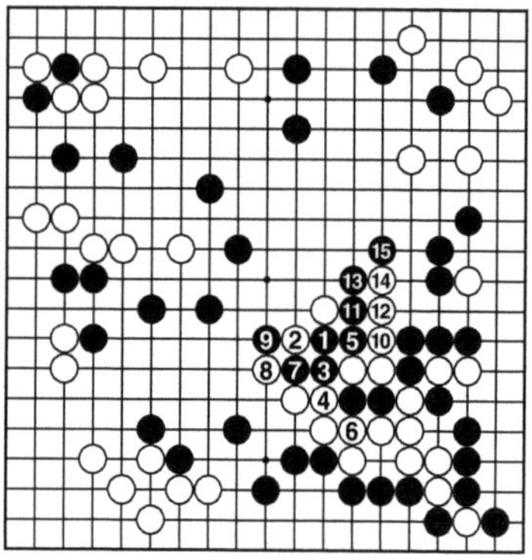

Dia. 4.3

Lösung 4 (Forts.): Der Versuch von Weiß in Dia. 4.2 ist einfach nur unbeschreiblich. Aber auch Dia. 4.3 funktioniert nicht so gut, denn Schwarz hat zu viele Steine in der Umgebung, als dass Weiß entkommen könnte.

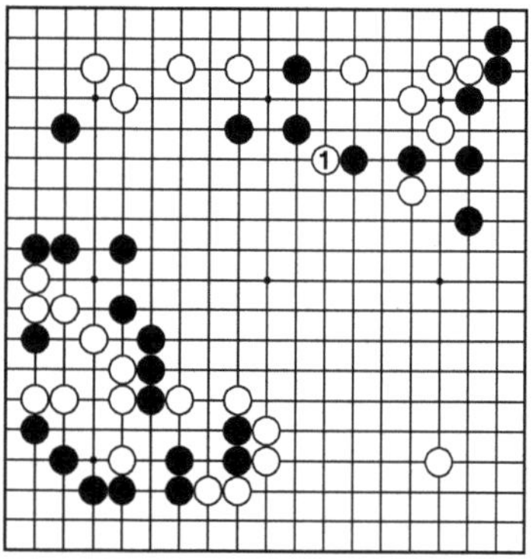

Dia. 5.1

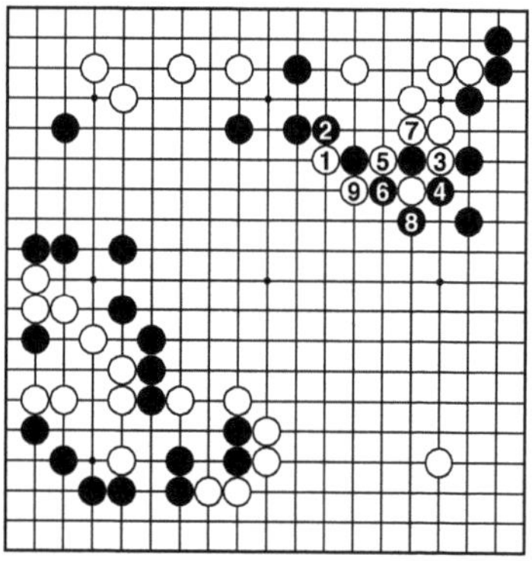

Dia. 5.2

Lösung 5: Weiß 1 ist der effektivste Zug, um die Gruppe herauszuziehen. Wenn Schwarz planlos auf 2 in Dia. 5.2 blockt, dann funktioniert sein Tesuji zum Einschließen nicht mehr, weil Weiß 9 plötzlich Doppel-Atari ist.

Streckt Schwarz stattdessen in Dia. 5.3, dann kann Weiß am Rand dank des Doppel-Nozoki 5 verbinden.

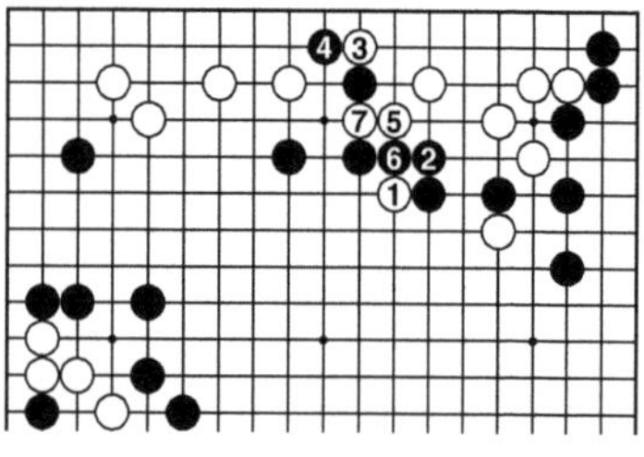

Dia. 5.3

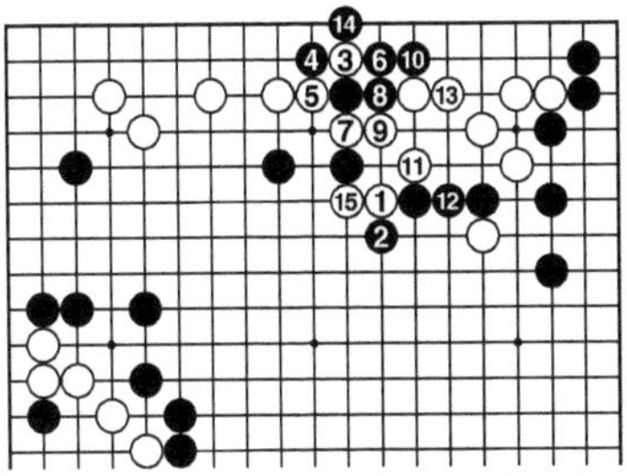

Dia. 5.4

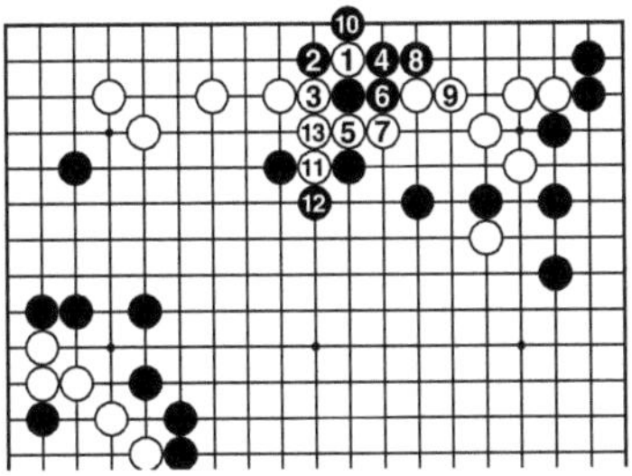

Dia. 5.5

Lösung 5 (Forts.): Wenn Schwarz in Dia. 5.4 nachgibt, um mit 4 innen noch leben zu können, so bricht Weiß mit der Abfolge bis 15 durch die schwarzen Gitterstäbe durch. Ohne den Lösungszug funktioniert dieselbe Sequenz in Dia. 5.5 viel schlechter.

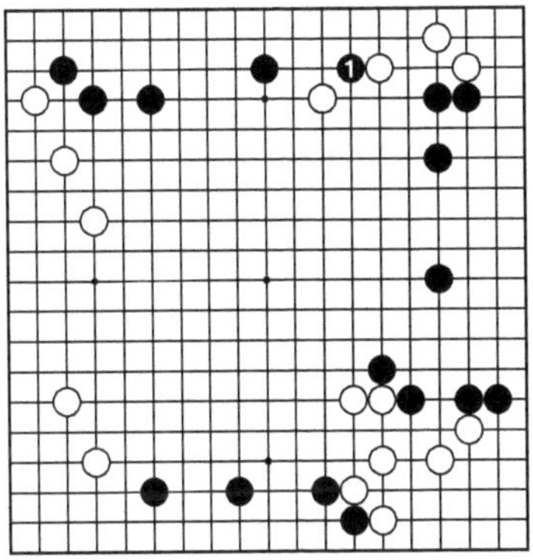

Dia. 6.1

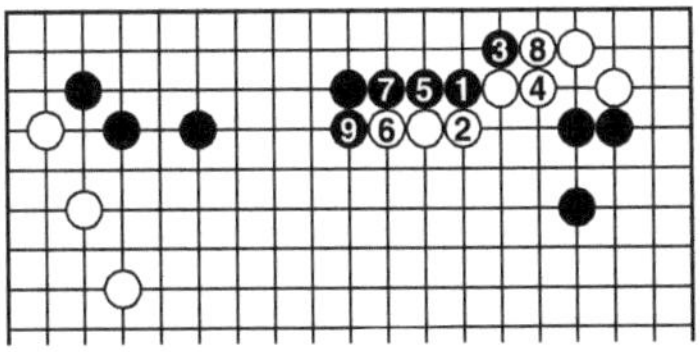

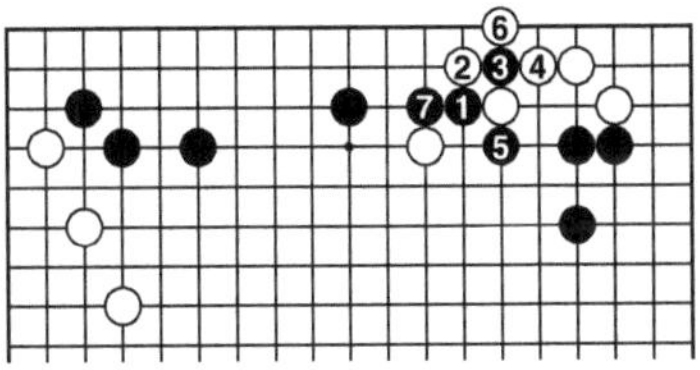

Dia. 6.2 & *Dia. 6.3*

Lösung 6: Schwarz 1 ist der beste Zug in dieser Gegend.

Wenn Weiß auf 2 in Dia. 6.2 blockt, dann tut ihm 3 sehr weh. Mit der Abfolge bis 9 hat Schwarz hier das absolute Maximum herausgeholt.

Weiß 2 in Dia. 6.3 wird mit einem Kreuzschnitt gekontert. Einen Stein im Zentrum abtrennen zu lassen, ist inakzeptabel für Weiß.

Mit dem normalen Zug in Dia. 6.4 würde Schwarz eher Weiß helfen.

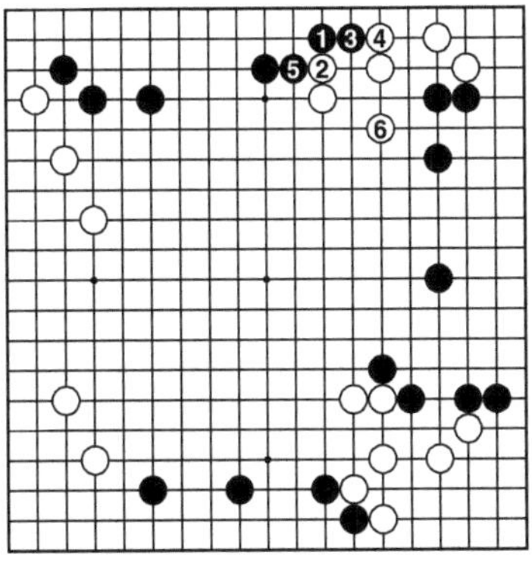

Dia. 6.4

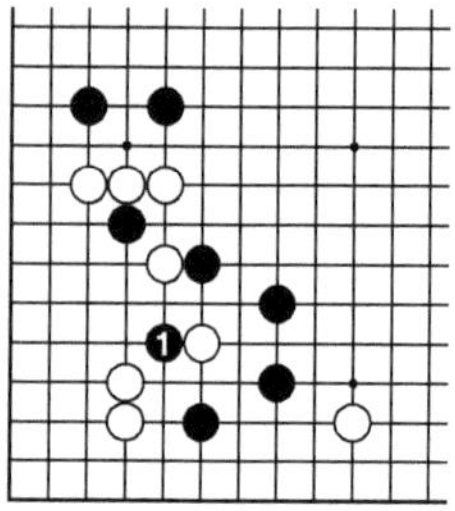

Dia. 7.1

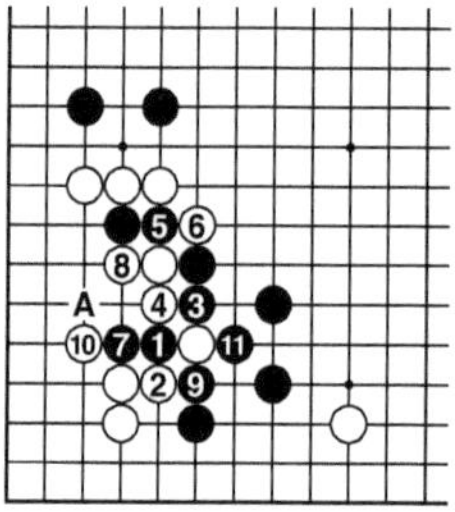

Dia. 7.2

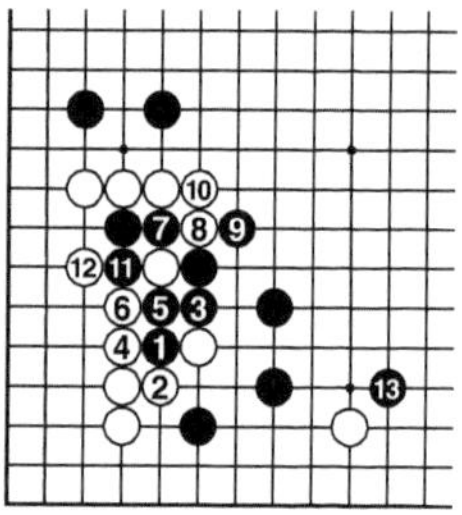

Dia. 7.3

Lösung 7: Schwarz 1 nutzt die weiße Form aus, um in das Gebiet hineinzupieksen. Nach Weiß 2 in Dia. 7.2 kann Schwarz mit 3 kontern. Wenn Weiß auf 4 schneidet, macht Schwarz in der Abfolge bis 11 in Vorhand ein Ponnuki, weil Weiß noch gegen A verteidigen muss.

Und wenn Weiß in Dia. 7.3 nicht schneidet, dann kann Schwarz alle Steine retten und die weiße Seite platt drücken.

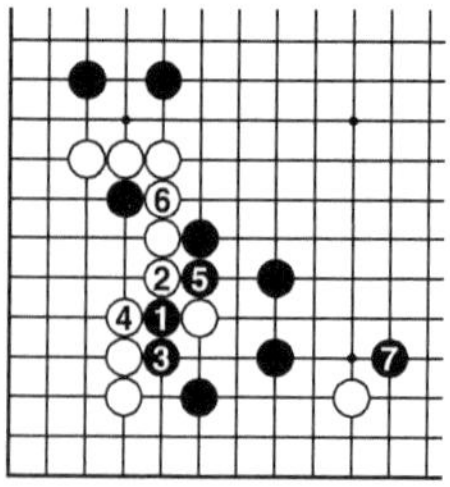

Dia. 7.4

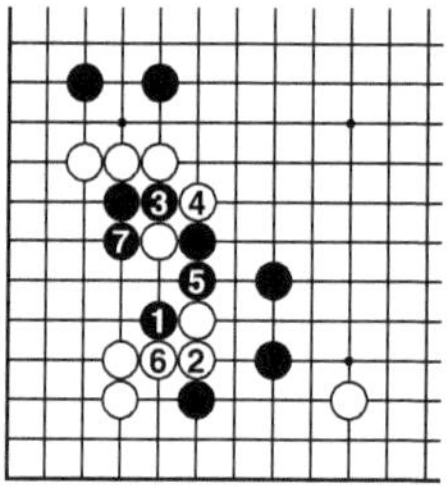

Dia. 7.5

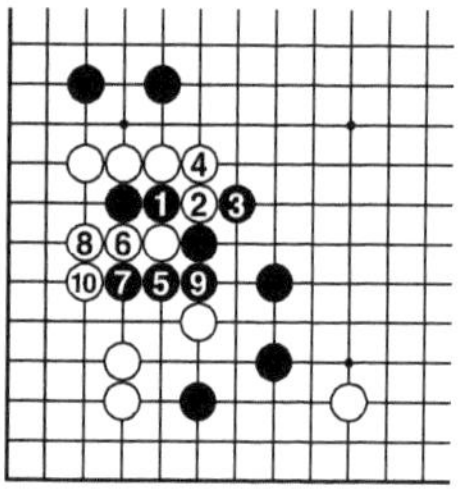

Dia. 7.6

Lösung 7 (Forts.): Auf die weiße Antwort in Dia. 7.4 fängt Schwarz einen Stein. Vor Weiß 2 in Dia. 7.5 muss Schwarz sich nicht fürchten, denn Weiß ist hier sauber getrennt und hat weniger als nichts erreicht.

Spielt Schwarz auf 1 in Dia. 7.6, dann ist das Resultat deutlich weniger zufriedenstellend.

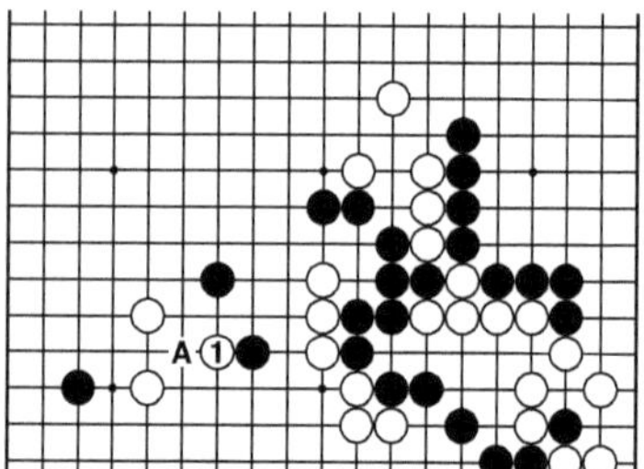

Dia. 8.1

Lösung 8: Weiß nutzt mit 1 aus, dass Schwarz vergessen hat, auf A ein Nozoki abzutauschen.

Mit diesem Zug stellt Weiß sicher, dass seine Gruppen keine Probleme bekommen.

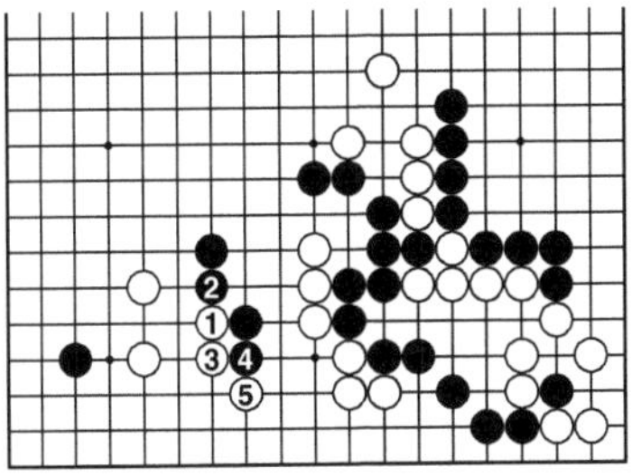

Dia. 8.2

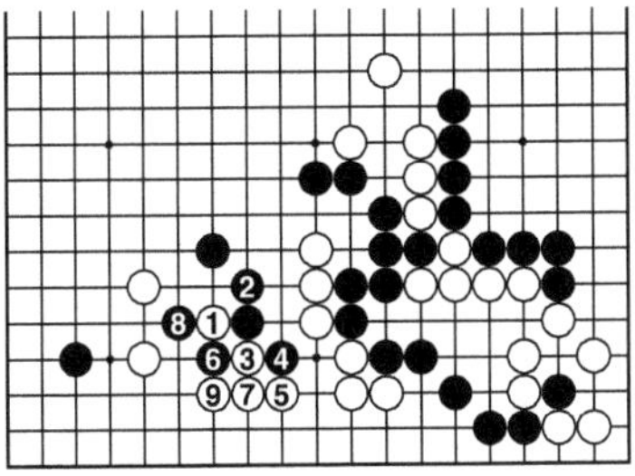

Dia. 8.3

Lösung 8 (Forts.): Schwarz kann nicht verhindern, dass Weiß wie in Dia. 8.2 am unteren Rand verbindet. Die Dia. 8.3 und 8.4 zeigen seine erfolglosen Versuche zu trennen.

Mit 1 in Dia. 8.5 kann Weiß nicht so geschmeidig verbinden. Das Herauslaufen wie in Dia. 8.6 kommt auch nicht in Frage, denn in diesem Wettlauf ins Zentrum hat Schwarz die Initiative.

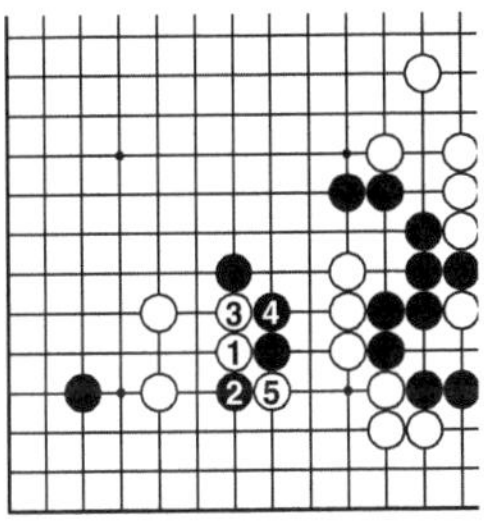

Dia. 8.4

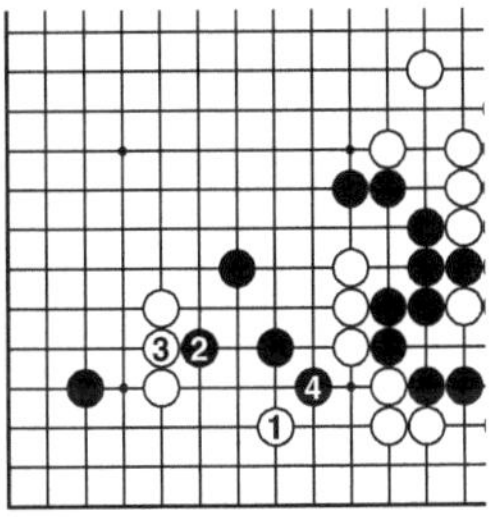

Dia. 8.5

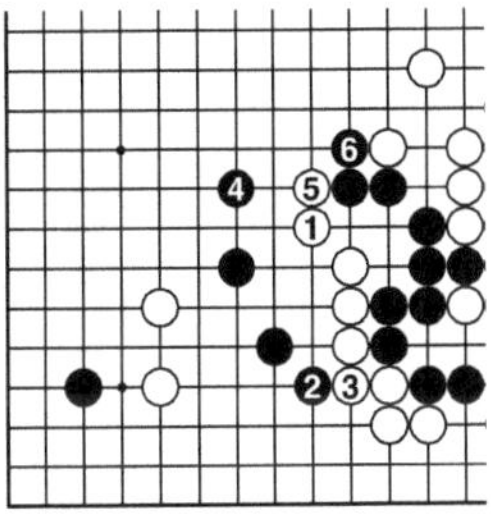

Dia. 8.6

Lösung 9: Die Schwäche in der weißen Stellung ist Schwarz 1.

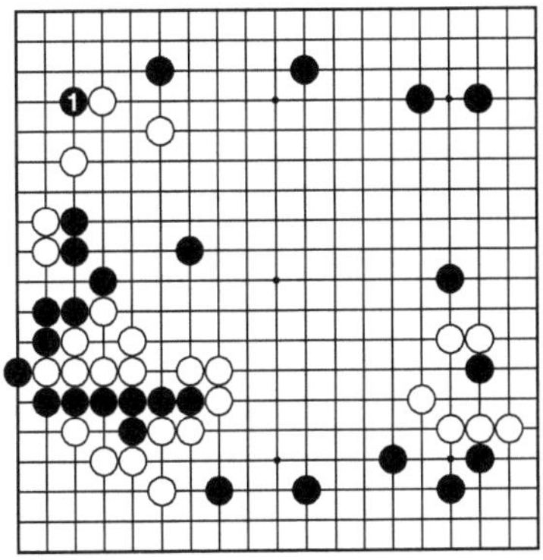

Dia. 9.1

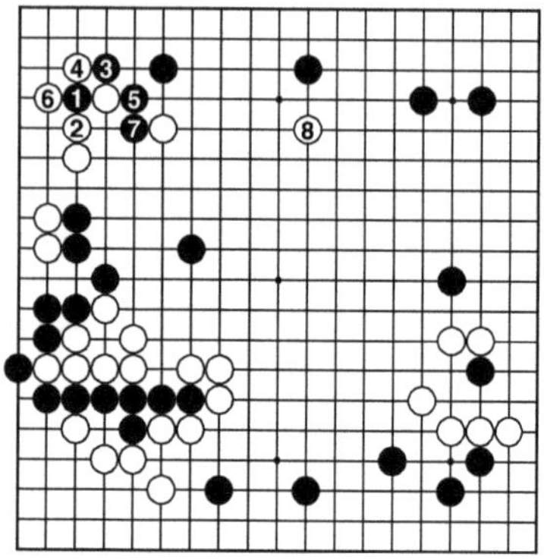

Dia. 9.2

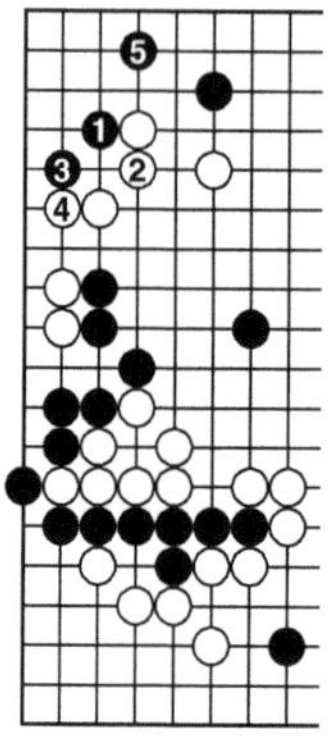

Dia. 9.3

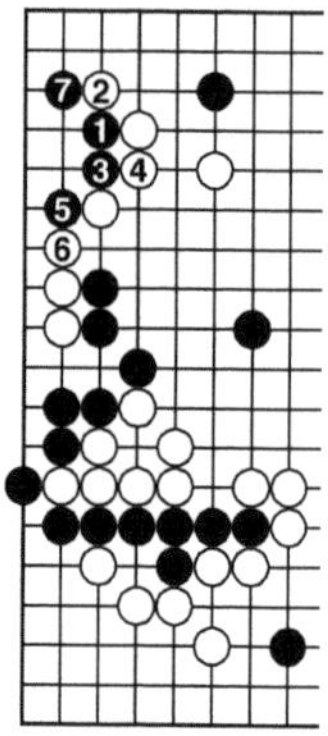

Dia. 9.4

Lösung 9 (Forts.): Das Dia. 9.2 zeigt die beste Sequenz für beide Seiten. Wenn Weiß jedoch wie in Dia. 9.3 streckt, dann klaut Schwarz ihm nicht nur viel Gebiet, sondern gleich auch die Basis.

Dia 9.4 ist komplizierter, hier bekommt Schwarz die Ecke und mit 19 in Dia. 9.5 den ersten Zug im Zentrum. Somit ist er auch zufrieden.

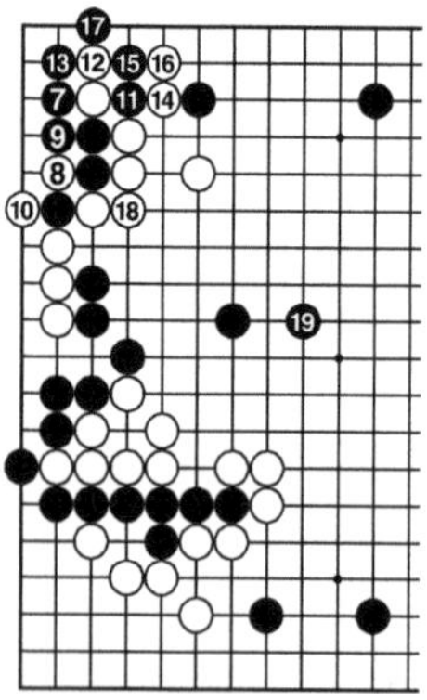

Dia. 9.5

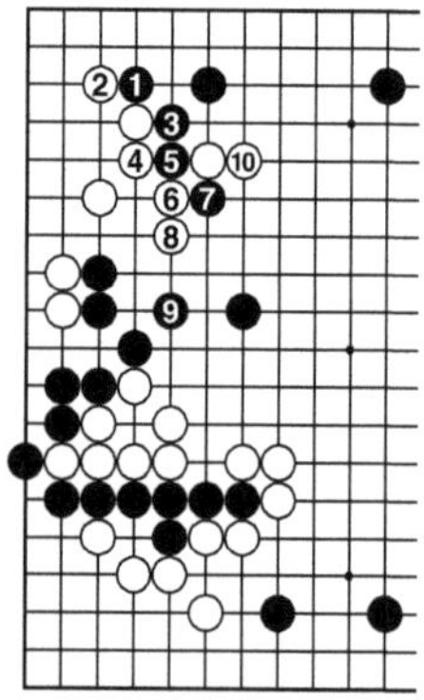

Dia. 9.6

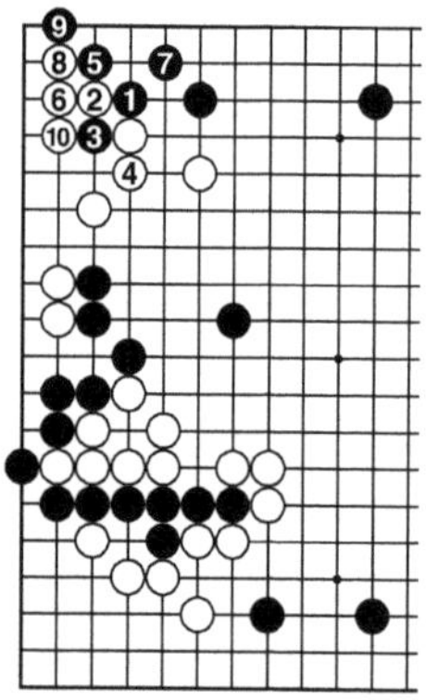

Dia. 9.7

Lösung 9 (Forts.): Dia. 9.6 bis 9.8 zeigen, was passiert, wenn Schwarz statt dem Lösungszug herkömmliche Alternativen wählt. Keiner der Kämpfe ist gut für ihn.

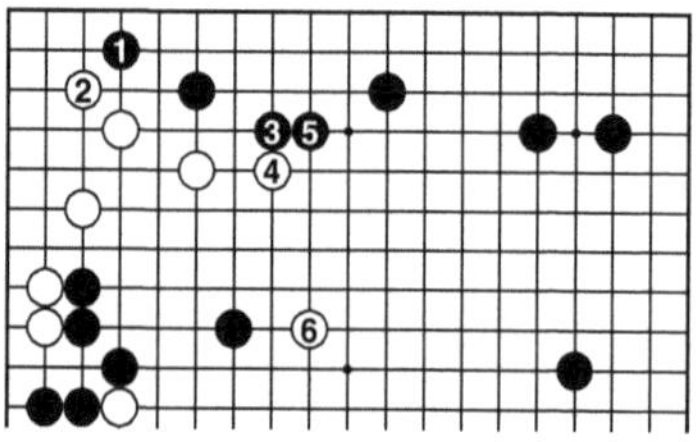

Dia. 9.8

Kapitel 9

Selbstverteidigung

Dieses Mal gibt es ein paar Techniken zur Selbstverteidigung. In den Problemen gibt es immer eine Gruppe, die kurz vor dem Verenden ist. Daher geht es um ihr Überleben.

Ihr könnt sie also wie Leben-und-Tod-Probleme behandeln. Der verteidigende Spieler hat in der Partie natürlich viel früher gesehen, dass seine Gruppe überleben kann, bevor sie so arg in Bedrängnis gekommen ist.

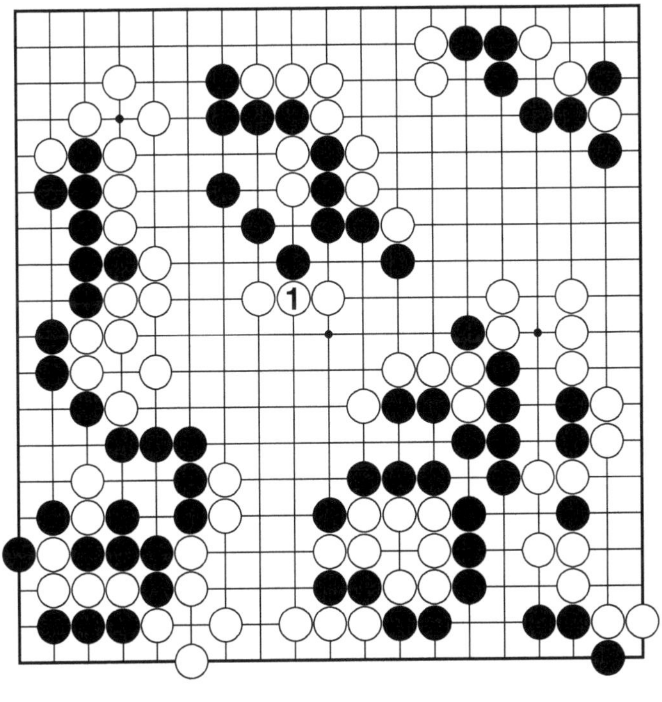

 Die schwarze Gruppe im Norden hat nur ein Auge im Zentrum. Irgendwo muss noch ein zweites her.

2

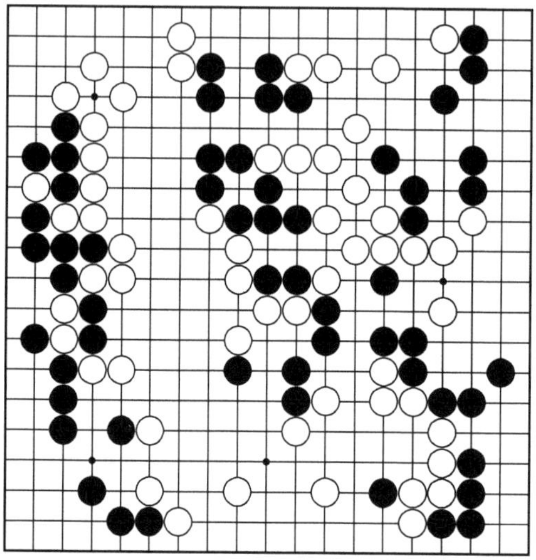

Wieder muss Schwarz in der oberen Bretthälfte leben...

3

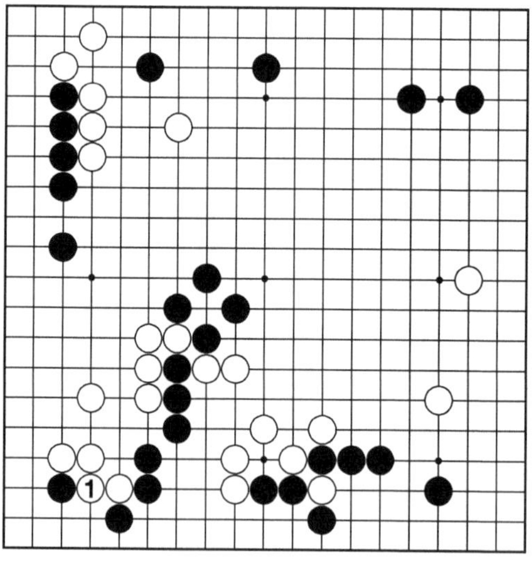

Weiß hat die schwarze Gruppe links unten um den Preis eines Ponnuki abgeschnitten, in der Hoffnung, dass sie zu weißem Gebiet wird. Wie belehrt Schwarz ihn eines Besseren?

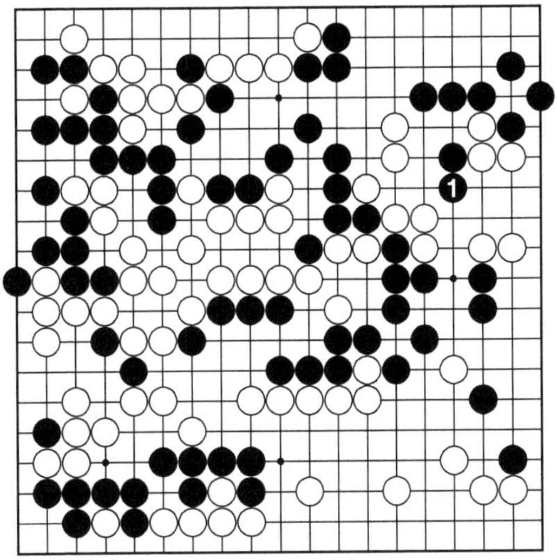

4

Schwarz hat soeben in die Augen der weißen Gruppe gestreckt. Die zwei Steine kann Weiß nicht direkt abschneiden, aber wenn er geschickt spielt, stirbt er trotzdem nicht.

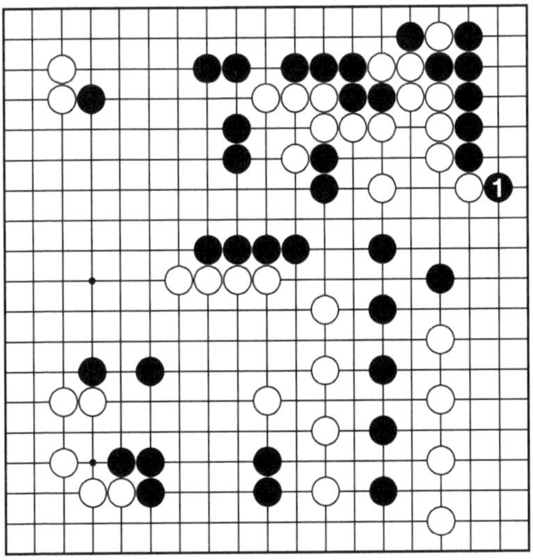

5

Weiß scheint oben rechts genug Augenraum in der Mitte zu haben. Allerdings gibt es am Rand noch etwas Cooles...

6

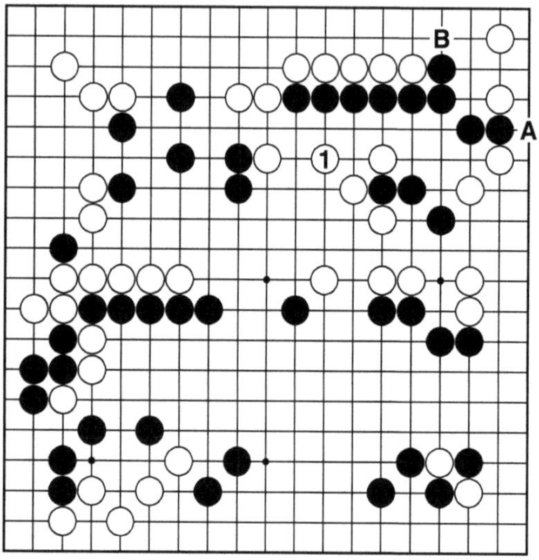

Schwarz muss hier ausnutzen, dass die zwei weißen Steine in der Ecke nur sehr lose mit A und B zur der Außenwelt verbunden sind.

7

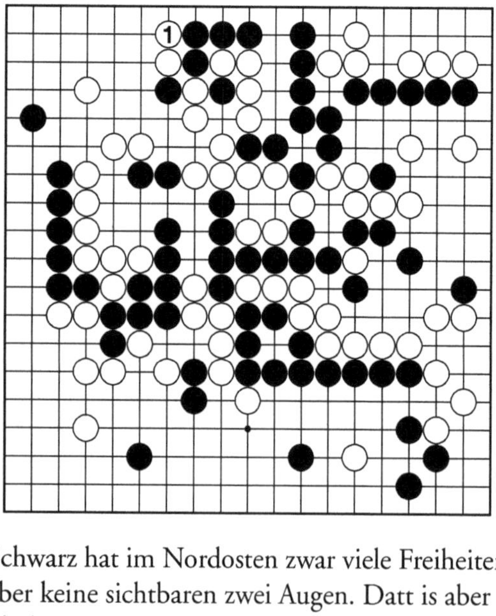

Schwarz hat im Nordosten zwar viele Freiheiten, aber keine sichtbaren zwei Augen. Datt is aber blöd, ne?

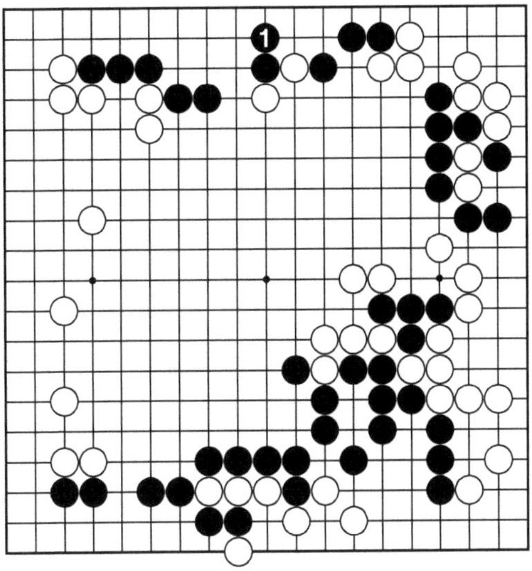

8 ○

Schwarz spielt etwas entspannt, weil er glaubt, die weißen Steine unten wären schon gefangen. Der Zeitpunkt ist gekommen, ihm seine Träume zu zerstören.

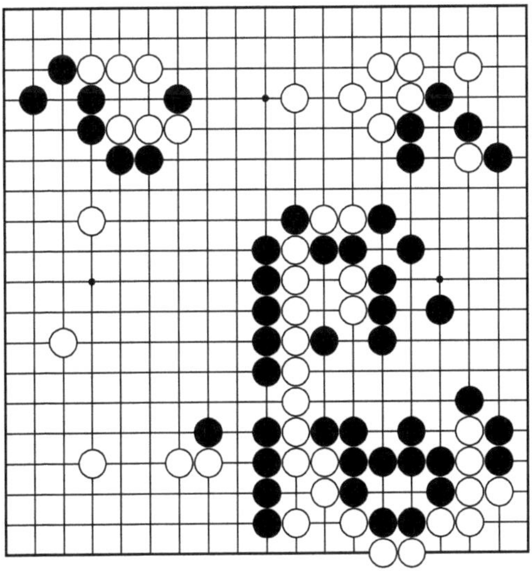

9 ○

Die weiße Schlange hat in der Ecke nur ein Auge und das am Rand bleibt stets ein falsches, egal, wie er spielt. Wo soll also ein zweites Auge her?

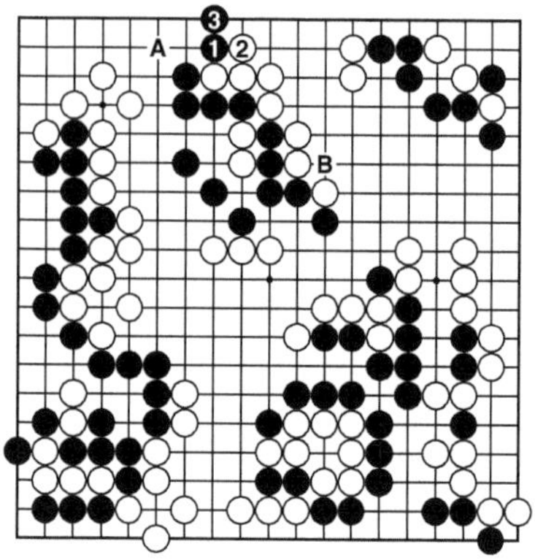

Dia. 1.1

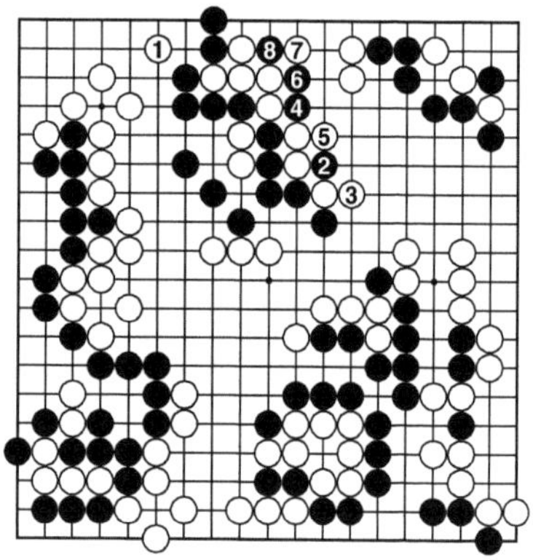

Dia. 1.2

Lösung 1: Wer dachte, Schwarz könnte nur ein Auge in Ko bekommen, liegt falsch! Schwarz 1 und 3 in Dia. 1.1 erzeugen ein Miai. Wenn Weiß auf A das Auge zerstört, wird er wie in Dia. 1.2 gefangen.

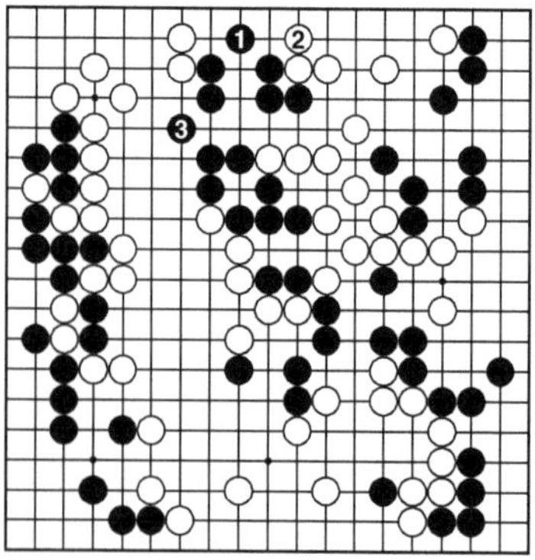

Dia. 2.1

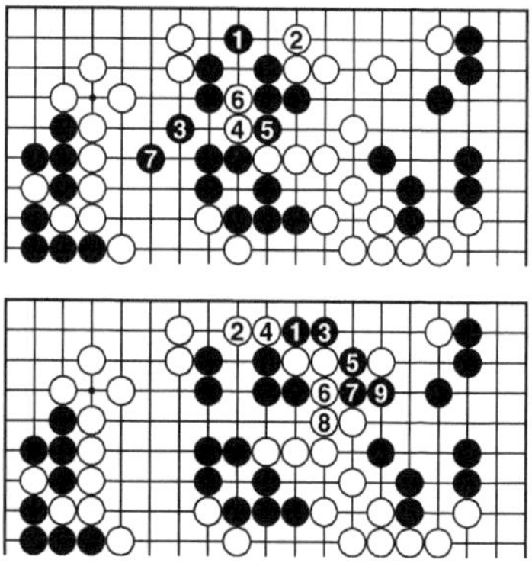

Dia. 2.2 & *Dia. 2.3*

Lösung 2: Mit 1 und 3 baut Schwarz gute Form für Augen. Der versuchte Mord in Dia. 2.2 wird bis Schwarz 7 abgewehrt. Weiß kann das zweite Auge nicht zerstören.

Wenn Schwarz aber den ersten Zug verpasst, tötet Weiß die Gruppe in Dia. 2.3 und Dia. 2.4 auf dem vitalen Punkt.

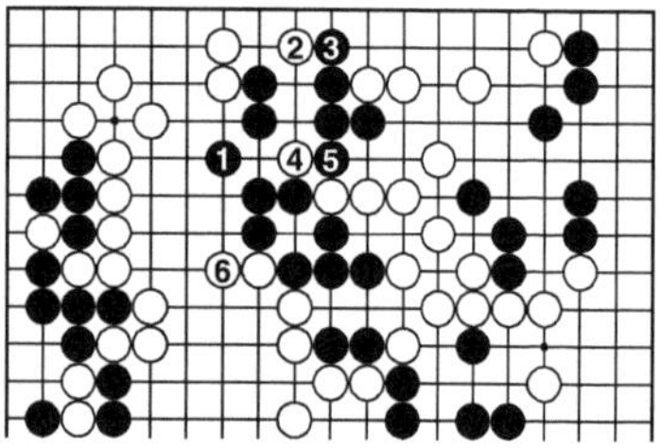

Dia. 2.4

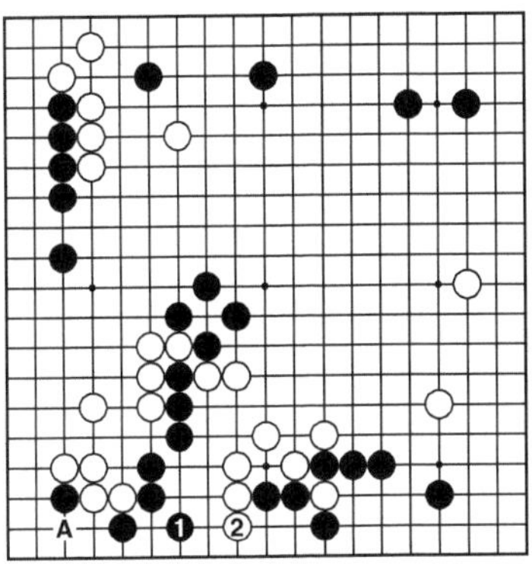

Dia. 3.1

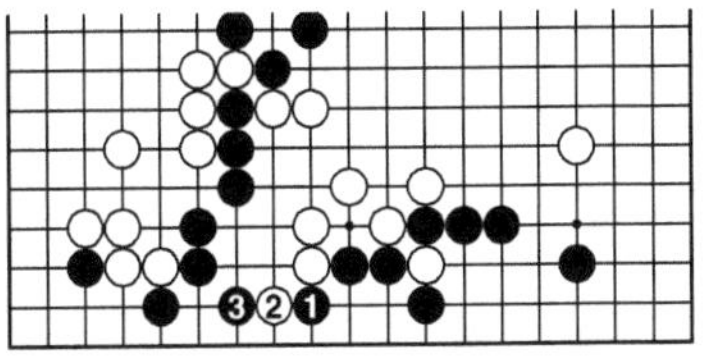

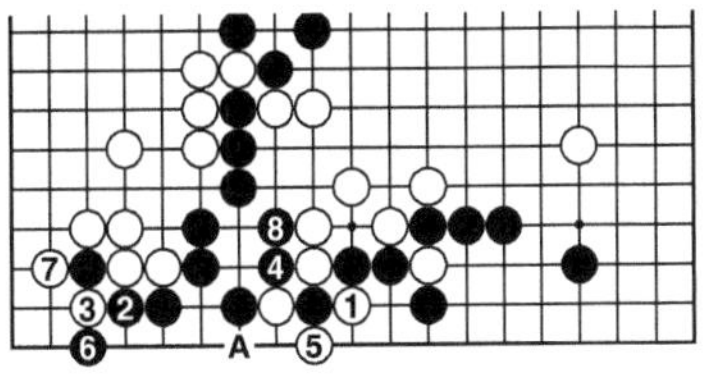

Dia. 3.2 & Dia. 3.3

Lösung 3: Wenn Schwarz wie in Dia. 3.1 spielt, kann er nach 2 selbst mit A keine zwei Augen zusammenkratzen. Schwarz muss zuerst einen Abtausch wie in Dia. 3.2 einschieben. Solange Schwarz dieses Hane nicht vergisst, kann er gemütlich zwei Augen machen.

Fängt Weiß nun einen Stein wie in Dia. 3.3, dann kann er das Ko auf A nur schwer spielen, da seine Gruppe selbst Probleme hat.

Wenn Weiß statt zu fangen auf 1 in Dia. 3.4 hinabstreckt, dann macht Schwarz ein Auge in der Ecke. Auf A gibt es wieder ein für Weiß schwer zu spielendes Ko.

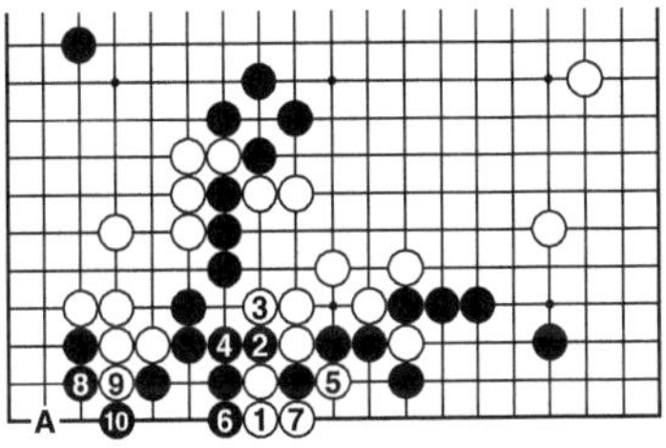

Dia. 3.4

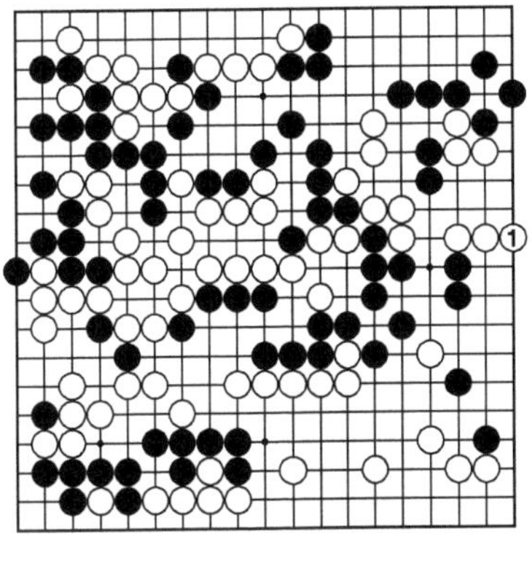

Dia. 4.1

Lösung 4: Sobald Weiß erkennt, dass das Hinabstrecken auf 1 zwei Drohungen enthält, ist alles in Ordnung.

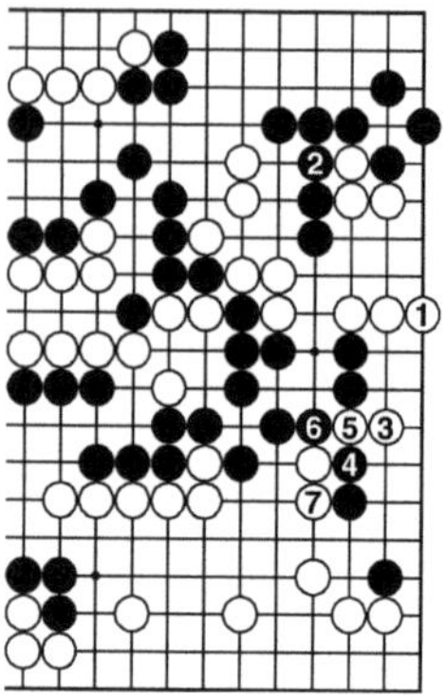

Dia. 4.2

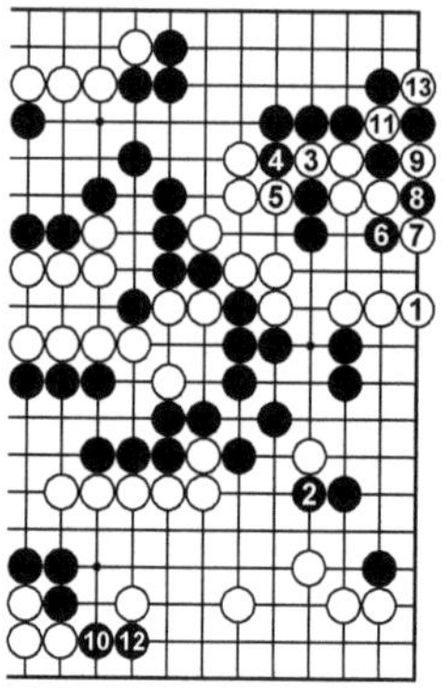

Dia. 4.3

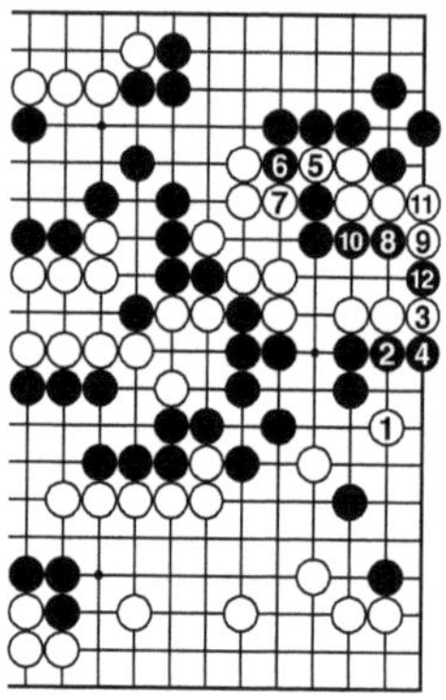

Dia. 4.4

Lösung 4 (Forts.): Verbindet Schwarz zwei Steine, kann Weiß in Dia. 4.2 die andere Seite mitnehmen. Am besten überlässt er Weiß diese Steine in Dia. 4.3, denn dann entsteht noch ein Ko. Sollte Weiß zu elegant agieren zu wollen und gleich auf 1 in Dia. 4.4 spielen, wird er aus Mangel an Freiheiten gefangen.

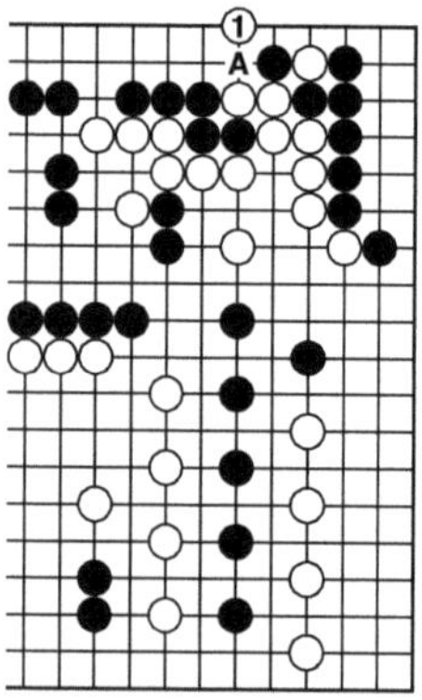

Dia. 5.1

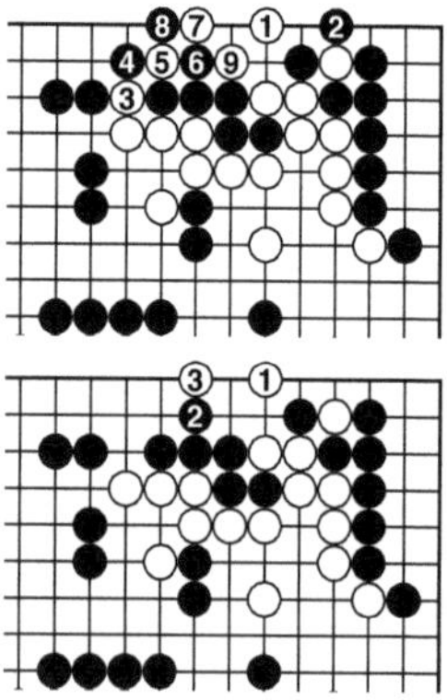

Dia. 5.2 & Dia. 5.3

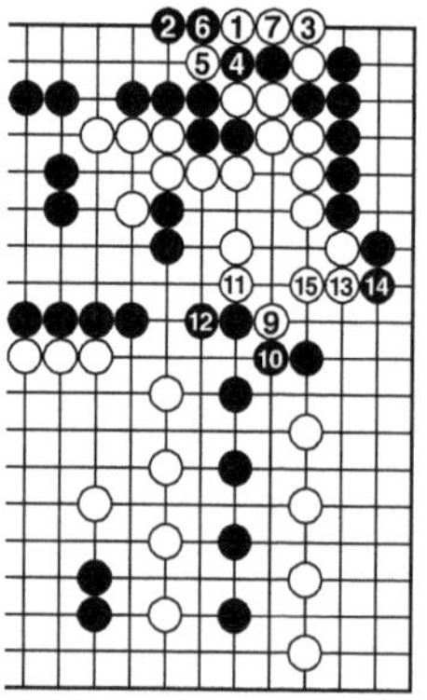

Dia. 5.4

Lösung 5: Mit dem Sprung auf die erste Linie kann Weiß klasse Sachen anstellen. Weiß war hier intelligent und hat das Atari auf A noch nicht abgetauscht.

Wenn Schwarz zum Beispiel in Dia. 5.2 den Stein nimmt, hilft der weiße Sprung, ein Ko zu machen. Auf den Zug in Dia. 5.3 kann Weiß anlegen, auch hier ist ein Ko unvermeidlich. Ihr könnt bei Interesse die Ko-Variationen suchen, die entstehen.

Der einzige Zug für Schwarz, der ein Ko vermeidet, ist der Kontersprung in Dia. 5.4 (Schwarz 8 geht wieder auf 4). In diesem Fall hat Weiß in Vorhand extrem Profit gemacht und macht dann im Zentrum Leben.

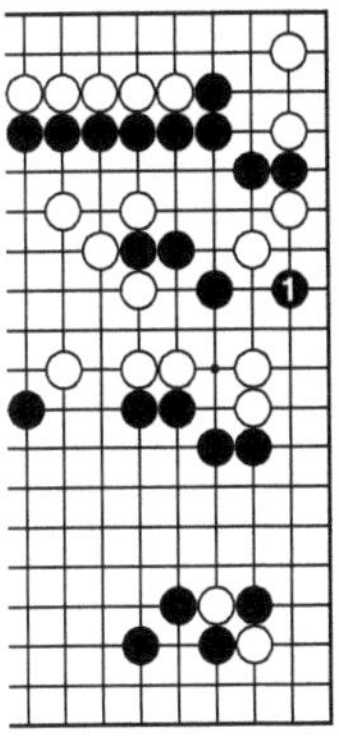

Dia. 6.1

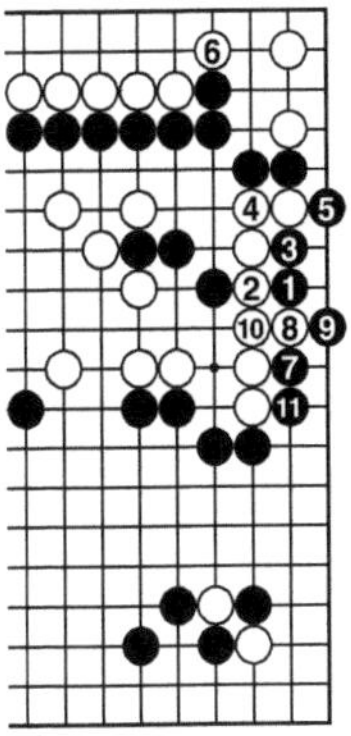

Dia. 6.2

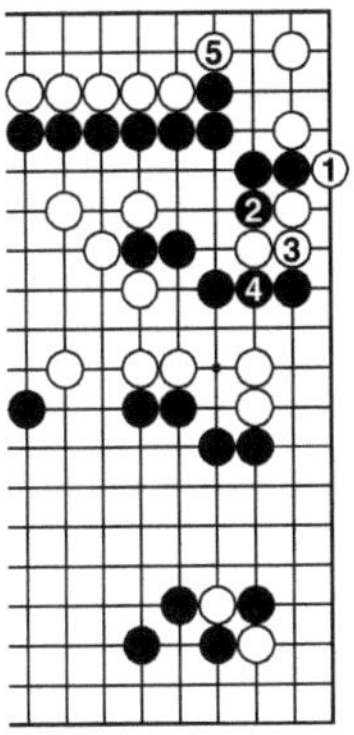

Dia. 6.3

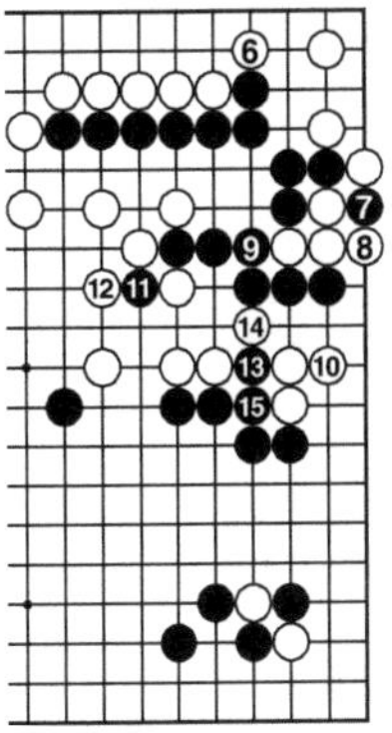

Dia. 6.4

Lösung 6: Dieses Problem ist nicht so einfach. Alles fängt mit Schwarz 1 in Dia. 6.1 an. Nachdem Weiß in Dia. 6.2 durchgegangen ist, muss er nach 5 die zwei Steine verbinden. Durch den Wunderzug 7 ist Schwarz auf der ersten Linie verbunden. Blockt Weiß auf 11, dann fängt Schwarz auf 10 vier Steine.

Weiß kann statt 2 auch Dia. 6.3 versuchen. Schwarz stärkt sich in Dia. 6.4 erst in Vorhand, um dann mit der Kombination 11 und 13 die anderen weißen Steine zu trennen.

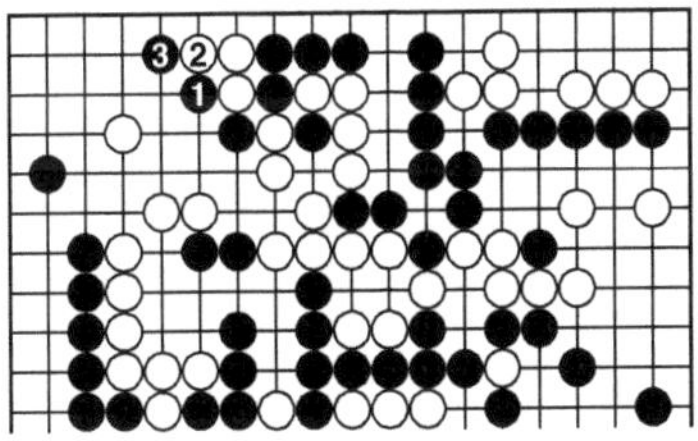

Dia. 7.1

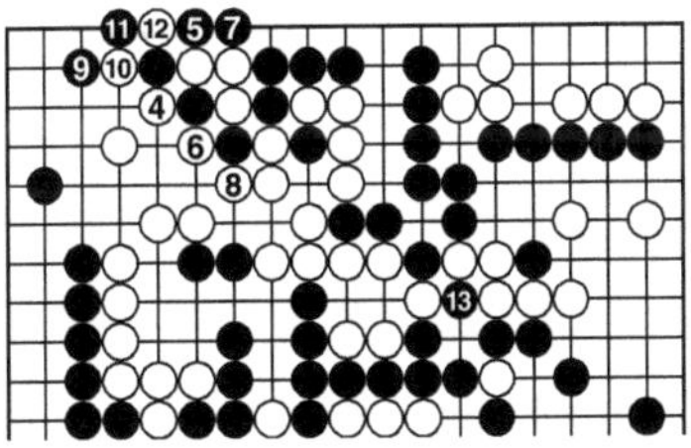

Dia. 7.2

Lösung 7: Schwarz kann lokal keine Augen mehr bauen, also muss er einen Weg finden zu entkommen. Das Doppel-Hane ist der erste Schritt dazu. Schwarz kriecht dadurch auf der ersten Linie davon, und der Schlüsselzug der Sequenz ist der Sprung 9 in Dia. 7.2.

Weiß kann nur mit Ko ein Auge verhindern, so lebt Schwarz mit dem Einwurf 13 durch etwas Ähnliches wie Doppel-Ko.

Der Konter von Weiß 2 in Dia. 7.3 funktioniert nicht.

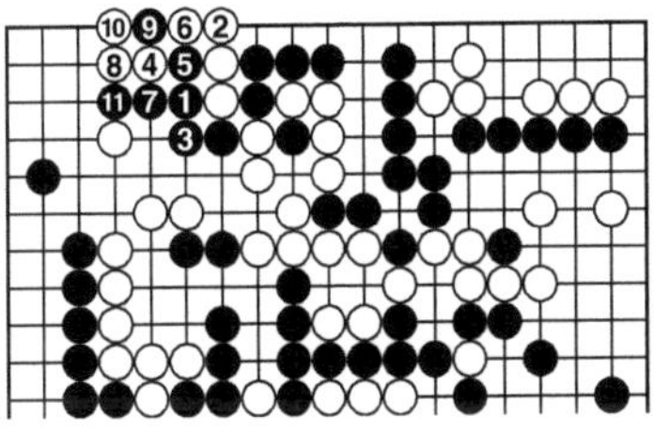

Dia. 7.3

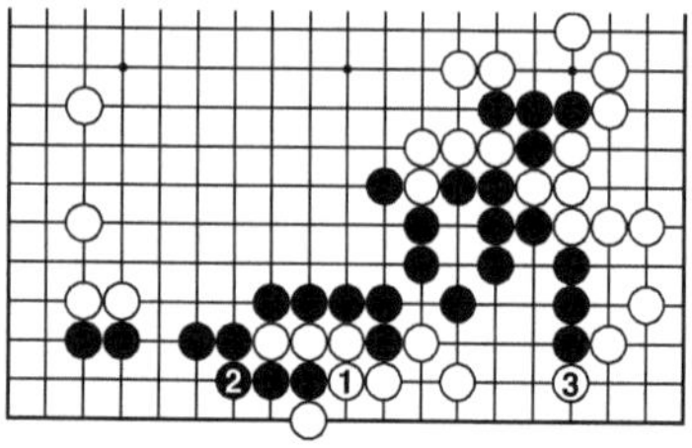

Dia. 8.1

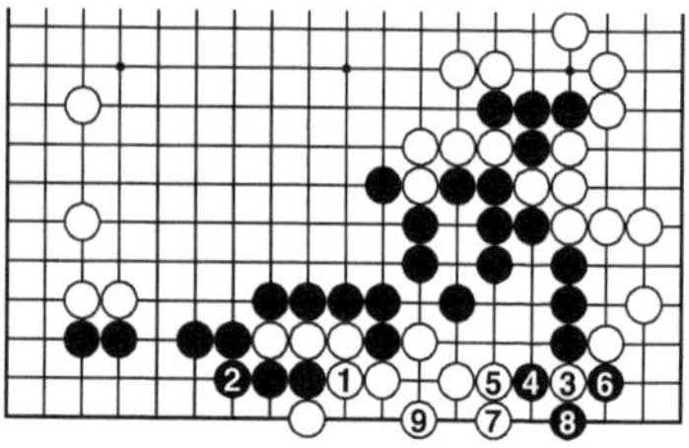

Dia. 8.2

Lösung 8: Weiß verbindet drei Steine in Vorhand und lebt mit dem Hane 3. Das ist dieselbe Idee wie in Problem 2. Dadurch bekommt Weiß die Züge 5 und 7 in Dia. 8.2 in Vorhand und lebt im schwarzen Gebiet.

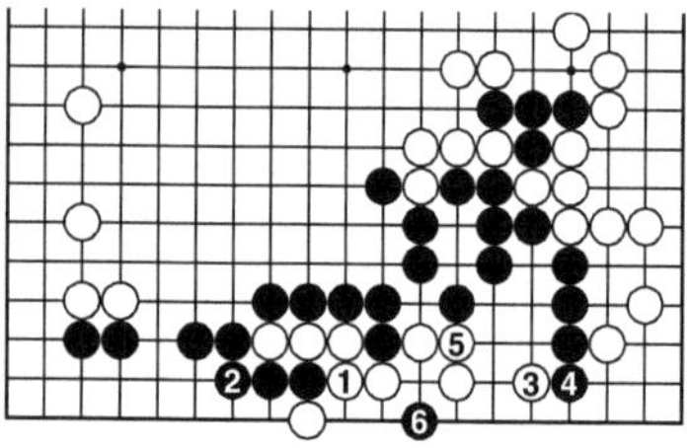

Dia. 8.3

Mit anderen Sequenzen, wie zum Beispiel Dia. 8.3, kann Weiß nicht leben. Ihr könnt die Sequenz als Übung zu Ende rechnen.

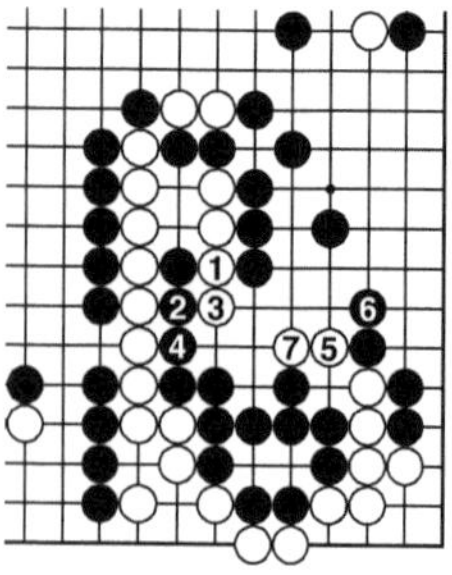

Dia. 9.1

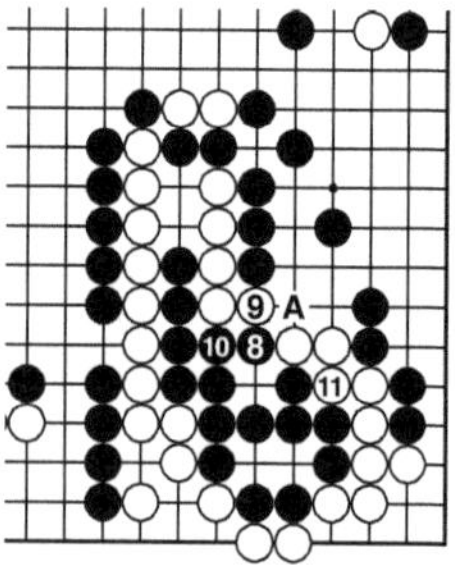

Dia. 9.2

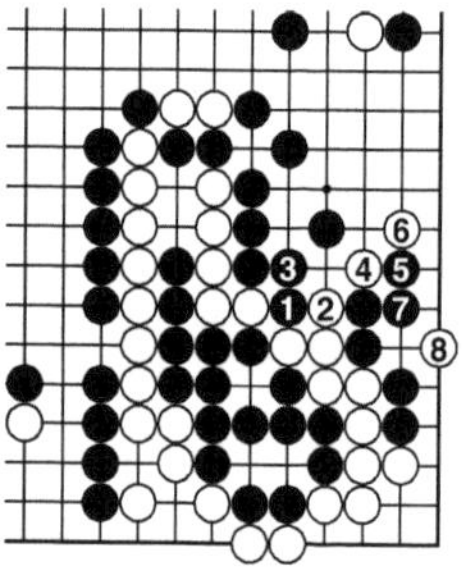

Dia. 9.3

Lösung 9: Weiß kann nirgends ein zweites echtes Auge bauen, aber er braucht es auch nicht!

Weiß lebt mit der 兩頭蛇 (*liǎng tóu shé*), der „doppelköpfigen Schlange", die sich einmal im Kreis um die schwarze Gruppe schlingt. Die falschen Augen sind unkaputtbar, so lange die Ketten verbunden bleiben und Schwarz nicht auf A in Dia. 9.2 schneiden kann. Was im Falle des Schnittes passieren würde, zeigt Dia. 9.3.

Kapitel 10

Magische Freiheiten

Das Konzept der Freiheiten ist der grundlegendste Mechanismus im Go. Wer Freiheiten besser beherrscht, gewinnt auch mehr Semeai und kann in seiner eigenen Partie mehr anstellen. Dieses Zusatzkapitel ist eine Einführung in die gute Praxis in Semeai.

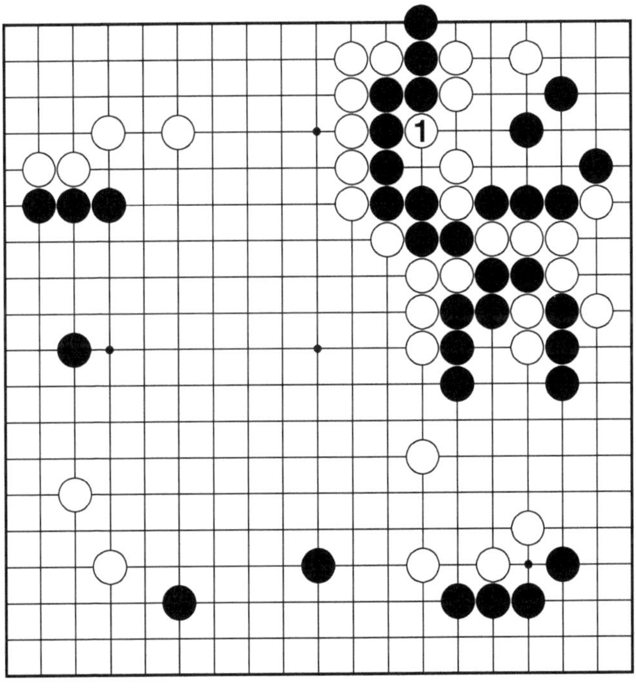

Schwarz hat oben nur drei Freiheiten. Wie rettet er sich aus dem Schlamassel?

2

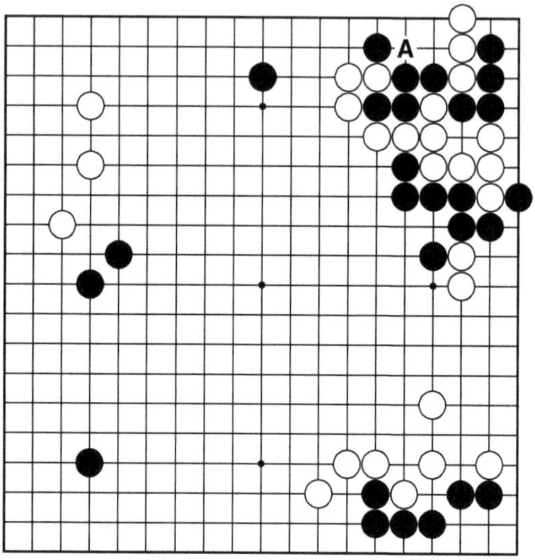

Schwarz muss gegen A verteidigen. Man kann es so oder so machen...

3

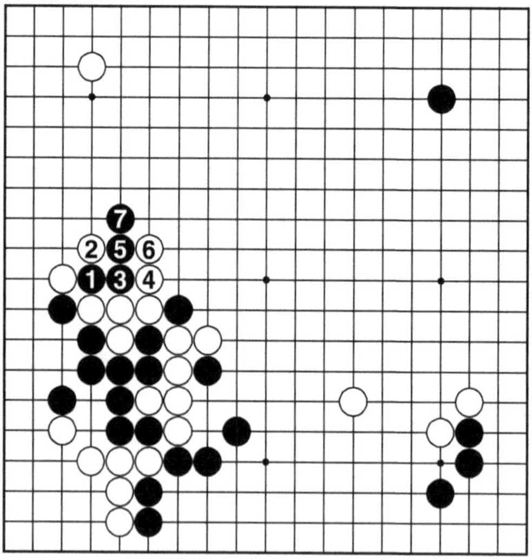

Der Schnitt 1 ist ein Fehler. Wenn Weiß das Loch findet, muss Schwarz gleich die Partie aufgeben.

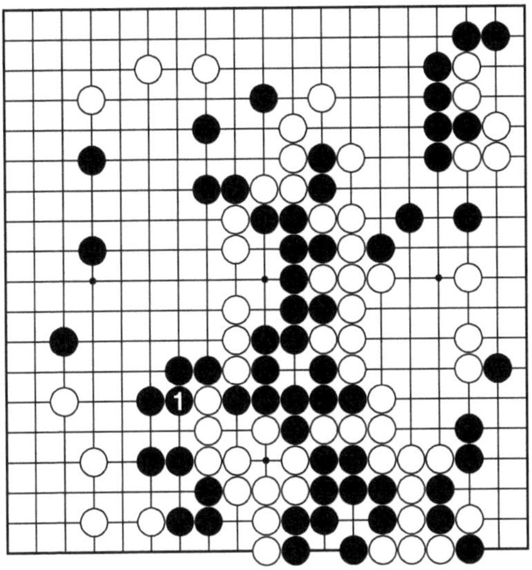

4

○

Schwarz hat schon wieder falsch gespielt. Jetzt kann Weiß das Semeai gewinnen.

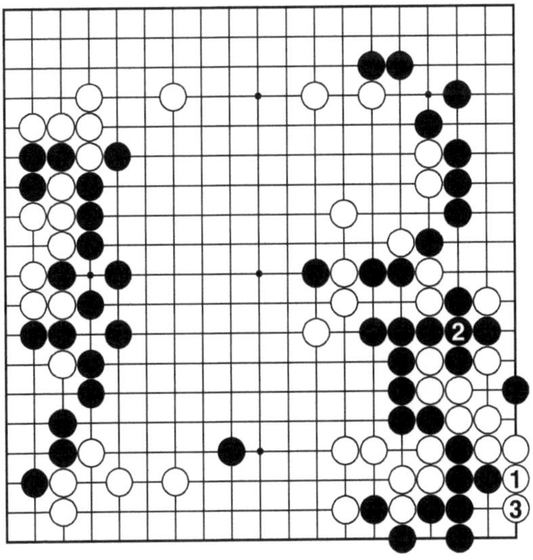

5

○

Weiß fängt mit der Ko-Drohung die schwarzen Steine rechts unten. Oder doch nicht?

6

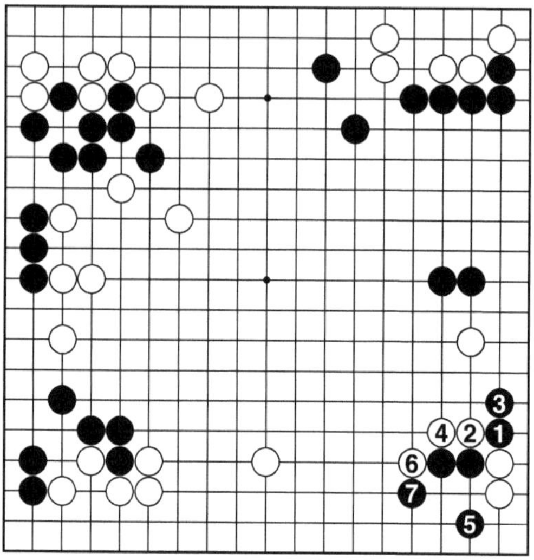

Wie nimmt Weiß die Freiheiten von den zwei schwarzen Steinen und verhindert gleichzeitig, dass sie ausbrechen?

7

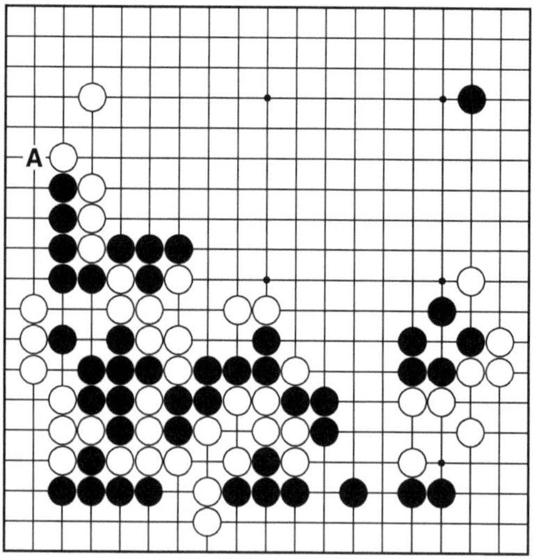

Weiß muss unbedingt zu A kommen, aber derweil gewinnt Schwarz das Semeai. Was also tun?

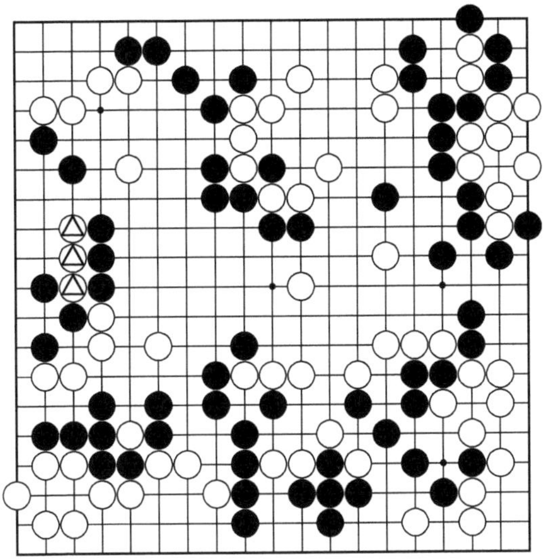

8

○

Was kann Weiß aus den drei Steinen noch herausholen?

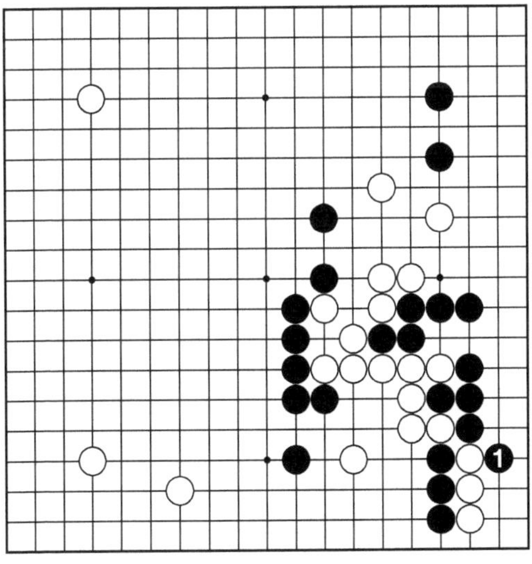

9

○

Wie geht Weiß an das Semeai in der Ecke heran?

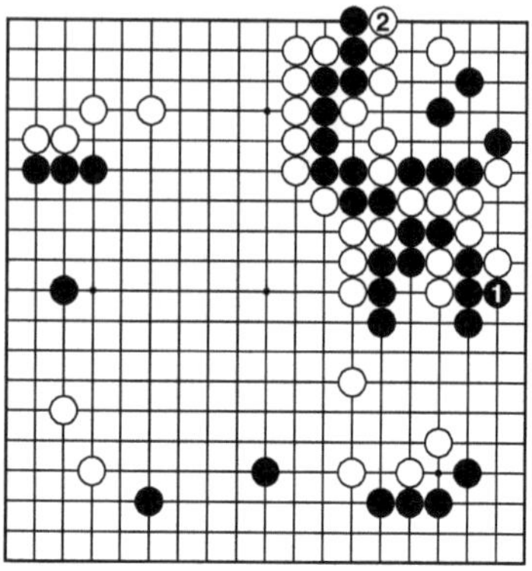

Dia. 1.1

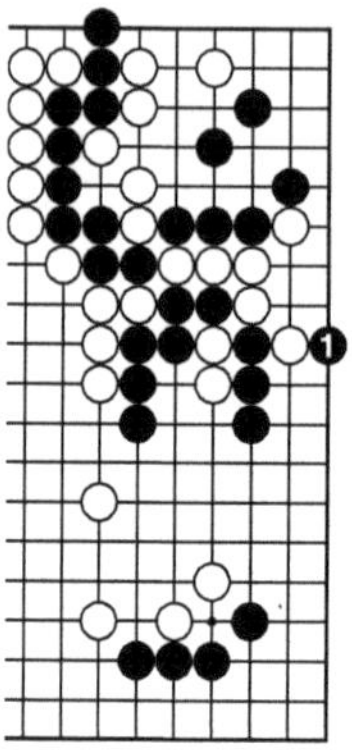

Dia. 1.2

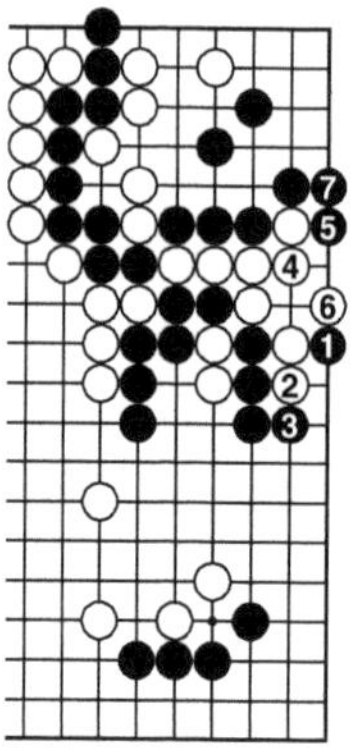

Dia. 1.3

Lösung 1: Schwarz muss einen Weg finden, Weiß rechts auf zwei Freiheiten zu reduzieren. Der Block in Dia. 1.1 erreicht dieses Ziel nicht.

Schwarz muss in Dia. 1.2 klemmen. Wenn Weiß in Dia. 1.3 rausgeht, hat Weiß keinen Weg, seine Gruppe auf drei Freiheiten zu halten.

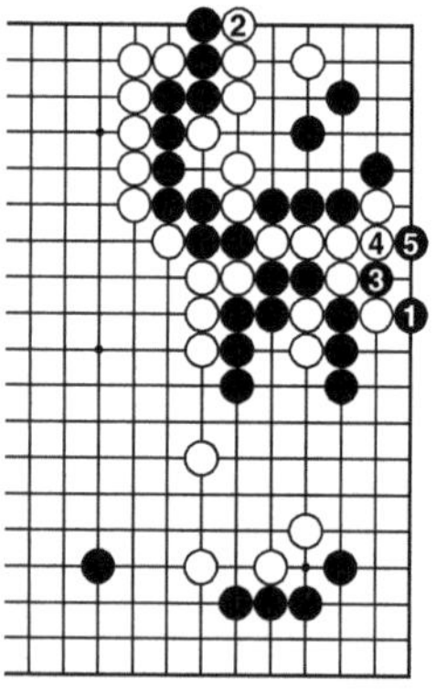

Dia. 1.4

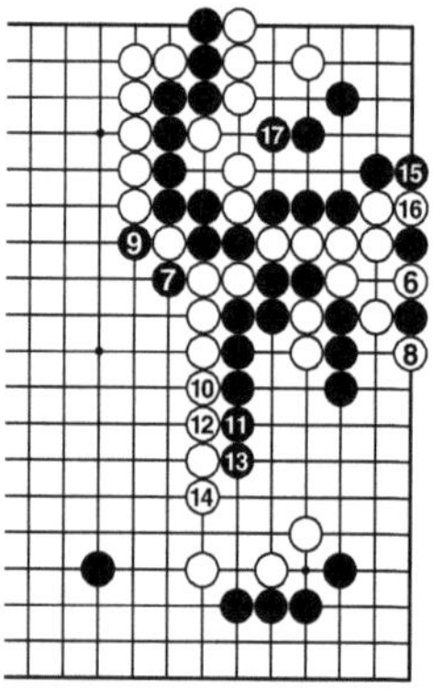

Dia. 1.5

Weiß kann nur direkt die Freiheit in Dia. 1.4 nehmen und dieses Ko ist das optimale Ergebnis für beide.

Mit der lokalen Drohung 7 in Dia. 1.5 entkommt Schwarz und am Ende kann Schwarz auch noch die Gruppe in der Ecke töten.

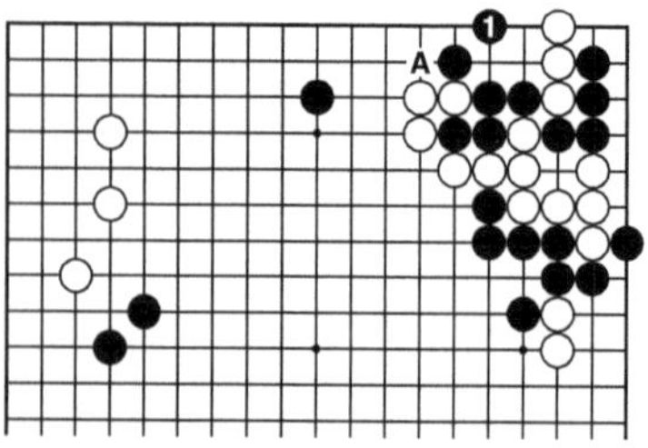

Dia. 2.1

Lösung 2: Der Tigerrachen in Dia. 2.1 ist der beste Deckungszug. Nur so bekommt Weiß das Blocken auf A nicht in Vorhand.

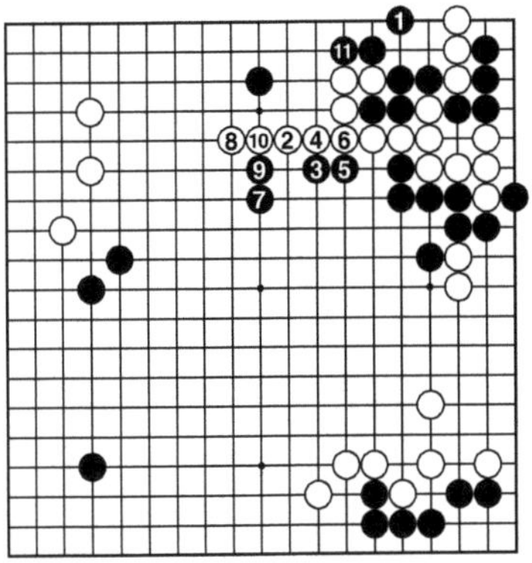

Dia. 2.2

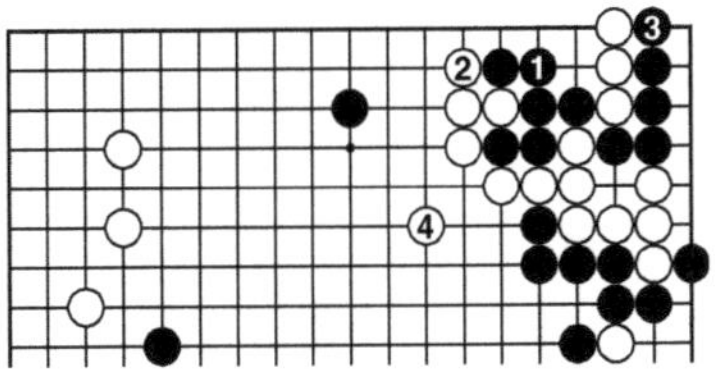

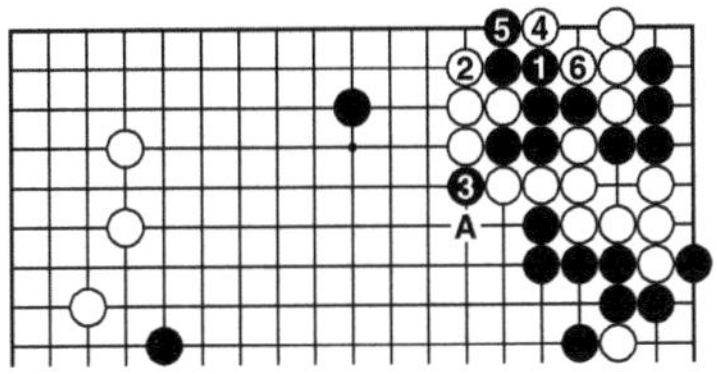

Dia. 2.3 & *Dia. 2.4*

Lösung 2 (Forts.): Mit 1 behält sich Schwarz auch die Hintertür 11 in Dia. 2.2. Mit dem normalen Zug in Dia. 2.3 kann Weiß hingegen den Block einschieben. Wenn Schwarz ihm in Dia. 2.4 nicht glaubt, kann Weiß den Schnittstein sofort als Ko-Drohung fangen.

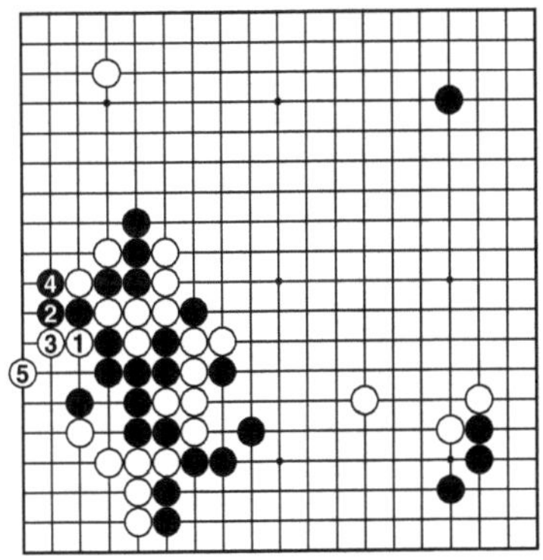

Dia. 3.1

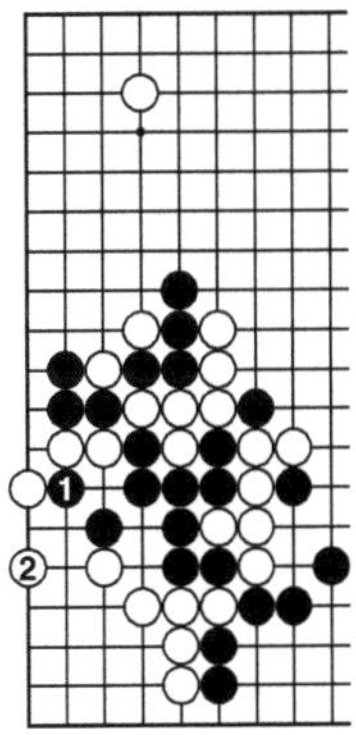

Dia. 3.2

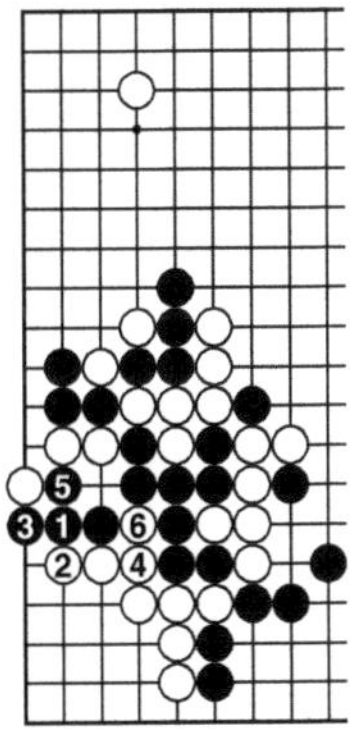

Dia. 3.3

Lösung 3: Weiß kann nach 1 und 3 die schwarzen Schnittsteine mit dem Kosumi 5 fangen. Das ist der einzige Zug, der in dieser Stellung funktioniert. So kann Weiß, je nachdem wie Schwarz angreift, entweder wie in Dia. 3.2 auf der ersten Linie verbinden oder in Dia. 3.3 das Semeai gewinnen.

Schwarz hätte also statt dem Schnitt im Problemdiagramm das Hane in Dia 3.4 spielen sollen.

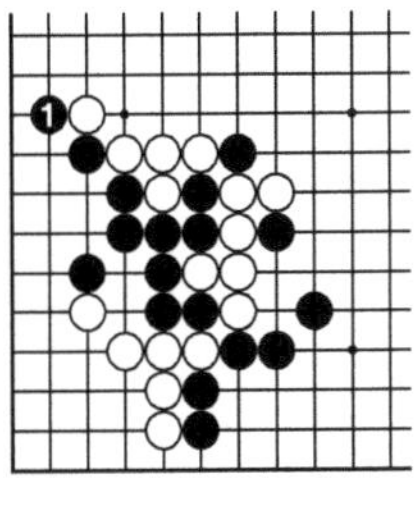

Dia. 3.4

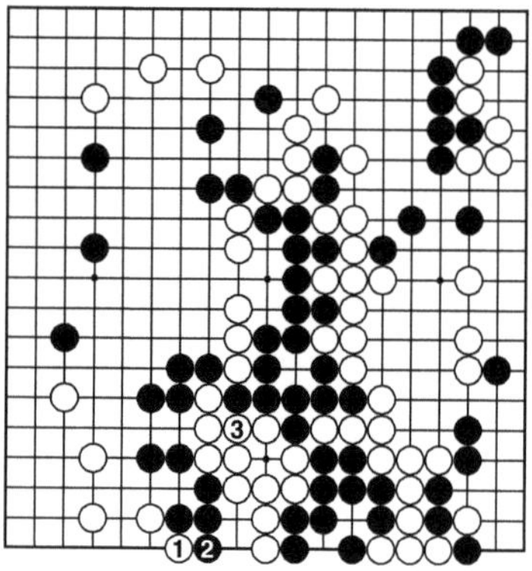

Dia. 4.1

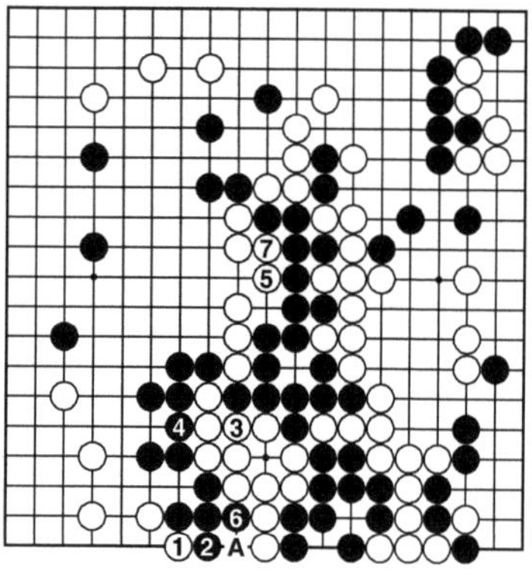

Dia. 4.2

Lösung 4: Weiß tauscht zuerst das Hane 1 in Dia. 4.1 ab und gewinnt dadurch das Semeai in Dia. 4.2, weil Schwarz die Freiheit bei A nicht mehr besetzen kann.

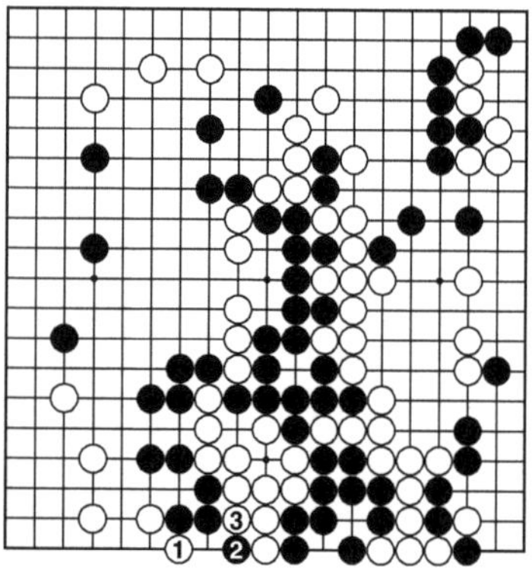

Dia. 4.3

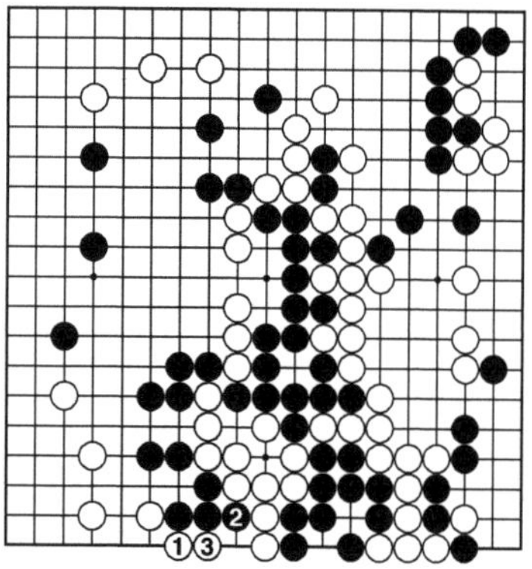

Dia. 4.4

Lösung 4 (Forts.): Wenn Schwarz auf das Hane anders antwortet, ist Weiß in Dia. 4.3 oder 4.4 direkt verbunden.

Schwarz hätte einfach eine andere Freiheit nehmen sollen, so kann er sich in Dia. 4.5 entweder das lokale Seki mit A oder das Ko mit B aussuchen.

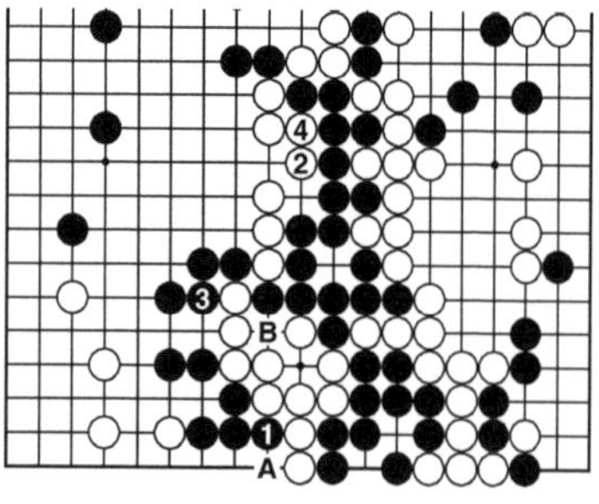

Dia. 4.5

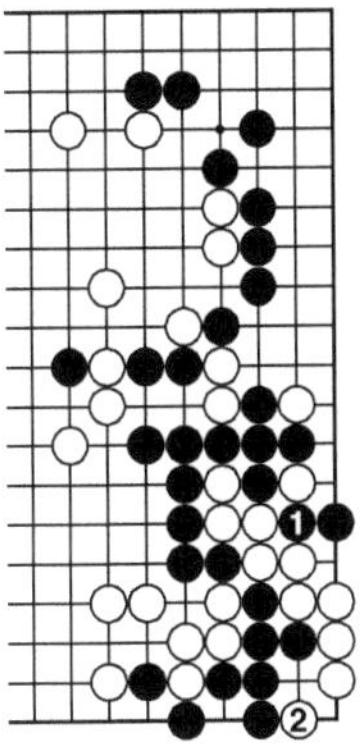

Dia. 5.1

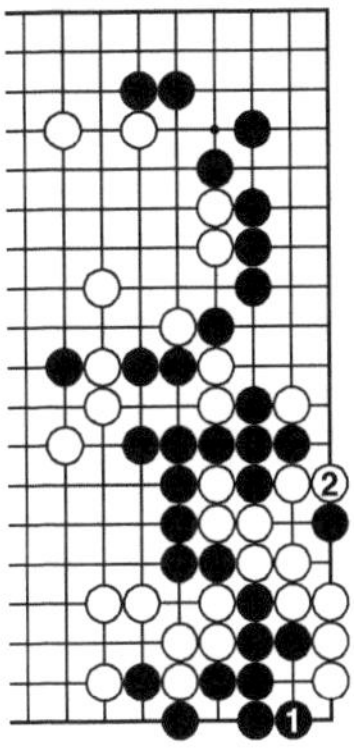

Dia. 5.2

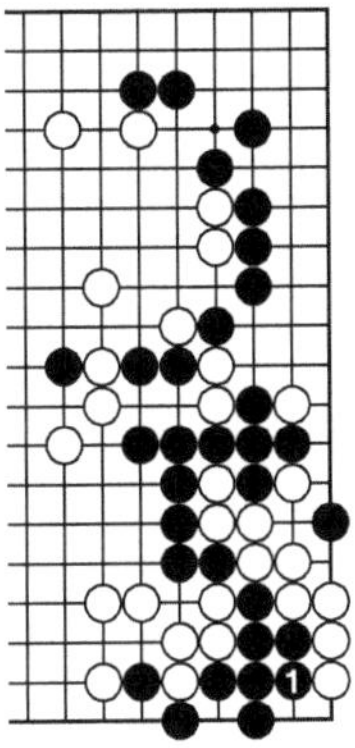

Dia. 5.3

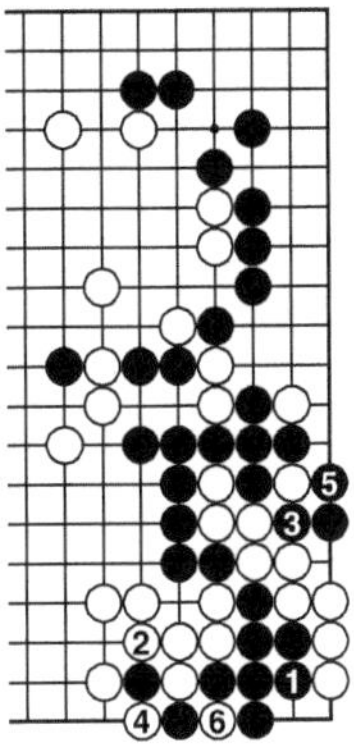

Dia. 5.4

Lösung 5: Wenn Schwarz Dia. 5.1 oder 5.2 spielt, macht Weiß ein Auge und Schwarz kann nie die gemeinsamen Freiheiten besetzen.

Der Zug in Dia. 5.3 ist ein blinder Fleck, der aus der Gruppe ein Ko zaubert, zum Beispiel das in Dia. 5.4.

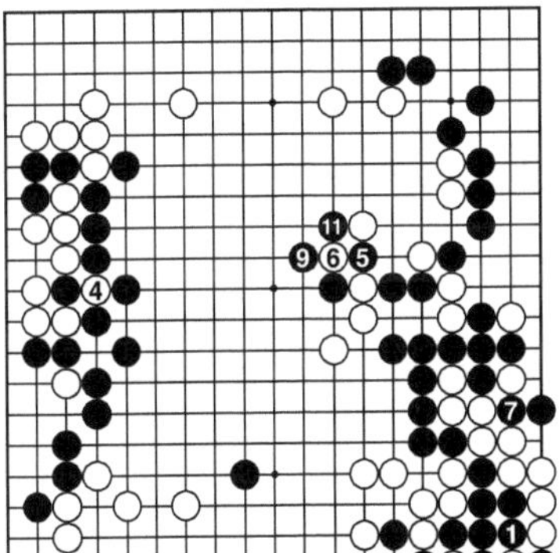

Dia. 5.5

In der Partie hat sich Weiß für das einstufige Annäherungs-Ko in Dia. 5.5 entschieden, um mit 4 eine schwarze Drohung entfernen zu können.

Doch Schwarz hat sich mit 5 einfach eine neue gemacht und sprengt damit das Zentrum in der Abfolge bis 11 mit einem fetten Ponnuki.

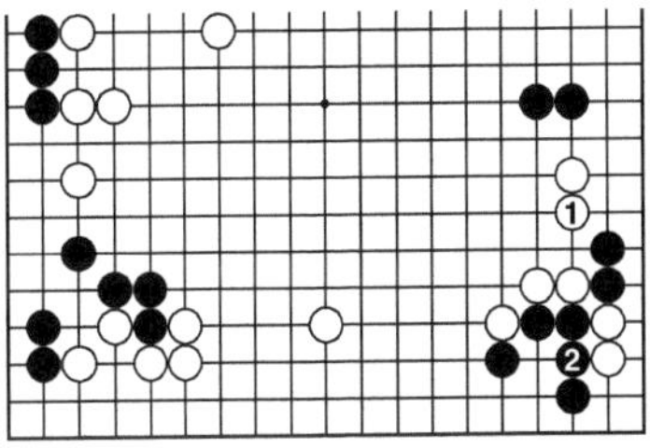

Dia. 6.1

Lösung 6: Weiß kann sich nicht erlauben, in Dia. 6.1 lose zu spielen. Schwarz gewinnt mit 2 das Semeai.

Weiß muss also den schwarzen Steinen eine Freiheit nehmen, aber welche?

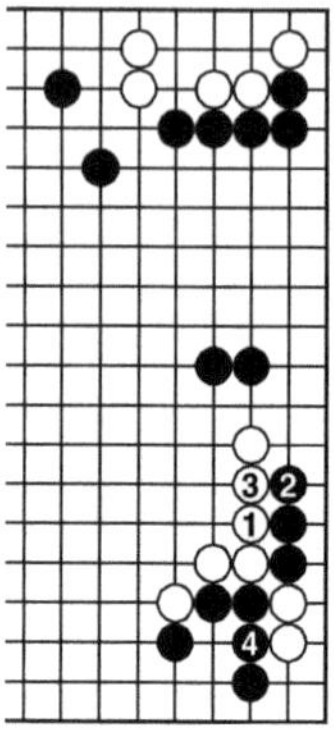
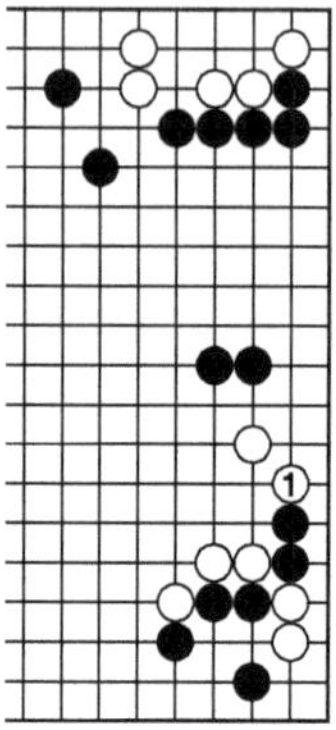
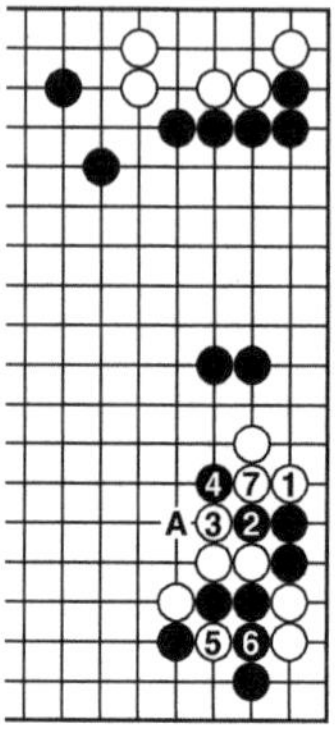
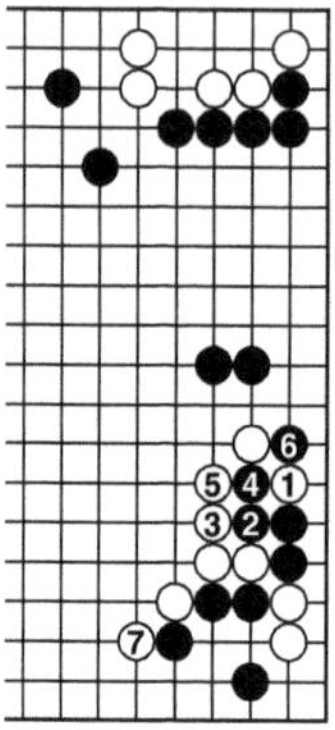

Dia. 6.2 *Dia. 6.3* *Dia. 6.4* *Dia. 6.5*

Lösung 6 (Forts.): Die Freiheit in Dia. 6.2 zu besetzen bringt auch nichts. Weiß muss in Dia. 6.3 die richtige Freiheit nehmen.

Schwarz wird versuchen, wie in Dia. 6.4 auszubrechen, aber mit dem Einschub 5 verhindert Weiß die Treppe auf A und kann Schwarz nun fangen.

Wenn Schwarz unbedingt will, kann er in Dia. 6.5 seine Steine retten, aber das Ergebnis ist noch schlechter, weil Weiß mit 7 die ganze Seite in Vorhand zumachen kann.

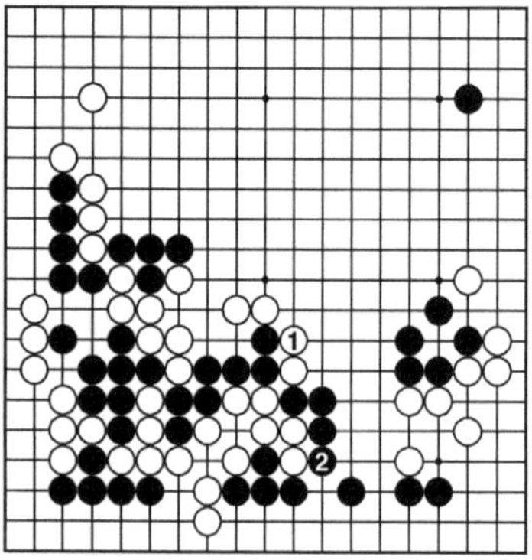
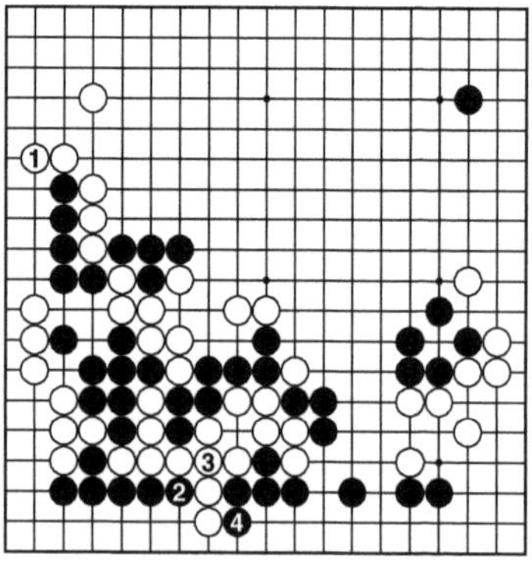

Dia. 7.1 *Dia. 7.2*

Lösung 7: Dass Dia. 7.1 nicht geht, ist wohl klar. Und wenn Weiß in Dia. 7.2 direkt herunterstreckt, gewinnt Schwarz den Wettlauf um eine Freiheit.

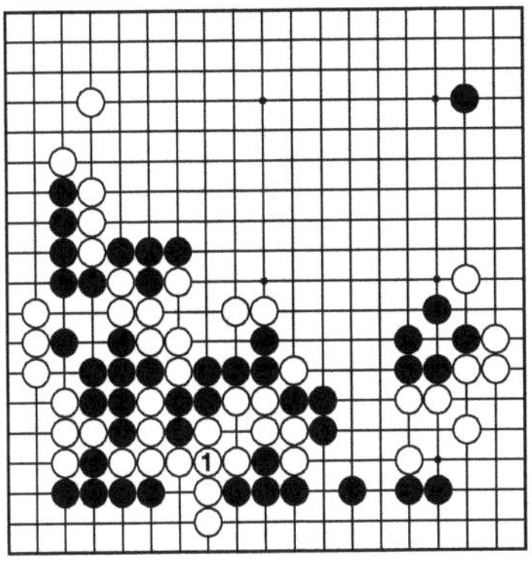

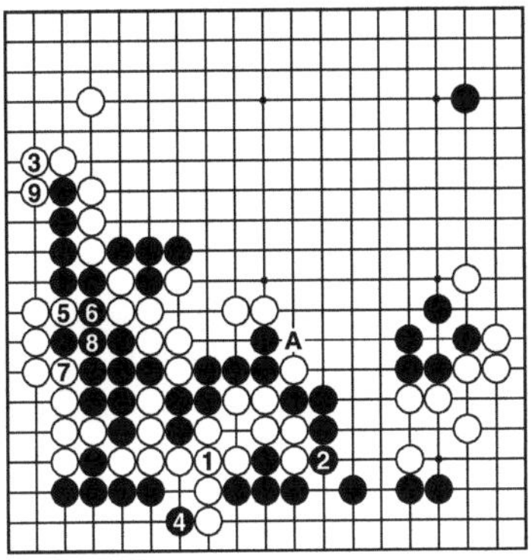

Dia. 7.3 *Dia. 7.4*

Lösung 7 (Forts.): Weiß muss hier in Dia. 7.3 von sich aus auf 1 verbinden. Jetzt droht A in Dia. 7.4 und der Abtausch für 2 hat eine entscheidende Freiheit gewonnen.

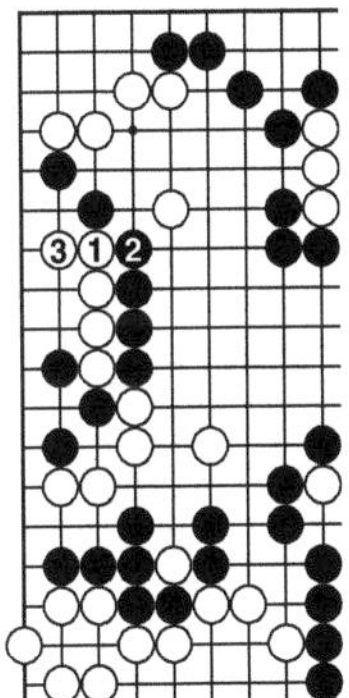

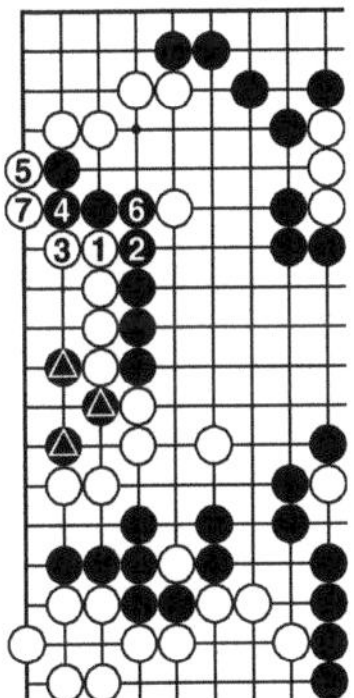

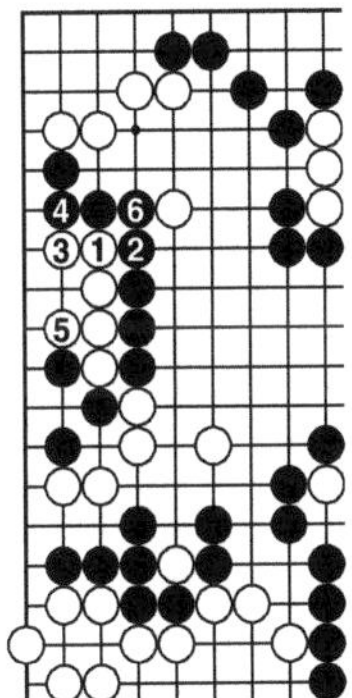

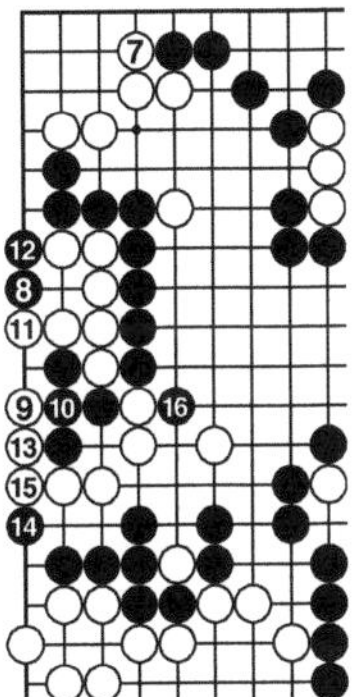

Dia. 8.1 *Dia. 8.2* *Dia. 8.3* *Dia. 8.4*

Lösung 8: Mit der Kombination 1 und 3 in Dia. 8.1 kann Weiß die Steine rausziehen.

Schwarz kann in Dia. 8.2 nicht verhindern, dass Weiß unten herum verbindet und die drei schwarzen Steine mitnimmt.

In Dia. 8.3 kann Weiß mit 5 auch die schwarzen Steine fangen, aber nachdem Schwarz auf 6 verbunden hat, bleibt der ganzen weißen Gruppe nur ein einziges Auge wie Dia. 8.4 gezeigt. Manchmal reicht es nicht, ein Semeai zu gewinnen.

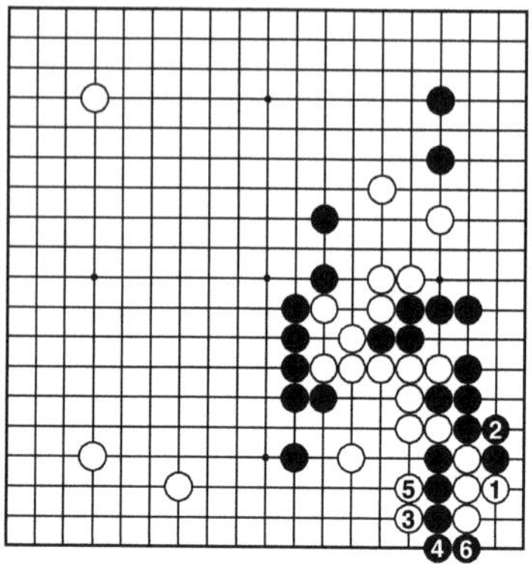

Dia. 9.1

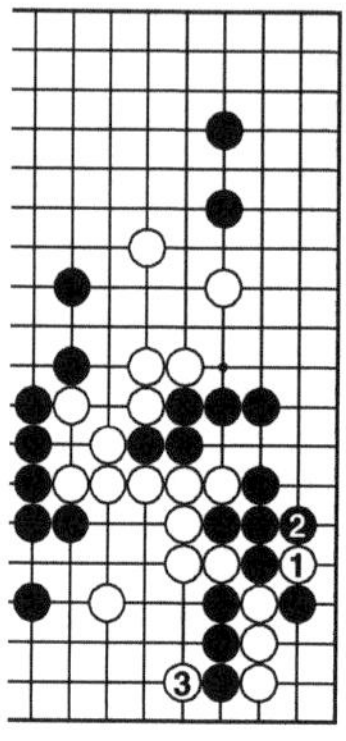

Dia. 9.2

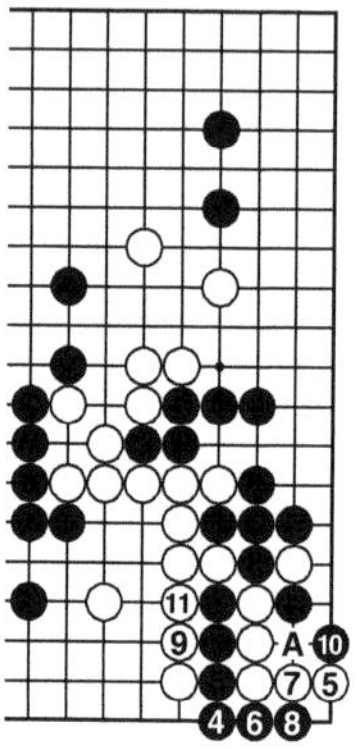

Dia. 9.3

Lösung 9: Dia. 9.1 ist scheinbar eine erfolgreiche Opfersequenz, aber hier geht noch mehr. Weiß kann in Dia. 9.2 den Schnitt 1 vor dem Klemmen 3 einschieben.

Der Sprung 5 in Dia. 9.3 erzeugt die meisten Freiheiten, und wenn Schwarz einfach losgeht, hat der erste Abtausch bewirkt, dass Schwarz nicht mehr auf A setzen kann und somit stirbt.

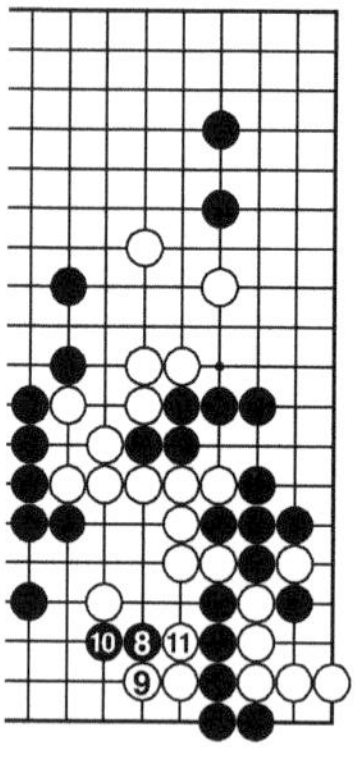

Dia. 9.4

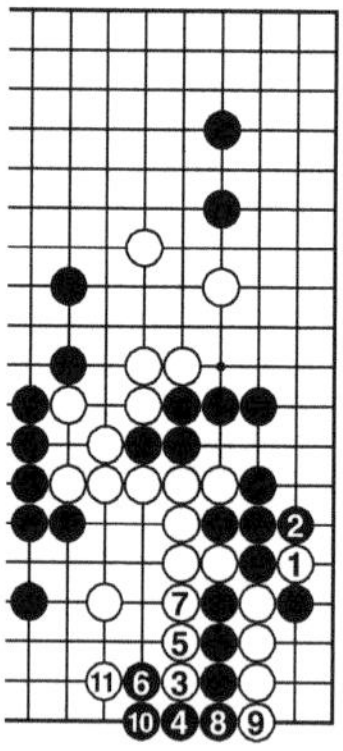

Dia. 9.5

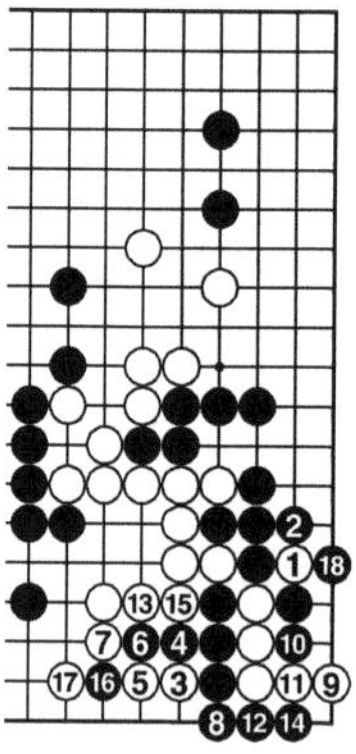

Dia. 9.6

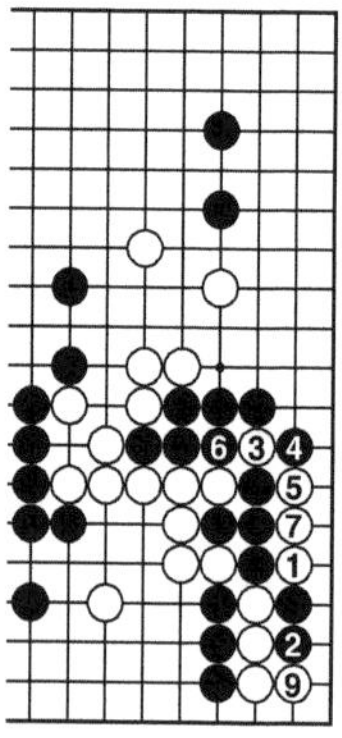

Dia. 9.7

Lösung 9 (Forts.): Mit 8 in Dia. 9.4 oder dem Hane 4 in Dia. 9.5 kann Schwarz auch nicht entkommen. Folglich bleibt ihm nur Dia. 9.6. Er muss sich richtig anstrengen und viele schlechte Abtäusche mit 4, 6 und 16 hinnehmen, um das Semeai zu gewinnen.

Weiß hat mit dieser Opfersequenz seine Schlange immens und in Vorhand aufgerüstet und ist damit durchaus zufrieden. Manchmal muss man also das Semeai nicht unbedingt gewinnen. Es sei denn, Schwarz möchte sich mit 2 in Dia. 9.7 wehren und draufgehen.

Glossar

Aji	(wörtlich: „Geschmack“), bezeichnet das Potenzial, das in einer Stellung vorhanden ist.
Ajikeshi	Ein Zug, der meist zu und unnötig Aji in einer Stellung beseitigt und so die Möglichkeit einer anderen, vorteilhafte Spielweise verdirbt.
Atari	Ein Stein oder eine Gruppe von Steinen mit nur noch einer Freiheit. Mit dem nächsten Zug ist es möglich, zu schlagen.
Byoyomi	„Sekunden zählen“. Zeitsystem bei dem für einen Zug, oder eine bestimmte Anzahl von Zügen, eine festgelegte Zeitspanne zur Verfügung steht.
Hane	Diagonalzug, der um einen gegnerischen Stein oder eine gegnerische Kette umbiegt.
Hana Tsuke	Nasenzug. Zug, der am Kopfende von zwei oder mehr Steinen anlegt. Siehe Weiß 1 in Dia. 7.1 auf Seite 29.
Joseki	Eine lokale Sequenz, die aus optimalen Zügen beider Parteien besteht und ein lokal ausgeglichenes Ergebnis liefert. Die meisten Josekis betreffen die ersten Züge in einer Ecke.
Keima	Kleiner Rösselsprung bzw. der Zug, der diese Form bezogen auf einen anderen Stein herstellt.
Kikashi	Spezieller Vorhandzug, der im Verhältnis zur gegnerischen Antwort einen lokalen Vorteil bringt. Typischerweise werden Kikashi-Steine abseits vom aktuellen Partiethema gespielt und werden dann leicht behandelt, also im Zweifel wieder aufgegeben.
Ko	Stellung, in der wiederholendes Schlagen eines einzelnen Steines für beide Seiten theoretisch möglich wäre. Die Ko-Regel verbietet es daher, in einem Ko sofort zurückzuschlagen.
Komi	Anzahl von Punkten, die der Spieler mit den weißen Steinen bei einer Gleichaufpartie zum Ausgleich dafür erhält, dass Schwarz die Partie eröffnet. Von den 1940er Jahren bis 2002 gab es im professionellen Go fünf Komi, heutzutage sechs oder sieben.

Kosumi	Diagonalzug.
Miai	„Entweder-Oder-Option“: Zwei in etwa gleichwertige Züge heißen Miai, wenn sie beide als Optionen zur Verfügung stehen. Nimmt eine Partei den einen der beiden Punkte, so bleibt der andere für den Gegner.
Moyo	Einflusssphäre, die noch nicht als sicheres Gebiet angesehen werden kann.
Nozoki	„Spähzug“ (engl. „Peep“), ein Kikashi, das auf eine Lücke in der gegnerischen Position zielt.
Ponnuki	Form, die entsteht, wenn ein einzelner Stein durch das Besetzen seiner vier Freiheiten geschlagen wurde.
Sabaki	Leichte und flexible Spielweise innerhalb der gegnerischen Einflusssphäre.
Seki	Position, in der zwei gegnerische Gruppen leben, weil sie sich nicht angreifen können. Lokales Patt.
Semeai	Wettkampf um Freiheiten zwischen zwei gegnerischen Gruppen, die beide eingeschlossen sind, je höchstens ein Auge besitzen und sich gegenseitig Freiheiten nehmen.
Shimari	Eckeinschluss durch zwei Steine derselben Farbe.
Shinogi	Kunstvoll ausweichen. Dem Angriff des Gegners geschickt parieren.
Tesuji	Ein technisch guter, oft überraschender Zug, der in einer lokalen Situation das Optimum darstellt, um ein bestimmtes Ziel (Verbinden, Fangen, Leben etc.) zu erreichen.
Tobi	Ein-Punkt-Sprung.
Warikomi	1. Invasion am Brettrand, die als Fortsetzung eine Ausdehung nach beiden Seiten ermöglicht. 2. Keil. Ein Zug, der sich in die Lücke zwischen zwei gegnerischen Steinen drängt.

VIKTOR LIN

DER ETWAS ANDERE ZUG 2

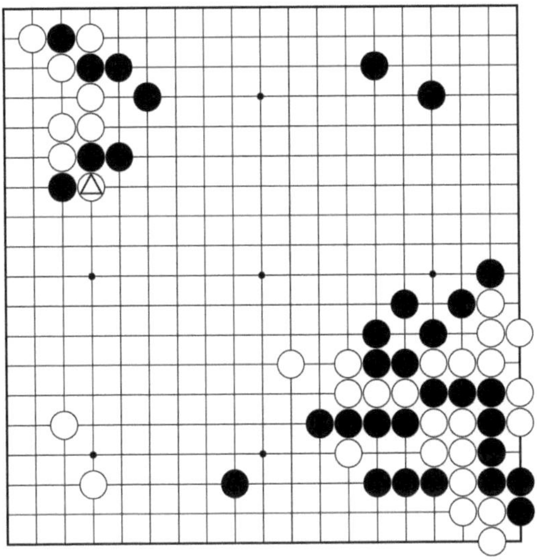

Wie bringt Schwarz es fertig, dass er den weißen Stein fangen kann?

Auf den Geschmack gekommen? Im zweiten Band stellt Viktor Lin wieder spannende Probleme vor, in denen ein etwas anderer Zug gesucht wird, und deren Themenvielfalt einiges erwarten lassen:

1. Züge, die nach dem Weg fragen. 2. Blinde Flecken. 3. Treppen. 4. Ninja-Züge. 5. Böse Überraschung. 6. Lauf der Steine. 7. Plopp! 8. Angriff und Einfluss. 9. Weglaufen. 10. Dramatische Semeai